운명학의 게임체인저

雲谷奇門遁甲

운 곡 기 문 둔 갑

雲谷奇門遁甲

운명학의 게임체인저

운
곡
기
문
둔
갑

윤기용 **지음**

 **추천서**

　세상은 점점 새로운 것들을 빠르게 수용하고 변화하여 작게는 원자 속에서 일어나는 현상을 기반으로 양자 컴퓨터가 상용화되고 있고, 주위는 AI가 보편화되어 인간을 대신하고, 밖으로는 화성을 지구화하는 프로젝트가 진행되고 있는 현시대에 역을 공부한다는 것은 어떠한 의미가 있을까?

　보이는 물질과 현상을 연구함으로 얻어진 결과들이 우리의 삶을 편리하게 하고 사회를 재설계하고 정신적인 부분까지 해결하고 있으니 현시대에 과학 기술은 가히 절대적인 위치를 가진다고 볼 수 있습니다.
　그렇지만 물질을 바탕으로 얻어진 과학 기술과 자연 원리를 설명하는 동양의 역은 많은 부분이 서로 보완적인 관계이지만 형이상을 포함하는 역이 더 큰 포괄적인 개념을 가진다고 볼 수 있습니다.

　역사적으로도 역에 바탕을 둔 동양의 수학과 천문학은 서양의 과학 발전에 밑바탕이 되었습니다.
　이미 중국은 기원전 천 년 전에 사용되었다고 보는 『주비산경』이라는 책에 역법이 상세하게 계산되어 있고 피타고라스의 정리가 있으며, 기원 전후로 집필된 『구장산술』에는 기하학과 2차 방정식 풀이, 삼각 함수, 원주율 등이 사용되어 고도의 수학 지식이 존재했었습니다.

　그 후 15세기 르네상스를 거치면서 동양의 문화가 서양에 전파되면서 서

양의 수학과 과학이 급속도로 발전하게 된 결과, 2차 방정식을 넘어 뉴턴에 의해 미분, 적분이라는 새로운 수학이 확립되고 이후로 더 나아가 허수의 개념을 도입한 2차원 수를 정의하고 미분 방정식을 자유롭게 풀이함으로써 현재의 모든 과학 현상과 원리를 해석하고 분석하고, 건축, 비행기, 컴퓨터를 만드는 것이 가능해졌으며 공학의 모든 분야에 사용되지 않는 곳이 없습니다.

하지만 동양의 역은 우리 민족인 복희씨에 의해 하도를 바탕으로 팔괘를 그음으로써 시작되어 온 자연의 원리를 밝히는 학문으로, 사물의 존재 이유와 행위의 원인, 결과까지도 분명히 밝히는 성인의 학문으로 공자님께서도 계사 전에 "역은 무사야, 무위야 적연부동이다가 감이 수통천하지고"라고 하셨다. 이는 수행을 통한 높은 정신적 성취를 표현한 것이며, 역의 다른 측면으로 "생생지위역이요 지간지이역"이라고 하셨으니 역은 생함을 위주로 하는 것이고 지극히 간결하여 누구나 쉽게 알 수 있다고 했습니다.

여기에 비추어 운곡기문학은 생(生)의 선합(先合)을 우선으로 충극을 보는 것에서 그 원리가 합생충극으로 간결하고 쉽게 이해할 수 있으므로 역의 근본 취지와 세상의 이치에도 맞는다고 볼 수 있는 것은 세계와 존재는 합에서 생성되고 극으로 변화를 보이기 때문입니다.

그 후 화담 선생께서 『황극경세서(皇極經世書)』를 홀로 연구하여 우리나라 특유의 홍연학을 남기셨고, 1900년도 초기에 『홍연진결』, 『대전기』라는 책이 알려지면서 많은 분이 지금까지 연구를 해 오고 있습니다. 그러나 『홍연진결』은 너무 간략하게 되어 있고 오류도 있어 그 원리를 응용하는 것은 쉽지 않은데, 운곡 선생께서 어려운 기문학을 수십 년간의 임상을 통해 정확한 이론으로 확립시키시고 그 이론의 정밀함에 놀라움을 금할 수가 없었다고 합니다.

당연히 이러한 바탕에는 오랫동안 수행 정진하여 얻어진 정신적인 깨달음이 역의 원리에 대한 새로운 통찰력을 얻는 근본이 아니었나 생각됩니다. 인연이 있어 운곡기문을 배우게 되었고, 역의 원리를 알고 스스로의 수행 도구로 삼아 주위를 이롭게 하고, 이를 통해 더 발전시키고 연구하여 후세에 전하는 것이 지금 배우는 사람의 의무가 아닌가 생각해 봅니다.

저는 물리학을 전공하고 연구소에서 연구원으로 오래 근무를 하였습니다. 20대에 기문학을 알게 되었고, 주역, 한의학, 정신 공부에도 관심을 가지고 수업을 듣거나 관련 책을 읽곤 했습니다. 역학의 원리를 과학에 적용하면 더 완전한 학문이 되지 않을까 하는 순수한 의도로 관심을 가졌으며 현재도 공부를 하고 있습니다.

과학은 물질이 대상으로 정신은 과학으로 설명될 수 없고, 건강은 기혈의 조화라고 했는데 보이지 않는 기는 서양 의학에서 인정하지 않고 있습니다. 사실 이러한 부정적인 시각이 우리만 심하지 유럽이나 미국은 뛰어난 학자들이 동양에서 가져간 풍부한 고서를 바탕으로 동양 학문을 더 깊이 연구하고 있는 실정입니다. 다르다고 배척하는 것이 아니라 상호 보완적이라는 생각으로 받아들이고 이해해서 더욱 새로운 것으로 발전시켜 나가는 것이 학문하는 자세가 아닐까 합니다.

이번에 운곡 선생님이 30여 년의 끈질긴 연구 끝에 기존 기문의 한계와 오류를 바로잡은 명정한 이론을 정립하여 새로운 지평을 열어 주셨으니 역학을 공부하시는 분들에게 많은 도움이 될 것입니다. 『운곡기문둔갑』이 전세계 운명학을 공부하는 사람들에게 기본 교과서가 될 수 있기를 기대하며 책 출간을 진심으로 축하드립니다. 아울러 한 점을 더 덧붙이자면 운명학을 하는 이들은 무엇보다 역을 통해 자신의 마음을 바르게 수신해야 하는 마음을 잘 써야 한다고 봅니다.

운곡 선생님이 말씀하셨듯 오행 상생상극의 이치만이라도 바르게 인식하고 드러냄으로 나의 행복은 물론 타인의 행복까지 변화를 줄 수 있다는 것입니다. 그저 암기만이 아니라 실생활화는 운명학도 분들이라면 당연한 행동 양식이라 생각해 봅니다.

김봉준/Ph.D(이학 박사)
전 한국전자통신연구원 연구원

운명은 앞선 시간에서의 마음의 행태가 음양오행이라는 도식(圖式)의 기운을 타고 기연된 현상으로, 이를 현생(現生)에서 맞이하는 것은 자신의 과거심(過去心)을 맞이하는 것이며, 그의 운명적 노선은 각자의 과거심의 작용으로 인한 결과이며, 욕망에 물들어 있는 마음의 관성으로 말미암은 것인데, 이의 습생과 관습을 돌리는 삶은 알고 대처하는 지혜로움일 것이기에 미약하나마 운명 노선을 알아 대처함은 취길피흉으로 공연한 수고로움을 덜 수 있을뿐더러 헛된 욕망에서의 화를 잠재우며, 기대 성취로 나아감에서는 가벼운 마음일 것이다.

　운곡이 이 운명서를 세상에 드러내려는 참된 가치이자 목적이 있다면, 그것은 재물에 있는 것도 아니며 명성에 있는 것도 아닌 우리 인생의 삶에 있어 조금은 성찰을 바라는 것에서인데, 왜 사람마다 제각각 다른 운명이라는 인생 길흉화복의 패러다임이 이토록 정교한 수레바퀴처럼 맞물려 돌아가야만 하는가이다.

　어떤 이유에서, 우리의 의지와 노력만으로 삶이 행복으로 이어질 수 없는가 그 의문을 받아들일 수 있는 이해의 가장 타당한 합리성을 생각해 본다면 그것은 개개인의 행위에 대한 각자의 신(身), 구(口), 의(意) 삼업(三業)이 다르기에, 현생(現生)에서의 받는 업과 또한 모두 다르게 발현(發現)된다고 할 수밖에 없는 것에서 스스로의 업과(業果), 즉 인과(因果)를 논하지 않고는 달리 어떤 주어나 술어로도 운명의 공정함을 말할 수 없음이다.

업과(業果)는 행위에 대한 결과를 말하는 것으로, 사람마다 다른 운명은 바로 앞선 시간들의 생에서의 말과 사고와 행동이라는 세 가지 파동의 형태에 대한 과보적 현상이 태어나는 그 순간, 이 몸의 전신과 오장육부에 사주라는 입자로 바코드처럼 박혀 태어나기 때문이다.

만약 이를 바르게 인식할 수 있다면 운명은 우연이 아니며, 필연적 마음의 피사체로 여태껏 지은 마음을 마주함으로 녹여지는 연기(緣起)의 그물망에 맺혀 있는 업과(業果)인 것이다. 이를 통해 우리는 삶에 있어 누구의 원망과 대상의 질책보다는 일어나는 모든 현상의 근본은 나 자신의 마음이 야기한 현상임을 받아들일 수 있을 것이다.

그리고 이는 수긍하는 삶으로 인식의 변화를 가져오고 삶의 양식이 전환되는 계기가 되기도 하는 것으로 현실을 보다 평온하고 능동적으로 받아들일 수 있을 것이다. 이는 그 누구를 위해서가 아닌 나 자신을 위해서 그렇게 살아야 하는 것으로, 지금 이 순간의 삶 이후 다음 생에서의 삶이 반드시 지금의 내가 새겨 놓은 선악적인 행위의 마음자리 흔적을 내가 받아 지워야 하기 때문이다.

행복과 불행의 과보는 스스로가 지은 행위로 필연적 결과인 것이다. 이를 통해 우리의 사고는 성숙할 수 있고 보다 나은 곳으로 도약하기 위한 노력을 할 것이다.

모든 현상은 인연에 의해 성립되고 인연에 의해 변천(變遷)하며, 인연의 상호 관계로 존속된다.

하지만 인연의 성립과 변천(變遷)은 때가 있고 공간이 있음인데, 하늘의 이치(命)가 움직여(運) 내 마음자리에 닿는 그것을 우리는 운명(運命)이라 한다.

우리는 이 운명이라는 크나큰 연기(緣起) 법칙의 오묘한 원리를 다 꿰뚫어 알 수는 없다.

그러나 음양오행이라는 이치를 통해 부분적이나마 알 수 있어 대처할 수 있다면, 신에 의지해 맡기는 삶보다는 어쩌면 삶을 스스로 대처할 수 있고, 개척할 수 있는 주체적인 자신의 삶으로 꾸려 나갈 수 있게 된다.

내가 어떤 것의 성취에 있어 절대적 믿음이나 신념으로만 이룰 수 있는 것들은 인연의 관계성을 벗어난 혼자만의 의지와 노력으로 가능한 일이다. 하지만 인연의 관계성으로 성취할 수 있는 것들에서 나보다 성취적 운명의 더한 길함을 타고난 이와의 경쟁에서는, 나의 기도와 믿음, 신념으로만 상대에게 깃들어져 있는 운명적 복력을 빼앗거나 없앨 수 없기에 반드시 때와 환경을 만나야 합격, 취직, 결혼, 만남, 진급, 영전, 당첨, 문서 등이 피어나는 것이다.

이 말은 전자는 태산을 옮기고 허공을 날며 홍해를 가르는 것들은 혼자만의 믿음과 도 닦음으로 가능한 일이 될 수 있겠지만, 혼자만의 의지나 믿음으로 될 수 없는 결혼이나 공무원 임용이나 경기에서의 승리 등 상대와의 인과성으로 성취할 수 있는 것들에서는 자신의 의지나 신념, 종교적 믿음으로만 이루어질 수 없기에 운명적 바탕의 기본을 깔고 있는 것에서 반드시 그러함이 피어나는 때와 환경을 만나야 성취할 수 있음이다.

원하든 원하지 않든 우리에게 주어진 운명이라는 굴레는 찾아오고 맞이할 수밖에 없는 것은 운명은 스스로 자신의 마음 굴레에서 빚어진 것으로, 그 자신의 마음 굴레를 벗어나기 위해서는 자신의 마음이 지어낸 업의 굴레를 맞이함으로써 지워지는 이치에서이다.

왜 지워야 하는가는 본래(本來)로 적멸(寂滅) 청정(淸靜)한 마음의 자리에서 지어진 마음의 굴레는 서로 간 관계에 의해 맺어진 상(相)으로 업식(業識)이 되기에 이를 지움으로써(無常) 본성의 참된 성품, 본래의 근본 자리로 돌이키기 위한 정화 작용으로, 생성된 상은 반드시 지워야 하는 것이 우주 법계의 불변하는 진리(眞理)이기 때문이다.

왜 스스로 지워야 하는가는 자신의 마음밭에 자신이 뿌린 상이기에 자신 외는 그 어떤 존재도 그 존재의 마음이 아니기에 마음밭에 새겨진 상(相)을 남이 대신 지울 수도 거둬들일 수도 없는 것이다.

따라서 자신의 마음 굴레에서 지어진 과거의 모든 의도적인 행위의 일은 자신의 업(業)으로 인해 찾아오는 것들로 업(業)은 몸으로 지은 선악과 입으로 지은 선악 그리고 생각으로 지은 선악으로 신구의(身口意)를 말함인데 이를 통한 지어진 운명을 맞이함은 지어진 선악이라는 상(相)을 지우기 위한 것으로 인(因)을 멸정(滅淨)하기 위한 것이다.

이를 통해 운명의 이치적 논리인 운명학은 실증학으로 이해할 수 있을 것인데, 어떤 이들은 자신의 신념이나 종교적 믿음으로 이의 운명을 극복할 수 있다고 말하지만 실제는 그 누구도 예외 없이 운명의 큰 지배를 벗어날 수 없다는 것을 운명학 특히 운곡기문학을 접해 본 학인이라면 분명히 인식하게 될 것이다.

이러한 이치를 받아들이지 못하는 사람들도 없지 않을 것이지만, 그들의 믿음에 의한 뜻한 바의 이룸은, 이미 운명의 굴레에 깃들어진 결과적 요소가 갖춰진 것에서 우연히 그의 신앙적인 믿음의 자리에서 피어난 것일 뿐이다.

그렇다면 또 이렇게 반문할 수 있을 것이다.
내가 믿는 종교나 신앙에서 이를 주관하는 목사나 스님, 영적 지도자, 그분들의 믿음 아래에 있으면 하는 일이 잘되고, 그분들과 인연된 이후로 실타래가 풀리듯 풀린다고(반대로 흘러가는 사람들도 있을 것임)….

그것은 그분들의 덕이나 원력에 힘입은 현상일 수도 있겠지만 원천은 그분들이 전생에 지어 놓은 복력으로 말미암아 그 복을 누리기 위한 것으로, 운명적 굴레에서 그렇게 될 수밖에 없는 이들이 그 복력과 맞물려 찾아 깃든 것이며 복력이라는 힘의 바탕에 이끌린 인연에서의 현상들이다.

그분들은 복력을 누리는 것으로 관계에서 생성된 복력이라는 상(相)이 정화되는 것이며, 관계는 물리적이든 심리적이든 인연에 의한 것으로 인연이 없었다면 만남도 뜻한 바의 이룸도 성사될 수 없다. 그러므로 인연은 정해진 것이 아니며 내가 어떤 사고나 행동 양식을 갖추고 있느냐에 따라서 그에 걸맞은 파동의 인연을 만날 수 있는 것이기에 이는 스스로가 뜻하는 것으로 인연이 되기에 모든 인연은 내가 만든 것이 된다.

모든 세상만사가 다 인연에 의해 일어나는 것인데, 일체는 인연의 산물이며, 이 인연을 떠나 드러나고 사라지는 현상은 있을 수 없는 것이기에, 인연이 없다면 그 어떤 초자연적 위대한 힘을 가진 존재가 비록 내 앞에 나타나 있을지라도 그도 나를 어떻게 할 수 없는 것이 인연법이다.

가령 사랑이 넘치는 예수님이나 자비의 화신인 붓다께서도 인연 없는 이들은 사랑을 줄 수 없고, 자비로 이끌 수도 없는 것에서 알 수 있듯, 앉은뱅이와 앞을 보지 못하는 자를 일으키고 눈을 뜨게 하신 예수님은 사랑이 넘치는 선지자로 그 사랑이 끝이 없을 것이다.

하지만 왜 마을 전체 또는 나라 전체 나아가 고통받는 이 세상 모든 이를 일으켜 세우지 못했으며, 눈을 뜨게 하지 못했을까를 생각해 본다면, 그것은 그들이 받을 인연 복이 없었기 때문이며, 받은 이들은 받을 복의 인연으로 지어 놓은 것이 있기 때문이다.

붓다께서도 인연으로 받을 복이 없는 이들은 제도할 수 없으신 것에서 당신의 가르침은 인연 있는 이들을 위한 것이었기에 인연은 전체의 결과가 된다.

인연은 누가 만든 것인가에서도 어떤 절대적인 신이나 조상, 붓다께서 맺어 준 것이라고 생각한다면 그들은 언제나 한결같이 누구에게나 그렇게 되도록 해 줘야 할 것이다. 왜냐하면 그분들은 모든 것에서 완전한 존재이기에 늘 자비, 연민이 넘쳐흐르는 오직 사랑만의 존재이기 때문이다.

모든 것에서 완전한 존재는 두 가지 지혜로움을 드러내지 않으면 안 된다.
첫째는 완전한 존재이기에 완전한 족함에서는 어떤 경우에도 노여움을 보일 수 없다는 것이다.
만약 화를 낸다면 그 노여움은 원하고 바라는 것을 이루지 못한 것에서 노여움이 되기에 원하고 바라는 것이 없는 모든 것이 충족된 완전한 존재는 흘러넘치는 사랑과 베풂만이 있기에 증오나 미움, 시기와 질투를 보일 수 없기 때문이다.

둘째는 무상(無常)한 것에 마음을 두지 않음이다.

이는 무상한 것을 무상한 것으로 안다면, 무상할 수밖에 없는 것들에 애초 마음이 없어야 하는 것에서 그것의 생성에 수고로움은 완전한 지혜를 갖춘 존재의 방편적 제도가 아니라면 행하지 않기 때문이다.

이 업(業)은 누구에게나 예외 없이 공평하게 찾아오는 것이지만, 신앙인들은 자신의 종교적 대상에 신의 은총이나 가피로 인해서 자신의 소원이나 바라는 바를 이룬 것으로 받아들이려 하지만, 사실은 그의 신앙보다는 앞서 일어날 수밖에 없는 인연의 종자를 품고 있었던 것에서 시절인연을 만나 피어난 업현(業現)인 것이다.

운명의 인식은 지금의 행위를 보다 바르게 정단하게 하고 바로잡아 주는 것에서, 보다 나은 자신으로 이끌 수 있다는 긍정에 비해 낙관적 게으름과 안일함으로 작용하는 바도 없지 않을 것이기에 이의 양론은 운명을 어떻게 바라보는 것인가의 동기 부여보다는 관심적 부분을 어떻게 돌출시킬 것인가가 요점이다.

이 우주 삼라에는 수많은 존재가 태어나서 머물고 살다가 또 다른 형태의 마음의 모습에 걸맞은 세계에 깃드는 것에서 아래로부터 지옥에서 축생, 아귀, 인간, 아수라, 천상 세계를 인연으로 빚어진 세계라고 가르치는 세계관이 불교라면, 기독교는 지옥과 천상이라는 이분법으로 세계를 영원히 화합 불가능한 고정되어 있는 양립된 세계관을 말한다.

이러한 다양한 세계의 존재들은 어떤 이유로 크게 보면, 지옥과 천상으로 이어지는가에서 지옥은 어두운 곳으로 평상시 그 마음의 굴레가 악행인 이들이 가는 곳이라면, 천상은 그 마음의 굴레가 선행인 이들이 오르는 것에서, 이는 이들이 악업과 선업이라는 상(相)을 지우는 정화작용의 과정으로 괴로움이 되고, 즐거움이 된다.

현재의 마음이 있는 지금의 세계가 있고, 지옥이나 천상으로 옮겨 가는 또 다른 마음의 세계가 공간적으로 있다고 생각한다면 그것은 무지로 인한 어리석음으로 지금의 마음 그대로가 그러한 마음으로 변하는 것에서 이 마음과 저 마음은 그대로 둘 아닌 한마음의 형태로 마음 세계의 변화인 것이다. 그 변하는 마음도 인연을 따라서 변하는 것이기에 인연은 모든 세계를 여는 키가 된다.

천상과 지옥 그리고 각각의 세계를 정리하면, 이들 세계의 안주는 생전 마음의 업식(業識)을 녹이기 위한 것으로, 마음의 행위가 복업(福業)을 지었다면 그 복의 즐거움을 누리는 것의 공간을 천상 세계라 하며, 그 마음의 행위가 악업(惡業)을 지었다면 그 악의 괴로움을 받는 것의 공간을 지옥세계, 축생 세계라고 하는 것에서, 세계에서의 고락은 마음이 근원의 바탕 마음으로 회귀하는 과정에서의 이어져 가는 고락(苦樂) 현상이라는 것을 알아야 한다.

따라서 좋은 것도 싫은 것도 마음에 상(相)으로 없다면 욕계, 색계, 무색계라는 삼계를 벗어날 수 있는 것으로 마음에 모든 애착과 갈애심을 저버리는 사성제와 팔정도의 마음공부를 하라는 것이 인천(人天)의 스승이신 붓다의 가르침의 핵심이다.

운명이 한 치의 오차도 없이 인과로 맞물려 돌아간다는 것의 이해는, 우리가 머물고 있는 상대적(음양)인 이 세계가 그렇게 돌아감으로써 우리가 지어낸 상대적 음양을 비우기(맑히기) 위한 생태적인 생명의 역동 현상에서 기인한다.

이 역동적인 생명 현상이 숙명론(정업)인 동시에 운명론이 되는 것은, 숙명론도 운명론도 다르지 않은 비움(맑힘)에서는 동일한 것인데, 다만 운명적 현상에서 미리 알아 대처할 수 있다면 노력과 의지가 따른 지혜로 결과를 얻을 수 있음에서 보다 나은 삶으로 이끌 수 있기 때문이다(숙명론은 고정된 것이지만 운명론은 운전사의 운전대처럼 자신의 의지와 노력에 의한 결과에 변화를 줄 수 있음).

운명에 있어 이를 맞이하는 마음가짐과 미리 앎으로써 지혜로운 대처는 말할 것 없이 운명에 맡기는 삶보다는 우리 삶을 보다 향상시킬 수 있음에서 공감할 것인데, 이와 더불어 기도의 일상도 병행한다면 우환을 미리 방지하거나 혹은 가벼이 지나갈 수 있을 것이다.

기도는 간절히 원하는 것을 성취하여 이루는 것인데, 그 원하는 것을 들어주는 존재에 대한 확고한 믿음을 가질 수 있는 개념 정립이 앞서 있어야 하는 것은, 성취에 대한 의구심을 해소하여 대상을 향한 절실함과 간절함을 더할 수 있기 때문이다.

그러기 위해서는 대상에 대한 믿음과 대상이 들어줄 수밖에 없는 원리를 안다면 기도에 대한 향심은 더욱 굳건하게 나아갈 수 있음인데, 그것은 불가(佛家)에서 말하는 성(性)에 있다.

성(性)은 살아 있는 마음으로 이는 조건에서 생성된 마음이 아닌, 비유하여 말하자면 허공처럼 시종(始終)이 없는 근원의 살아 있는 본질적 생명으로서의 마음이다. 이 생명의 마음은 한결같이 깨어 있음인데, 무엇에 깨어 있음인가는 진실(眞實)에 깨어 있음이다.

진실(眞實)에서 진(眞)은 참으로 어떤 불순물도 없는 지고한 순수성으로의 깨끗한 청정, 고요의 적멸을 말하는 것으로 이를 넘어서는 참자리는 없다. 그리고 실(實)은 진(眞)과 함께하는 것으로 진(眞)을 아는 밝음으로 광명, 신령스러운 지혜광명을 말한다.

지극한 맑음에서 빛나는 밝음으로의 지혜광명, 이것이 시종(始終) 없는 불변하는 진실(眞實)이다.

진실(眞實)은 성스럽고 신령함으로 무엇으로도 정의할 수 없지만, 늘 함께 하는 것으로 이 몸과 마음 그리고 온 우주를 덮고 있는 생명, 이 진실(眞實)한 성(性)이 인연을 따라서 세계에 깃든 만상(萬象)을 드러낸다.

이 생명의 성(性)은 살아 있는 마음이기에 당연히 인연에도 깨어 있음이라. 이의 기도의 소망을 알지 못함이 없음에서 외면하지 않음은 그것의 소망은 상(相)인 것에서 이를 성취시켜 주는 것은 기도의 상(相)을 녹이는 것으로 근원의 바탕에서는 오염된 상(相)이 되기 때문이다.

그렇다고 원하는 모든 것의 기도가 다 성취되지 않는 것은, 그의 복전(福田)과 기연되어 일어나는 것이기에 현생에서 정해진 숙업(定業)은 그 어떤 존재도 어찌할 수 없음이지만, 그렇지 않은 것에는 견고한 믿음으로 원하는 것의 상(相) 지음은 성취되는 것이다.

여기에는 매일 4번의 견고한 상 지음이 정해진 시간에 뒤따르는 것에서 성취될 수 있을 것인데, 오전에 음양으로 2번과 오후에 음양으로 2번의 기도는 성취에 큰 발현이 되는 것으로 상은 거듭되는 기도로 견고함이라 기도의 성취는 믿음에 일으킨 상(相)의 견고함 정도에 있다.

이를 통해 말하려는 것은 운명을 맹신하는 것이 아닌 이 운명의 근본 원인이 스스로의 말과 생각과 행동에 있음이기에 지금의 바른말과 생각과 행동에 보다 나은, 나와 사회에 이익이 되는 것으로 나아가길 바라는 것에 있으며, 알지 못해 당하는 것보다 알아 대처하는 것이 현명한 처세라 할 수 있다.

세상에는 무엇이 좋고 나쁜 것이 있어 그것이 선악이 아니라 선(善)도 악(惡)도 그것을 어떤 교훈으로 받아들이는가, 그리고 어떻게 가공하고 연기하는가에서 선악임을 알아야 한다. 이것은 마치 지혜가 없는 이들이 어린아이에게 성냥과 칼은 위험한 것으로 금기시해야 할 독이 되는 악으로 보고 취하지 말아야 하는 대상으로만 본다면, 지혜인은 이를 잘 이용하여 유용한 것으로 일상에서 잘 활용하기에 나와 타인을 살리는 선(善)이 되게 하는 것과 같다.

우리는 누구나 역(易)의 입문에서 제일 먼저 음양오행(陰陽五行)의 상생상극(相生相剋)을 익힌다. 이 음양오행의 상생상극이 우리에게 주는 교훈적 가르침은 매우 유익한 것이지만, 그저 입으로 외우는 정도에서 마치는 경우가 대부분인 것 같다. 음양오행의 상생상극을 통한 일깨움을 바르게 안다면 우리 삶의 행동 양식과 정신은 남을 해치는 살생이나 남의 것을 빼앗는 도둑질이나 나의 이익을 위해서 지어내는 거짓말이나 이간질은 그것이 곧 나에게 되돌아오는 것임을 알기에 악행은 단절해야 하며 적어도 불가피한 상황이 아니라면 멈춰야 할 것이다.

그러므로 역의 입문에서 상생상극의 이치를 바르게 인지하기 위해 선학인들의 지도는 근본적 가르침이 되므로 이를 되새겨 본다.

음과 양은 상대적인 것으로 음 없는 양이 없고 양 없는 음이 없기에 음은 양으로 인해 음이 되고, 양은 음으로 인해 양이 되기에 대상으로 인해 내가 세워지므로 대상은 크든 작든 나를 살리는 감사의 대상이 된다.

만일 대상이 악인으로 다가와 피해를 줄지라도 크게 보면 그를 통한 그가 내보이는 그 악심은 나 자신의 과거심을 마주하는 것으로 내 업의 정화를 위한 나 자신의 업을 녹이는 이익을 위한 존재가 된다.

상생과 상극을 보면,

상생은 목기는 화기를 생하는 것으로 도와주고, 화기는 토기를 생하는 것으로 도와주며, 토기는 금기를 생하는 것으로 도와주며, 금기는 수기를 생하는 것으로 도와주며, 수기는 목기를 생하는 것으로 도와주는 것에서, 내가 대상을 생하여 도와주면 그것이 결과로 나에게 되돌아옴을 오행의 상생 법칙은 말해 주고 있는데 이는 자연의 함이 없이 행하는 가르침처럼 그것이 크든 작든 생하라는 것으로 상생은 주면 받게 되어 있음에서 곧 자신에게 되돌아오게 하는 나 자신을 위한 것임을 말하고 있다.

상극은 목기는 토기를 극하는 것으로 해하고, 토기는 수기를 극하는 것으로 해하며, 수기는 화기를 극하는 것으로 해하며, 화기는 금기를 극하는 것으로 해하며, 금기는 목기를 극하는 것으로 해하는 것에서, 내가 대상을 극하여 해하면 그것이 결과로 나에게 되돌아옴을 오행의 상극 법칙은 말해 주고 있는 것에서 이는 자연의 순행을 역행하며 가로막는 악행으로 그것이 크든 작든 극하는 것으로 해악하면 해악을 받게 되어 있는 것으로 곧, 자신에게 되돌아오는 이치로 나 자신을 일깨우는 것임을 말하고 있다.

또한, 뺏으면 빼앗기게 되어 있고, 인도하는 귀인이 되면 인도를 받게 되는 귀인을 만나게 되어 있다.

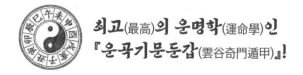

최고(最高)의 운명학(運命學)인
『운곡기문둔갑(雲谷奇門遁甲)』!

　특허권과 저작권(著作權)에 등록된 것으로 『운곡기문둔갑』은 대한민국의
여타 운명학(運命學) 가운데 자타(自他)가 인정하는 최고(最高)의 인사명리학(人
事命理學)으로 회자되고 있음에서 그 이론적 원리는 실제 임상을 통해 그 수
승함이 증명된 체계적 논리를 갖추고 있음에서 실제 상담 예문을 통해 가려
져 있는 운곡기문학(雲谷奇門學)의 원리(原理)의 정수(精髓)인 원국비기(元局祕記)
와 신수비기(身數祕記)를 예문을 통해 입증하는 것으로, 비로소 세상에 그 원
리(原理)의 실제 작용을 드러낸 실증(實證) 운명학이다.

　이의 감춰진 운곡기문의 원리를 세상에 드러낼 수 있었던 것은 선구입하
신 회원님들의 적극적인 지지에서이며, 기존 기문학의 상실된 원리로 인해
기문학의 위상을 회복하는 데 있으며, 여타의 운명학에서 느낄 수 없는 정
확성을 알려 시간과 금전적 손실의 피해를 줄임과 동시에 올곧게 배우려는
후학님들을 위함이다.

　또한 조금 배운 기문학의 지식으로 대가라 칭하는 거짓되고 삿된 이들이 선
량한 이들을 미혹하고 농락하는 행태에 분노해서이며 운곡기문학의 원리는
작금에 기문학과는 비할 수 없는 명료함과 정교함에서 명리학이나 여타의 운
명학과도 비교해 본다면 그 신선한 차이점을 확연히 느낄 수 있을 것이다.

▶ 이의 철견(哲見)은 운곡(雲谷)이 오랜 실증 상담의 연구 끝에 찾아낸 것으로, 누구의 도움도 없이 독학으로 이루어 낸 것으로, 실로 이 원리를 찾아낼 당시는 사뭇 그 기쁨은 말할 수 없었다.

먼저는 '기문학의 원리'를 찾아낸 것에서 기존 기문학에서 철견(哲見)하지 못한 논리적 상실(喪失)을 이치에 입각한 원리(原理)의 정립으로 증명한 것으로 이 원리(原理)를 대입하지 않고는 올곧은 해단에 들어갈 수 없음을 밝힘인데, 특히 암암리(暗暗裡)에 연구한 홍국의 암장수 대입은 최근에 드러낸 것으로 2021년 여름 이전에는 드러내지 않은 것에서 지금의 원국비기 회원에게만 전수된 해단의 감춰진 핵심 정수가 된다.

이어 '신수비기(身數祕記)' 또한 기존 기문 원리로의 지반(支盤) 해단으로는 정확한 달을 짚을 수 없다는 결론에 이르러 흉달인데 길달, 길달인데 흉달로 나오는 경우가 허다함이라 예전에는 이를 찾지 못한 것에서 매우 심각성을 느껴 집요한 연구 끝에 마침내 달은 천반(天盤)을 통해서만 정확히 알 수 있음을 최초로 밝힌 것이다.

이 또한 이치적인 원리를 입각해 산출한 것으로 정확한 논리를 안고 있는 것이기에 기존 기문은 음력 12월과 음력 1월, 음력 3~4월, 음력 6~7월, 음력 9~10월에서 두 달을 구별하지 못함이나 운곡기문의 원리(原理)는 정확히 차별할 수 있는 것에서 달리 두 달을 합생의 법칙으로 구별할 수 있음도 천반을 통한 월운법을 찾음에서이다.

'원국비기(元局祕記)'는 원명국(元命局)만으로 모든 궁금증이 발생하는 시기의 나이와 달의 길흉함을 알 수 있으며, 나아가 하루 일진과 시간별 운세까지 엿볼 수 있는 운명학(運命學)으로, 하루 일진의 연구는 십수 년의 오랜 연구

끝의 쾌거로 그 정확성과 명료한 논리는 한국 운명학(運命學)의 획을 그은 것으로 모든 운명학(運命學) 가운데 가장 출중한 논리학임을 한층 증명해 보인 것으로 접해 보신 분이라면 그 누구도 부인하지 못하는 것에서 21세기 한국 운명학(運命學)의 정석(定石)이 될 것이다.

이 책은,
제1편 『운곡(雲谷) 기문둔갑(奇門遁甲) 길라잡이』를 이미 출판한 것을 시작으로
제2편은 본 책의 『운곡 기문둔갑의 원리해단 & 신수비기 & 원국비기』로
본래는 운곡기문(雲谷奇門)의 원리와 신수비기(身數祕記)까지만 원리와 더불어 예문을 세상에 드러내려 했지만, 여러 회원님, 특히 원비 회원님들께서 적극적으로 세상에 다 드러내어야 한다고 강하게 주장하심이 타당한 것으로 받아들여서이다.

운곡기문(雲谷奇門)의 '원리(原理)'와 더불어 '신수비기(身數祕記)'와 '원국비기(元局祕記)'는 기존 기문학에서는 전혀 알 수 없었던 원리로, 저자인 운곡 윤기용이 평생을 독학으로 연구하고 임상한 것에서 찾아낸 원리로 그 정확성은 놀라울 정도이기에 비기(祕記)라는 수식어를 붙이게 되었다.

사실, 원국비기(元局祕記)만큼은 개인 전수하는 식으로 이어 가려 한 것이지만, 감추는 것보다 세상에 드러내어 다 밝히는 것이 세상에 빚진 저자를 위해서도, 목말라하는 운명학도 후학님들을 위해서도 바른길이라 생각하여 이제 그 원리가 작용하는 법칙과 실제 예문을 통해 시원스레 밝히는 것이다.

먼저는 운곡기문학의 절대 원리로 원명국(元命局)에서 길흉격, 재물과 명예, 수명, 배우자와 자녀 복, 재혼의 길흉과 용신(用神)과 진용(眞用)에서의 직업, 대운 해단법과 삼합, 반합, 육합, 상생, 충극 등의 묘미(妙味)를 실제 작

용 순서와 삼살(三殺) 작용과 삼형살(三形殺)의 작용, 준동(準動)의 작용, 오십토(五十土)의 왕쇠(旺衰), 사지(四支), 사간(四干)의 천반(天般) 동처로 인한 다양한 해단법의 운곡기문학이 원법(元法)임을 논리적 이치로 실증 상담과 동시에 밝히는 저술이 된다.

이어서 신수비기(身數祕記)와 원국비기(元局祕記)로, 운곡기문학의 절대 원리를 바탕으로 한 신수국(身數局)에서 체(體)와 용(用)으로, 체(體)는 신수의 길흉한 일을 찾는 것이며, 아울러 어떤 일의 개운하는 법을 찾는 것과 어떤 일의 길흉한 달을 찾는 용(用)을 예문과 더불어 기술하고, 원국비기(元局祕記)는 운곡(雲谷) 기문둔갑(奇門遁甲)의 정수(精髓)로 원명국(元命局)만으로 모든 궁금 사항을 빠르고 정확하게 길흉한 시기의 나이와 달을 아는 것으로 하루 일진과 하루의 시간대 운세별까지 엿볼 수 있다.

이 모든 운곡기문학(雲谷奇門學)의 원리는 여타의 운명학과 견줄 수 없는 명정(明正)한 논리로 인해, 그 정확성(正確性)을 비교할 수 있는 것인데, 기존의 기문학 또한 운곡기문(雲谷奇門)의 원리를 통해 그 허술함을 일깨우는 계기가 되고, 한국 운명학(運命學)의 새 지평이 될 것임을 자임(自任)하는 바이다.

제1편-『운곡 기문둔갑(雲谷奇門遁甲) 길라잡이(2019)』

제2편-운곡기문둔갑(雲谷奇門遁甲)의 절대 원리로 본 『운곡기문둔갑의 원리해단&신수비기&원국비기』

※ 반드시! 구비해야 할-운곡기문둔갑 프로그램(책 마지막 부분 참고)

※ 동영상: 1편-새 원리: 원명국 해단의 실증 상담

        2편-새 신수비기: 실증 상담

        3편-새 원국비기: 실증 상담

* 새 동영상의 실증 상담에서는 이 책에 실려 있는 모든 실증 예문과 아울러 책에 기술하지 못한 폭넓고 다양한 해단법이 동영상 풀이로 담겨져 있음인데, 개운법, 새 궁합 보는 법, 아들딸 구별법, 장남, 장녀, 중남, 중녀, 막내 구별법, 배우자 연상, 연하 아는 법, 친인척 예로 몇째 이모, 몇째 삼촌과의 이익과 손실 관계, 재혼, 삼혼, 사혼 가운데 인연 있는 배우자 아는 법 등 다양한 실증 상담의 예문이 알기 쉽고, 깊이 있게 담겨 있음이다.

※ 카페 회원 게시판 열람권

▶ 운곡기문원리(전체적 원명국과 운명을 살핌) 동영상 구입인은:

기문술사 – 고급풀이 게시판을 오픈함으로써 원리의 다양한 해단을 열람할 수 있고, 질의할 수 있다.

▶ 신수비기 동영상 구입인은:

신수비기 게시판을 오픈함으로써 신비의 다양한 해단을 열람할 수 있고, 질의할 수 있다.

▶ 원국비기 동영상 구입인은:

원국비기 게시판을 오픈함으로써 원비의 다양한 해단을 열람할 수 있고, 질의할 수 있다.

☞ **구입처: 010-9392-5222(운곡), 010-4529-2769(자연빛)**

〈 운곡기문학(雲谷奇門學)의 가장 중심적 원리〉

이의 중심 원리는 기존 기문학에서는 없는 학설로 운곡기문학에서 밝힌 원리이며, 그 원리의 정확성은 합리성과 논리성을 갖춘 것에서 이를 실전 상담에 적용하는 것으로 신뢰를 더할 것임을 믿어 의심치 않는다.

목차

01

용신(用神)과 진용(眞用) 그리고 개운(開運)

용신(用神)과 진용(眞用)에서 용신(用神)은 사주 명국상 가장 필요한 기운(氣運)을 말하는 것으로, 삶의 가장 이상적인 직업이 된다. 이러한 용신(用神)을 기존 기문학에서는 사지(四支)와 중궁(中宮)을 통해서만 찾는 데 반해 운곡기문은 비동처에서도 용신(用神)이 있다는 사실을 실제 상담으로 증명하였음이다.

일반적으로 용신(用神)은, 세약(世弱)에서는 인성(父)을 용(用)하는 것으로 인성(父)에 해당하는 직업을 취해야 하며, 세왕(世旺)에서는 재(財)관(官, 鬼)손(孫) 가운데 왕성한 것을 용(用)하는 것으로 재(財)관(官, 鬼)손(孫)에 해당하는 직업을 취해야 한다.

하지만 사지(四支)와 중궁(中宮)을 통해서만 찾는 것에서는 실제 상담에서의 세왕(世旺)에서 인성(印星)을 용(用)하여 잘사는 경우와 세약(世弱)이지만 재(財)관(官, 鬼)손(孫)을 용(用)하여 잘사는 경우가 빈번함에서 기존 기문의 원리로는 어떻게 설명할 도리가 없으므로 기존 기문학의 어리석은 크나큰 맹점(盲點)이 된다.

운곡기문은 기존 기문의 오류를 탈피한 용신(用神)을 찾는 것에서 진용(眞用)이 있음이니, 이는 용신(用神)을 더욱 왕성하게 하는 궁(宮)의 육신(육친)이나 오행 등 살성을 취하는 것이다.

예로 세기(世氣)가 一水로 약하다면 사금(四金)은 정인으로 금생수하므로 용신(用神)이 된다. 하지만 진용(眞用)은 진유합금으로 유금(酉金)을 더욱 왕성하게 하는 五土 귀성(鬼星)이 되거나 十土가 동하여 있음에서는 비동인 二火 정재(正財)를 진용하면 二四十(巳酉丑)의 三合으로 사금(四金)을 더욱 왕성하게 하기 때문이다. 따라서 세약이나 인성의 용신보다는 귀성(鬼星)이나 정재(正財)를 용(用)하는 것으로 진용(眞用)을 사용해야만 더욱 길함으로 나아갈 수 있음이다.

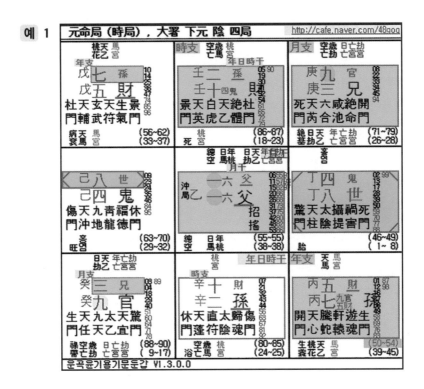

위 남명은 세기팔목(世氣八木)이 약한 것에서 중궁(中宮)의 인성(印星)이 용신(用神)이다. 따라서 직업은 인성(印星)에 해당하는 직업이 되어야 하지만 실제는 경찰관이다.

많은 실제 상담에서 세약(世弱)이면 무조건 인성(印星)을 용(用)하고, 세왕(世旺)일 때는 인성(印星)을 용(用)하지 않는 재(財)관(官, 鬼)손(孫)을 용(用)하는 것이 기존 기문학인데, 이런 해단법으로는 실제 삶에서 세왕(世旺)이지만 인성(印星)을 용신(用神)으로 직업을 가지고 살거나 실제 삶에서 세약(世弱)이나 인성(印星) 아닌 재(財)관(官, 鬼)손(孫)으로 직업을 가지고 사는 경우가 허다하게 많다.

이 명국인의 세기(世氣)는 약함에서 중궁(中宮)의 수기(水氣)를 인성(印星)으로 용신(用神)함에서 이의 용신(用神)을 더욱 왕성하게 하는 것이 참된 용신(用神)으로 진용(眞用)이 되는데, 구금관(九金官)으로 경찰 공무원이 된다. 이는 구금(九金)이 삼살(三殺)로 용신(用神)인 중궁(中宮)의 수기(水氣)를 더욱 왕성하게 함에서이다.

따라서 개운(開運)은 간궁(艮宮)을 취함이 길함이 되기에, 관(官)은 관직으로 공무원이나 공기업 등 직장이 길하며, 여명에서 관은 남편으로 재혼 아닌 본남편이 길한 인연으로 이혼은 피해야 한다.

또한 간궁(艮宮)의 살성인 겁살을 취함도 길함이 되기에 다급한 일 처리나 구설, 시끄러운 업무 처리도 길함이며, 바다나 강보다는 구금이 간위산에 좌함에서 산이 길함이 되며, 산은 드러남이 으뜸이라 방송이나 책 등으로 자신을 드러내고 알리는 것이 길함이며, 구금은 금기에서 바위가 있는 산이나 금기(金氣)의 지명이나 마을이 더한 길함이 된다.

또한 일상의 처신은, 구의 금기에서 의리를 중히 여겨 의리를 지킴이 길하며, 간궁은 소남이니 어린아이 같은 천진함으로 순박한 모습이 길하며, 막내로서의 행동, 즉 이끌되 리더의 모습을 감추는 행동이 길함이 된다. 아울러 구금의 12지지는 원숭이니, 모성애적인 모습이 길하며, 재주와 기술을 익힘이 길함이 된다(간궁과 태궁은 소남, 소녀로 칭찬하면 일을 더 잘하는 천진한 어린아이의 성품을 가지고 있어 칭찬을 좋아하고 비방은 도리어 역효과를 보임).

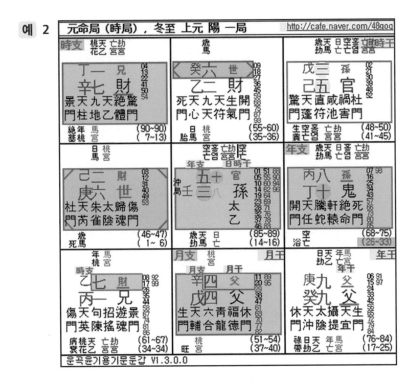

예 2

元命局 (時局), 冬至 上元 陽 一局
http://cafe.naver.com/48goq
운곡윤기용기문둔갑 V1.3.0.0

위 명국은 세약(世弱)에서 인성(印星)을 용(用)함이니, 기존 기문으로 보면 용신(用神)은 동처 감궁의 유금(酉金)인성을 용하여 월지, 월간이 동궁으로 있어 용신으로 형제 도움을 받거나 형제를 귀인으로 용(用)해야 한다고 해야 할 것이다.

하지만, 세약(世弱)에 동처의 칠화(七火)와 오토(五土)가 있음에서 구금(九金)을 용(用)하면, 약세(世弱)를 왕성하게 하는 삼살구금(三殺九金)으로 세생(世生)에서 길함이 된다. 해서 진용(眞用)은 구금인성으로 년간(年干)이니, 부친이 귀인으로 부친의 도움을 받게 되고, 부친에게 의지 또는 함께함이 절대 길함이 된다.

따라서 년간구금인성(年干九金印星)이 진용(眞用)에서 마궁(馬宮)이라 부친이 해외에 나가서 건설, 설계 방면에 독립적인 일을 하는 것으로 길함으로 살고 있는데, 년간(年干)의 구금이 인성인 부(父=文)에서 설계, 디자인 등은 길한 부친과의 업무나 취미가 되는데, 나는 부친을 취하므로 길명이 되기에, 년간구금정인(年干九金正印)은 진용(眞用)이 된다. 고로 부친을 따라 해외에 나가서 건설, 설계 방면으로 나가려 한다.

이의 구금진용을 취함이 길함은, 감궁의 인성은 이미 동하여 약세를 생하고 있음에서 구금이 삼살로 생한다면 길함을 증폭시키는 것에서인데 개운은 건궁의 모든 것을 취함에서 길함이 된다.

그것은 마궁을 취함이 길함이니 해외에 나가거나 이민, 외국 회사, 인성의 진용, 구금이 쌍구 태백성에서 강하고 자신감이 넘치는 리더십이 길하며, 부친 자리에서 부친의 강하고 엄한 모습이 길하며, 건궁의 하늘에서 건물의 고층이 길하기에 가게나 사무실은 고층이 길하며, 수석이나 바위 그림, 원숭이 그림도 마음 안정에 도움이 되며, 건물의 중심에서는 서남간(申)방이 길방이 된다.

또한 구금은 쌍구로 태백성이기에 경쟁을 하는 직업이나 경쟁 업체가 많은 곳이나 경쟁 업체가 모인 곳, 산업 전선, 시끄럽거나 분잡한 곳이 길함이 된다.

만약, 일수가 동하여 구금이 삼합일수 겁재를 안고 있는 것이라면 부친은 재물 손실을 많이 당하는 것에서 돈을 빌려줘 떼이는 일이 생기거나 사기를 당하는 일이 생기고, 모친과 이별하며 살든지 여자와 이별의 경험이 많은 부친이 된다.

또한 이화편재가 동하여 있다면 구금은 정인이나 이화편재도 합함이니, 부친은 주식이나 투기, 투자는 반드시 망신을 당한다. 하지만 유금과 삼합 유금의 인성이 되는 이화편재의 동처라면 여자로 인해 부동산이나 문서, 시험, 학교, 배움, 지식, 자격증 등에는 도움을 받는 길함이 되지만, 구금년간이 일수겁재를 안고 있는 것에서 이화편재 합으로 편재는 오래가지 못하는 인연이 되거나 재혼으로 함께해도 장수하지 못하는 편재가 된다.

예 3

元命局 (時局), 小寒 上元 陽 二局 http://cafe.naver.com/48goq

운곡윤기용기문둔갑 V1.3.0.0

위 명국은 세기(世氣)가 왕성한 것에서 중궁(中宮)의 칠화관(七火官)이 용신(用神)에서 이를 더욱 왕성하게 하는 십토인성(十土印星)은 오미합화(午未合火)로 진용(眞用)은 십토인성(十土印星)이 된다. 고로 십토진용(十土眞用)을 용(用)하여 인성(印星)의 직업인 교사를 하였고, 다시 부동산을 경영한다.

한편 진용은 삼목재성도 되는데, 이는 삼목의 삼합칠화에서 용신을 더욱 왕성하게 하기 때문이다.

다만 삼목을 취하면 삼목이 삼형살의 충극을 받기에 불용(不用)이며, 삼목은 시간으로 아들(또는 맏이) 또한 삼형살의 충극을 받는 것에서 나와 인연이 없거나 힘겨운 삶이 되는데, 시간이 삼목정재와 동궁에서 아들은 처가 없거나 처로 인한 고달픔이 생긴다(아들의 처가 단명이나 질병자, 불구자도 됨).

개운법은 간궁을 취하는 것이 되는데, 특이함은 등사가 길신에서 소원이 있다면, 산이니 산에서 기도를 하거나 명상이나 거주 등은 매우 길함으로 작용하는 명국이 되는데, 마궁에서 산은 원거리 산으로 이는 깊은 산골이 되기에 그러한 곳에서 기도는 영험함을 체험할 수 있을 것이다.

이렇듯 용신을 벗어난 진용은 원명국과 신수국에도 있음이니, 이는 직업이 되고, 개운으로 실작용이 된다.

02

중궁(中宮)과 사지(四支), 사간(四干)의 천반(天盤) 등국

　중궁(中宮)과 사지(四支), 사간(四干)의 지반홍국수(支盤洪局數)를 그대로 천반(天盤)의 동일한 홍국수(洪局數)에 붙이는 것으로 천반 동함으로 보는 것은 지반과 천반은 분리된 것이 아닌 연결된 것으로 봐야 하는 것의 이치로 이의 해단에서 실제는 명정함을 보이는 것으로 답을 확인할 수 있을 것이다.

　원명국이든 신수국이든 중궁과 지반동처 홍국수의 천반 대입은, 원명국에서 45세 전의 나이라 하더라도 지반에서의 천반합이나 지반과 천반이 공히 삼합이나 삼형살, 삼살이 작용하는 것에서는 천반의 동처 표시는 해단에 있어 작용을 하는 것으로 기존 기문처럼 천반의 비동처로는 정확한 해단 풀이가 불가능하게 된다.

　가령 지반의 팔목(八木)이 관귀(官鬼)이고, 팔목(八木)의 천반(天盤)이 월간(月干)이면, 관이 내 손위 형제와 합함에서 손위 형제가 누나라면 누나에게 남자가 생기거나 누나의 결혼이 되고, 남녀 모두 취직을 원하거나 진급에서는, 취직이 되고 승진이 되는 대운이 되고, 원국비기에서는 나이가 되고, 달운이 되고, 일진이 된다.

　또 달리 지반에 십토가 있고 천반은 팔목일 때, 타궁의 동처에 육수가 있어 육팔십으로 해묘미삼합으로 십토천반의 팔목이 된 것에서 그 팔목이 오토를 합함에서 오토가 삼합일수가 되어 있고, 오토가 삼합칠화로 동시에 되어 있다면, 오토의 삼합일수가 오토의 삼합칠화를 충극함에서 칠화는 대흉함인데, 칠화가 년간이나 월간, 일간, 시간(또는 년지, 월지, 세기, 시지의 四支)이 된다면 이들 육친은 대흉함이며, 칠화가 관, 귀이면 여명에서는 남편이나 애남과 이별 내지 그에게 대흉한 일이 생기고, 직장인은 퇴사가 되는 등 다른 육신이나 육친도 동일한 이치로 해단하면 틀림없을 것이다.

이렇듯 천반 동처의 사지, 사간이 동하고 안 동하고는 해단에 있어 절대로 간과할 수 없는 것에서, 기존 기문에는 이러한 이치적 원리가 없는 것으로 말미암아 예전 처음 기문에 입문할 당시에는 무척 헤매는 시기를 보낸 것으로 오랜 시간을 두고 원리를 찾은 것에서, 이제 후학님들은 이 운곡 원리를 통해 큰 운명 해단의 초석의 지침으로 삼아 나아갈 수 있을 것이다.

* 중궁(中宮)과 사지(四支), 사간(四干)의 천반(天盤) 표시는 암장비기와 더불어 저작권의 보호를 받으며, 특허도 등록된 것으로, 이를 임의로 사용해서 프로그램을 만들거나 강의, 저술하는 행위는 불법입니다.

특허 제10-2306827호, 출원번호 제10-2020-0184115호

※ 불법 사용을 목격하여 연락을 주시거나 그 증거물 구입 비용, 강의 내용과 비용 등 객관적인 증거를 제보해 주시면 비밀 보장과 보상을 해 드리겠습니다.

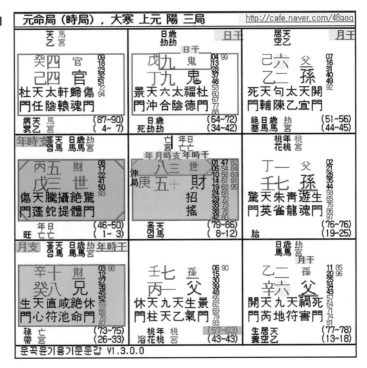

위 명국에서 대운 46~50세는 오토편재로 중궁 천반의 팔목을 합함에서 팔목이 월지, 년간, 시간에서 오토편재가 팔목의 육친을 합하니, 이 대운은(원비에선 55세가 되고, 오토에 해당하는 달도 됨) 여자(또는 재물)와 이들 육친인 월지(아래 동생), 년간(부친), 시간(맏이 자녀)이 만나는 시기가 된다. 만약 천반에 사지나 사간의 육친을 동처하지 않았다면, 이 시기에 이런 해단의 실재는 밝힐 수 없다.

대운 51~56세도 육수정인에서 삼목세기를 합생하므로, 내가 문서를 잡거나 시험, 자격증을 취득하거나 스승을 만나는 등 정인은 문서에서 이러한 일들은 길함이 되며, 또한 삼목은 년지(모친)와 시지(아래 자녀)이기에 이들 육친이 문서나 시험, 자격증 등에 길함이 되는 시기가 된다(원비에선 56세이며, 육수의 달과 육수의 하루 일진이 됨).

만약 기존 기문처럼 삼목을 세기로 보지 않고, 비견으로만 본다면 앞과 같은 해단에는 이를 수 없으며, 이러한 상담으로 명성을 높일 수도, 역(易)의 신뢰도와 가치를 보증할 수도 없을 것이다.

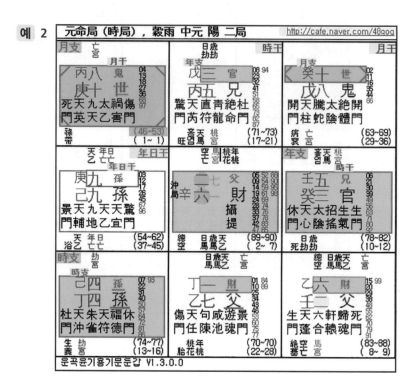

위 명국은 대운 2~7세에 모친이 사망하는데, 이는 육수재성이 세의 십토와 천반팔목과 더불어 삼합팔목 귀성, 월간이 되는 것에서 다시 팔목은 오토를 합하니, 오토의 삼합일수 재성이 오토의 삼합칠화 정인을 충극함에서 이 대운은 나이를 떠나서 이러함의 시기는 시험, 공부, 문서, 자격증과 어떠한 배움이든 인연이 없고 흉함을 맞게 된다(원비에선 6세, 16세, 26세, 36세가 그렇고 월과 일진은 육수에 닿는 달에 이러한 일이 발생함).

모친의 사망은 삼목이 이궁천반에 좌하여 년지로 있음에서 칠화에 깃든 년지 삼목도 일수의 충극에서 함께하는 것으로 대흉함이라 사망이 되는데, 만약 천반 삼목의 년지가 비동처였다면 이러한 해단은 나올 수 없음이 된다 (모친 사망이 육수가 삼목을 합함에서 삼형살의 충극에서도 됨).

또한 팔목의 오토합에서 나이를 떠나서 이러한 홍국수가 온다면, 시간의 오토가 시지의 유금과 합이 되었기에 출산자는 출산이 되고, 자식과 이별자는 상봉이 되며, 형제간에는 화합이나 만남이 되며, 직장인이나 여명은 퇴사와 이별이 된다. 이러함으로 지반 홍국수의 동처를 천반 홍국수에 표시함으로써 동처로 올바른 해단이 가능한 것이다.

03 삼합(三合), 반합(半合), 육합(六合), 생(生), 충극(沖剋)의 순열에 입각한 해단 방식

아국기문둔갑(我國奇門遁甲)의 운명 해단은 연국(煙局)이 아닌 홍국수(洪局數)의 작용이 절대적인 가운데 이 홍국수(洪局數)의 다양한 합(合)과 상생(相生), 충극(沖剋) 관계를 토대로 괘문성장(卦門星將)과 각종 살성을 더해서 감정을 해야한다.

하지만 이러한 원리가 명료히 정립되어 있지 않은 것에서 정단(正斷)과 불정단(不正斷)으로 말미암아 문하생들의 혼란을 야기한 것으로 이의 해단은 단식법을 벗어나지 못한 것으로, 운곡기문은 이에 논리적 원리를 토대로 실증상담을 통해서 그 차이점을 독자와 문하생들이 판단할 수 있게 이 책의 지면을 통해서 그 전모의 원리를 밝힘에서 보다 진보된 해단법으로 나아갈 수 있을 것이다.

해단의 중추적 역할의 순서는 합에 있음이다.
운곡이 새로운 합의 원리를 찾아내지 못한 것에서 접했던 기존 기문둔갑 인사명리는 합(合)을 등한시한 것으로, 합(合)을 올곧게 구사하지 못한 가운데 충극(沖剋)을 먼저 보았지만, 실제로 충극을 먼저 보는 해단은 많은 오류의 폐단을 낳기에 해단에 있어 삼합(三合)과 반합(半合), 육합(六合)과 상생(相生) 그리고 충극(沖剋)의 순서만이 정확한 해단이 나올 수 있음을 알아야 한다.

물론 삼합(三合)에 있어서도 삼합(三合)의 성립과 불성립의 조건적 원리가 있다는 사실을 운곡기문은 밝히고 있는데, 삼합(三合)의 종결수(왕지)가 공망(空亡)이 되면, 삼합(三合)은 불성립된다. 하지만 그 공망(空亡) 자리에 일간(日干)이 함께 한다면 삼합(三合)은 성립된다.

그러나 삼합(三合) 아닌 반합(半合)에 공망(空亡)은 논하지 않음에서 반합(半合)으로 작용을 한다.

또한 삼합(三合)에도 순열이 있으니, 중궁(中宮)과 함께하는 삼합(三合)과 중궁(中宮)을 벗어난 외궁(外宮)의 삼합(三合)에서 순열은 중궁(中宮)을 통한 삼합(三合)을 우선으로 봄에서 그 길을 따라서 나아가야 하는데, 해단의 길에서 다양한 육신이나 육친의 길흉도 함께 엮어 봐야 하는 것이 묘미이지만, 실제는 상담자가 알고자 하는 것의 해단에서 그것만 쫓는 경향이 강하다.

삼합(三合)과 반합(半合), 육합(六合)과 상생(相生)에 있어 세 합과 상생이 동시 작용에서는 그 해단을 동시에 해단해야 하며, 합(合)과 생(生)하는 궁(宮)의 모든 육신(六神)이나 육친(六親)도 함께 해단해야 한다. 아울러 오행(五行)과 오행(五行)에서 말하는 길흉한 방위(方位)도 더불어 해단할 수 있음이다.

충극(沖剋) 또한 충극(沖剋) 당하는 궁의 육신(六神)이나 육친(六親)도 함께 해단해야 한다.

이 말은 해단에 있어 흑백의 양 갈래로 명백한 결론도 있지만 길흉이 교차하는 경우도 있다는 것에서, 만나지만 헤어짐, 얻지만 잃음의 양 비율도 있다는 점을 알아야 하는데, 그 기준은 삼합, 반합, 육합, 상생, 충극의 순열에 있음이다. 예로 삼살의 육수생에서 육수의 육신이나 육친은 길하지만 그 육수가 다시 삼목합에서 삼형살의 충극을 받는다면, 이후 흉함도 뒤따른다는 것이다.

❷ 삼합(三合)

삼합(三合)은 그 작용이 세 개의 홍국수(洪局數)가 합(合)하는 것으로 그 합(合)은 종결수(왕지)인 중심오행으로 깃든다. 특히 삼합(三合) 가운데 육팔십의 六(亥)八(卯)十(未) 또한 합(合)의 종결수로 중심오행이 되지만, 十土의 오행은 대흉한 것으로 이는 삼합목기에 토기인 십토가 극을 받음에서 십토의 육신(六神)이나 육친(六親)도 흉함이 된다.

삼합(三合)에 있어 삼합(三合)의 세 구성에서 하나나 둘이 있는 것에서 하나에 둘이 동처로 들어오거나, 둘에서 하나가 동처로 들어오는 경우에도 삼합(三合)의 작용이 발생하기에 이 삼합으로 말미암은 길흉을 논해야 한다. 삼합(三合)은 변칙 삼합도 있는데 다만 삼합의 종결수가 흐름의 지반(地盤) 또는 흐름의 천반(天盤)에 있어야 한다. 그러나 합(合)에서 파생되는 두 개의 삼합(三合)은 천지반(天地盤)을 따지지 않는다.

이는 무슨 뜻인가 하면,

가령 팔목이 오토를 합함에서 오토가 삼합일수도 되고, 삼합칠화도 되는 것으로 각각의 삼합 종결수가 천반과 지반을 가리지 않고 작용함을 말하는 것이다. 또한 오토의 유금합이 있다면 일수가 칠화를 충극함에서 칠화의 육신이나 육친은 흉함이 되어도, 유금의 육신은 살아남으로 작용이 되는데 일수를 생하는 육신으로 작용도 함이다.

삼합(三合)은 그 자체 성립에서나 흐르는 운(運)에서 성립되는 것일 때, 크게 길신(吉神)으로 작용하는 경우와 반대로 크게 흉신(凶神)으로 작용하는 경우로 움직임을 살펴야 하는데, 삼합(三合)이 길신(吉神)으로 작용하면 운명(運命)의 흐름이 순탄하게 흘러가지만, 흉신(凶神)으로 작용하면 운명(運命)의 흐름이 난잡하게 흘러간다.

이는 원명국에서는 진용(眞用)이 되며, 신수국에서는 한 해의 개운하는 진용(眞用)으로 사용하여 육신이든 육친이든 방위이든 오행의 상징이든 오행의 색상이든 취함은 길함이 되는데, 궁좌에 해당하는 육친도 해당된다. 가령 진용(眞用)이 태궁에 좌했다면 소녀궁이라 소녀의 순수함으로 나아감이 길하다는 것이며, 진궁에 좌했다면 장남의 추진력이나 천둥, 번개처럼 강한 파워로 나아감이 길하다는 것이다.

삼합(三合)은 중궁(中宮)의 삼합(三合)을 우선으로 보며, 다음은 외궁(外宮)의 삼합(三合)을 보는데, 삼합(三合) 가운데 사간(四干)이나 사지(四支)의 육친(六親)의 동태도 육신(六神)과 같이 잘 살펴야 한다.

삼합(三合)은 세 개의 지지(地支)가 합(合)으로, 중심 오행이 되는 것이다.
三寅(七午)五戌 -合火(七午)　　二巳(四酉)十丑 -合金(四酉)
九申(一子)五辰 -合水(一子)　　六亥(八卯)十未 -合木(八卯)

三寅(七午)五戌 3개가 모이면 화기(火氣)인 (七午)가 되기에,
화기(火氣)인 (七)의 육신(六神)이나 육친(六親)은 왕성해져 길하나,
상반된 (四 또는 九)의 육신(六神)이나 육친(六親)은 반대로 화기의 극을 받음에서 흉하다.

二巳(四酉)十丑 3개가 모이면 금기(金氣)인 (四酉)가 되기에,
금기(金氣)인 (四)의 육신(六神)이나 육친(六親)은 왕성해져 길하나,

상반된 (三 또는 八)의 육신(六神)이나 육친(六親)은 반대로 금기의 극을 받음에서 흉하다.

九申(一子)五辰 3개가 모이면 수기(水氣)인 (一子)가 되기에,
수기(水氣)인 (一)의 육신(六神)이나 육친(六親)은 왕성해져 길하나,
상반된 (二 또는 七)의 육신(六神)이나 육친(六親)은 반대로 수기의 극을 받음에서 흉하다.

六亥(八卯)十未 3개가 모이면 목기(木氣)인 (八卯)가 되기에,
목기(木氣)인 (八)의 육신(六神)이나 육친(六親)은 왕성해져 길하나,
상반된 (五 또는 十)의 육신(六神)이나 육친(六親)은 반대로 목기의 극을 받음에서 흉하다.

☯ 반합(半合)

반합(半合)은 삼합(三合) 가운데 첫째와 둘째의 합(合)으로 작용을 보는데,
삼합(三合)의 둘째와 셋째는 반합(半合)으로 보지 않는다.
이때 운(運)에서 동처(動處)로 나머지 하나가 들어오면 온전한 삼합(三合)으로 길(吉) 또는 흉(凶)으로의 작용을 일으킨다.

반합(半合)은 흐름의 지반(地盤)이나 흐름의 천반(天盤)에 공히 둘 다 있는 가운데 길(吉)하게 작용하는 경우와 반대로 흉(凶)하게 작용하는 경우를 일으킨다. 반합(半合)은 삼합(三合)보다 그 기세가 다소 약하지만 작용은 동일하다.

반합(半合)은,

三寅(七午) -合火(七午)　二巳(四酉) -合金(四酉)

九申(一子) -合水(一子)　六亥(八卯) -合木(八卯)이다.

三寅(七午) 2개가 모이면 화기(火氣)인 (七午)가 되기에,

화기(火氣)인 (七)의 육신(六神)이나 육친(六親)은 왕성해져 길하나,

상반된 (四 또는 九)의 육신(六神)이나 육친(六親)은 반대로 화기의 극을 받음에서 흉하다.

二巳(四酉) 2개가 보이면 금기(金氣)인 (四酉)가 되기에,

금기(金氣)인 (四)의 육신(六神)이나 육친(六親)은 왕성해져 길하나,

상반된 (三 또는 八)의 육신(六神)이나 육친(六親)은 반대로 금기의 극을 받음에서 흉하다.

九申(一子) 2개가 모이면 수기(水氣)인 (一子)가 되기에,

수기(水氣)인 (一)의 육신(六神)이나 육친(六親)은 왕성해져 길하나,

상반된 (二 또는 七)의 육신(六神)이나 육친(六親)은 반대로 수기의 극을 받음에서 흉하다.

六亥(八卯) 2개가 모이면 목기(木氣)인 (八卯)가 되기에,

목기(木氣)인 (八)의 육신(六神)이나 육친(六親)은 왕성해져 길하나,

상반된 (五 또는 十)의 육신(六神)이나 육친(六親)은 반대로 목기의 극을 받음에서 흉하다.

☯ 육합(六合)

육합(六合)은 육합(六合)으로 성립되는 두 홍국수(洪局數)의 지지(地支)의 합(合)으로 보는데, 두 홍국수(洪局數)의 육합(六合)에서 다른 한쪽의 오행(五行)으로 옮겨 가는 것으로 육신(六神)이나 육친(六親)의 관계를 보며 또한 그 길흉(吉凶)을 논한다.

육합(六合)은
一子十丑-合土(十丑)　三寅六亥-合木(三寅)　八卯五戌-合火(七午/二巳)
五辰四酉-合金(四酉)　二巳九申-合水(一水)　七午十未-合火(七午)이다.

육합(六合)의 오행(五行)은 합(合)으로 어느 하나의 오행(五行)이 되는데, 여기서 八五의 卯戌合火와 二九의 巳申合水는 다른 오행(五行)으로 화(和)한다는 것이 다르다.

八(卯)五(戌)-合火(七午/二巳)는
팔목은 해묘미 삼합의 팔목이 되고, 오토는 인오술 삼합의 화기가 되기에
팔목의 목기와 오토의 화기가 합하면 나무는 불이 되기에 응당 이 둘의 합은 화기가 된다.
또 하나의 화기는 七(午)十(未)-合火(七午)로 칠화는 인오술 삼합의 칠화와 해묘미 삼합의 팔목이 합하는 것으로 팔목이 칠화와 합하면 나무는 불이 되기에 응당 이들의 합은 화기가 된다.

각각의 화기에서 七午十未-合火(七午)는 양기가 충만한 것에서 칠화(七午)로 보지만,

八(卯)五(戌)-合火(七午/二巳) 또한 칠화(七午)가 되지만 둘의 음양에서 묘술합화는 상대적 음에 속함에서 이화(二巳)의 오행으로 보는 것이 타당하다.

二(巳)九(申)-合水(一水)는
이화는 사유축 삼합의 유금이 되고, 구금은 신자진 삼합의 수기가 되기에
유금의 금기가 자수의 수기를 생함에서 금생수로 수기가 되는 것이다.

☯ 상생, 충극(沖剋)

상생(相生)은 水生木-木生火-火生土-土生金-金生水이며,
물은 나무에 희생되어 나무를 살리고, 나무는 불에 희생되어 불을 살리고,
불은 흙에 희생되어 흙을 살리고, 흙은 금에 희생되어 금을 살리고, 금은
물에 희생하여 물을 살린다.

一子와 六亥는 수기로 三寅과 八卯의 목기를 생하므로
자신의 수기를 목기로 화함에서 자신을 희생하여 목기를 생한다.

三寅과 八卯은 목기로 二巳와 七午의 화기를 생하므로
자신의 목기를 화기로 화함에서 자신을 희생하여 화기를 생한다.

二巳와 七午는 화기로 五辰과 十未의 토기를 생하므로
자신의 화기를 토기로 화함에서 자신을 희생하여 토기를 생한다.

五辰과 十未는 토기로 四酉과 九申의 금기를 생하므로

자신의 토기를 금기로 화함에서 자신을 희생하여 금기를 생한다.

四酉과 九申은 금기로 一子와 六亥의 수기를 생하므로
자신의 금기를 수기로 화함에서 자신을 희생하여 수기를 생한다.

생함은 생을 받는 육신이나 육친은 길함이 되지만, 생을 받는 육신이나 육친이 흉신으로 작용하면 이로 인한 흉함이 발생하고, 길신으로 작용하면 이로 인해 길함이 발생한다.

충극(沖剋)은 水剋火-火剋金-金剋木-木剋土-土剋水이며,
물은 불을 극하여 제압하고, 불은 쇠를 극하여 제압하고, 쇠는 나무를 극하여 제압하고, 나무는 흙을 극하여 제압하고, 흙은 물을 극하여 제압한다.

一子와 六亥의 수기는 二巳와 七午의 화기를 극하여 제압하며,
二巳와 七午의 화기는 四酉과 九申의 금기를 극하여 제압하며,
四酉과 九申의 금기는 三寅과 八卯의 목기를 극하여 제압하며,
三寅과 八卯의 목기는 五辰과 十未의 토기를 극하여 제압하며,
五辰과 十未의 토기는 一子와 六亥의 수기를 극하여 제압한다.

극을 받는 육신이나 육친은 흉함이 되는데, 경우에 따라서 극을 받는 육신이나 육친이 나에게 길함이 될 때도 있음이다. 이는 흉신이 극되면 흉함이 감하기 때문이다.

* 여기까지의 합과 생과 충극은 매우 중요한 해단원리가 되기에 경우에 따라 해단에 묘미가 여기에 다 있다 하여도 결코 과언이 아니다. 기존 기문에서 이를 등한시(等閒視)하는 해단이었다면, 운곡기문은 이를 통한 것으로 해단에서 그 차이를 확연히 느낄 수 있을 것이다.

☯ 공망(空亡)의 작용

공망(空亡)은 글자 그대로 본다면 텅 빈 것이며, 망한 것으로 제구실, 제 작용을 하지 못함을 말한다.

이는 어떤 육신(六神)이나 육친(六親), 가정궁인 세궁(世宮)과 배우자의 육친(六親)에 입(入)하게 되면 그렇다는 것을 말하는 것으로 삶에 장애가 많고, 가정이 화목하지 못하고, 성취의 길로 나아가기 어렵다는 것을 말한다. 하지만 홍국수가 태왕하면 공망(空亡)은 면공(免空)이 되어, 공망(空亡)을 논하지 않는다.

공망(空亡)에는 나름의 이치가 있음에서 해단에 있어 단순하게 볼 수 있는 것이 아닌데, 이는 삼합(三合)에 있어 공망(空亡)이 깃든 부위에 따라서 삼합(三合)이 성립이 되는 경우가 있는가 하면, 반대로 삼합(三合)이 성립되지 않는 경우가 있는 것에서 해단에 있어 정반대의 해석이 나오기 때문이다.

공망(空亡)이라도 궁의 자리나 월령, 천반에 기운을 득하고 있다면, 내지 동처의 생조를 받는다면 그 공망(空亡)의 작용은 약하지만, 반대로 태약한 것으로 공망(空亡)이나 약한 것으로 공망(空亡)일 때, 동처의 극까지 받는다면 대흉한 공망(空亡)이 될 것인데 공망(空亡)에 놓인 육신(六神)이나 육친(六親) 모두는 흉함이 된다. 여기에 흉문괘(凶門卦), 겁살(劫煞)과 망신살(亡身殺) 등 살성까지 더한다면 비통한 대흉함이 된다.

☯ 일간(日干)의 작용

일간(日干)은 세궁(世宮)과 더불어 자신이 된다.
세궁(世宮)은 안으로의 나이며, 중심적 나이며, 본질적 나로서 타고난 기질이 되고, 일간(日干)은 밖으로의 나가 되는 것으로 드러나는 외부적 성향으로의 나가 된다.

일간(日干)의 오행이 세궁(世宮)의 오행으로 합되면,
일간(日干)의 오행은 세궁(世宮)이 되고,
세궁(世宮)의 오행이 일간(日干)의 오행으로 합되면,
세궁(世宮)의 오행은 일간(日干)이 된다.

» 세궁(世宮)의 오행(五行)이 삼합(三合)이나 육합(六合)이 되어 오행(五行)이 변한다면, 세기(世氣)를 저버리지 않는 가운데 삼합(三合)이나 육합(六合)된 그 오행(五行)이 세기(世氣)가 된다. 이때 세궁(世宮)의 괘문성장(卦門星將)은 따라가지 않는다. 이는 대운이나 나이 달에서도 동일하다(합의 오행이 변하지 않는 육합에서는 괘문성장과 살성은 그대로 봄).

☯ 거공(居空)의 작용

» 오십토(五十土)에 거공(居空)은 거공(居空)을 논하지 않는다.
» 오십토(五十土)에 일간(日干)이 있다면, 거공(居空)을 논하지 않는다.
» 거공(居空)에 일간(日干)이 있거나 삼합의 종결수에 일간(日干)이 있다면, 거공(居空)을 논하지 않는다.
» 오십토(五十土)의 거공(居空)이 또 다른 삼합으로 연결 시 거공은 면거공(居空)이 되어 거공(居空)을 논하지 않는다.

04 칠오구(七五九)삼살(三殺)과 인사신(三二九) 삼형살(三刑殺)의 작용

七五九삼살의 작용은 六水를 생한다.

하지만 단순히 七五九삼살의 九金이 六水를 생하는 것으로 해단해서는 안 되며, 경우에 따라 三木을 충극하는 현상을 더하면, 삼살의 작용은 무려 20여 가지로 나온다는 것이 암장수를 예외한 운곡기문학의 일반적 원리이다.

기존 기문학의 七五九삼살의 작용은 오직 六水만을 생하는 것으로 정의한 것에서 실제 상담에서는 六水를 생하지 않음의 해단으로 나오는 것에서 왜 그런지 부연 설명을 하지 못함이다.

다양한 예외적 현상을 방치한 것으로 기존 기문학 오류의 폐단은 너무나 큰 폐점으로 기문학 자체의 우수성을 저버리게 함이다. 이에 운곡기문은 오랜 실증 상담을 통해 삼살의 논리성을 회복한 것으로 철견한 삼살 작용의 다양한 원리를 토대로 예문을 통해 확연한 차이를 확인할 수 있을 것이다. 그러나 암장홍국수를 대입한 것에서는 해단의 풍미가 색다르게 흘러감이다.

☯ 삼살의 작용(암장홍국수 원리를 제외한 작용)

　　» 七五九삼살이 성립되어 있을 시

1) 외궁에 三목과 六수가 동처(겸왕준동)로 붙어 있다면 이미 성립되어 있는 삼살九금은 三목을 충극한다.

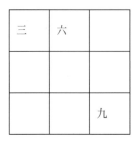 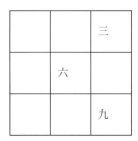

　• 구금에 있어 육수는 손으로 내 자식이 되기에, 내 자식인 육수를 삼목
　　이 앗아 간 것에서 육수와 붙어 있는 삼목을 나는(구금) 충극한다.

2) 그러나 이때 六수 동처에 日干이 있으면 이미 성립되어 있는 삼살九금
은 日干인 六수를 먼저 생한다.

		日干 六
九		三

　• 구금에 있어 육수는 손으로 내 자식이 되는데, 여기에 일간(日干)인 내
　　가 있으면 나와 함께하는 내 자식은 삼목이 앗아 가지 못하기에 일간
　　의 나와 함께 있는 내 자식 육수는 동처로 三목과 六수가 붙어 있어도

삼살九금은 日干 六수를 생한다.

3) 삼살九금이 정인이면, 三목 충극 아닌 世氣인 六수를 생한다.

• 삼살九금이 친부인 정인에서 六수 나(世)를 생한다.

4) 三木이 비동으로 삼살九금이 편인일 때, 겁재인 六수도 비동이라면 삼살구금 편인은 一수 世를 생한다. 그러나 九금이 인성이 아닐 시 一수는 생하지 못한다.

• 삼목이 비동으로 형제인 육수 겁재도 무동으로 없다면, 모친인 편인의 삼살구금은 자식이 없기에 어쩔 수 없이 一水인 나(世)를 생한다.

5) 三목과 六수가 동처로 서로 간 외궁에서 떨어져 있다면 삼살九금은 六수를 생하러 간다.

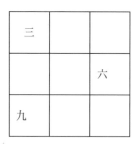

- 동처의 三목과 六수가 떨어져 있다면, 삼살九금은 삼목의 충극보다는 내 자식을 생하는 것이 우선이기에 六수를 생한다.

6) 三목은 동처인 가운데 六수는 비동으로 옆에 같이 있거나 타 궁에 있음에서 비동의 六수가 동하게 된다면, 삼살九금은 새로이 동한 六수를 먼저 생한다.

- 비동의 六水가 동하여 나타나면, 잃어버린 내 자식인 육수가 돌아온 것에서 삼살구금은 내 자식 육수를 버선발로 나아가 반겨 생한다.

7) 삼살九금이 중궁의 六수(또는 암장六) 또는 외궁의 六수를 생하고 있다면, 비록 三목이 동하여 오더라도, 九금은 三목을 충극하지 않고 六수를 생한다.

• 삼살九금이 六수를 생하고 있다면, 비동인 삼목이 동하여 오더라도 내 품의 자식 육수를 생하고 있다면 三목이 동하여 오더라도 六수의 생함을 저버리지 않는다.

8) 중궁六수나 六수 옆의 三목이 日干이면(순수일간, 동처(경왕준동)일간 무관), 이미 성립된 삼살구금은 日干 三목을 충극한다.

• 동처 육수 옆의 三목이 日干이면, 내 자식 육수를 앗아 간 것에서 돌변한 일간을 삼살九금은 日干 三목을 충극한다.

9) 삼살성립에서 중궁의 육수 아닌 중궁이 三목에 六수가 동처이면, 이미 성립된 삼살구금은 중궁三목을 충극한다.

九		
	三	
		六

- 삼살九금은 중궁三목과 六수 동처에서 내 자식 육수를 앗아 간 것에서 三목을 충극한다.

그러나 삼살의 九금에 日干이 있다면, 중궁의 三목을 충극하지 않고 외궁 동처 六수를 생한다. 이때 만약 日干 九금이 삼형살도 같이 되어 三목을 충극하고 있다면 충극보다 생함이 앞서기에 생으로의 작용이 크고 삼형살로의 충극의 작용은 상대적으로 약하게 발생한다.

	三	六
日干 九		

- 중궁三목과 동처六수에서 삼살九금에 日干이 있다면, 삼살九금은 삼목 충극의 전쟁보다 내 자식 육수 생함으로의 화평을 택한다. 즉 六수를 생한다.

10) 三목도 六수도 무동일 때, 삼살 가운데 해당되는 홍국수의 운세는 삼합, 반합, 육합, 생, 충극의 순서로 해석한다.

七		五
	九	

☯ **삼살의 작용**(암장홍국수 원리를 제외한 작용)

 » 五九삼살이 생성되어 올 시

11) 三목은 동처(겸왕준동)이고, 六수는 중궁(암장 포함)이나 외궁에 있어, 삼목과 육수가 붙어 있거나 떨어져 있을 시, 새로이 생성된 삼살은-六수를 먼저 생한다.

三	六	
		九

	九	
	三	六

	三	
		九
六		

• 동처의 三목과 六수가 붙어 있든지 떨어져 있든지 생성된 삼살은 내 자식인 六수를 먼저 생한다.

12) 외궁 동처의 六수에 三목이 순수日干과 붙어 있으면, 생성되어 온 삼살은 六수를 생하지만, 日干 三목이 동처로 있다면, 생성된 삼살은 三목을 충극한다.

六		六
	日干 三	
	九	

日干 三		
六	日干 三	九

三		
日干 六		九

- 생성된 삼살은 육수를 생하는데, 삼목이 순수日干으로 六수와 붙어 있어도 삼목일간이 순수함에서 내 자식 육수를 데려가지 못하므로 생성된 삼살구금은 육수를 생한다.
- 하지만 삼목-일간이 동처로 있다면 왕성하기에 내 자식 육수를 데리고 간 것에서, 자식을 데려오기 위해 성립된 구금은 동처의 日干 삼목을 충극한다. 三목과 六수가 외궁에 동처(겸왕준동)로 붙어 있어 둘 가운데 日干이 있다면 이는 내 자식 六수를 앗아간 비대한 三목이기에 생성되어 온 삼살구금은 가차 없이 三목을 충극한다.
- 동처의 六수가 순수日干의 三목과 붙어 있거나 떨어져 있어도, 생성된 삼살구금은 六수를 생한다.
- 三목과 六수가 동처로 붙어 있어 日干이 있다면, 생성된 삼살구금은 三목을 충극한다.

12)-1 三목과 六수가 동처(또는 동처와 순수日干)로 떨어져 있어 日干이 있으면, 생성된 삼살구금은 六수를 생한다.

三		
		九
	日干 六	

13) 중궁이 三목이고 외궁의 六수가 순수한 日干이면, 생성되어 온 삼살구금은 순수日干의 내 자식 六수를 생한다. 하지만 외궁의 六수가 동처(겸왕준동)로 日干이면 중궁의 三목을 충극한다.

	日干 六	
	三	
九		

九		
	三	日干 六

- 중궁 삼목에 육수가 순수일간이면, 삼목은 어린 순수일간(육수를 앗아 가지 않음에서 생성된 삼살구금)은 순수한 내 자식 육수 일간을 생한다. 하지만 순수일간이 동처로 있다면, 다 자라서 왕성한 내 자식 육수를 앗아 간 것에서 삼목을 충극한다(이때 日干-六수가 인성이고 三목은 世氣라면 日干과 世氣가 합된 것에서 동시에 충극을 받기에 三목인 世氣는 대흉한데, 더하여 삼살九금이 삼형살도 된다면 三목 世氣의 흉함은 가중됨).
- 중궁의 三목에 六수가 순수日干이면, 생성된 삼살구금은 六수를 생한다.
- 중궁의 三목에 六수가 동처로 日干이면, 생성된 삼살구금은 三목을 충극한다.

14) 외궁 동처의 三목에 외궁의 六수가 순수한 日干으로 붙어 있을 때, 생성되어 온 삼살은 동처의 삼목을 충극한다[14번과 13번의 1이 엇비슷하나 13번의 삼목은 중궁이라는 안락의 궁에 도취되어 순수일간(純粹日干)의 어린 육수를 앗아 갈 마음이 없지만, 14번의 삼목은 중궁의 안락이 없음에서 순수일간의 육수를 탐하는 것에서 성립되어 온 삼살은 깜짝 놀라 내 자식 육수를 앗아간 삼목을 가차 없이 충극한다].

		九
	日干 六	三

- 삼살성립 2)와 비슷한데, 2)는 성립된 삼살에서 순수일간육수를 생하지만, 14)는 생성된 삼살이기에 순수일간(純粹日干)을 데리고 가는 것에서 놀라 삼목을 충극한다.
- 동처의 三목과 순수일간(純粹日干)의 六수가 외궁에서 붙어 있다면, 성립된 삼살은 三목을 충극한다.

15) 중궁이 三목이고 외궁의 六수가 동처(경왕준동)로 六수이면, 성립되어 온 삼살구금은 六수를 생한다. 하지만 중궁三목에 日干이 있다면, 성립되어 온 삼살은 중궁의 三목을 충극한다.

九		
	三	六

		九
	日干 三	
		六

- 중궁三목과 六수동처에서 성립되어 온 삼살은 동처(겸왕준동)인 내 자식 六수를 생한다. 하지만 중궁三목에 日干이 있다면 비대권력의 삼목이 내 자식 六수를 앗아 간 것에서 중궁-일간三목을 충극한다(12번과 동일).
- 중궁이 三목이고, 六수가 동처이면, 성립된 삼살구금은 六수를 생한다.
- 중궁의 三목에 日干이 있어 六수가 동처이면, 성립된 삼살은 三목을 충극한다.

16) 六수와 三목이 외궁에 동처(겸왕준동)로 붙어 있어, 六수나 三목에 日干이 있다면, 성립되어 온 삼살은 三목을 충극하기에, 三목에 깃든 六수도 같이 흉하다.

	九	
日干六		
三		

日干三		
六		九

- 三목과 六수가 외궁에 동처(겸왕준동)로 붙어 있어 둘 가운데 日干이 있다면 이는 왕성한 내 자식 六수를 앗아간 비대한 三목이기에 성립되어 온 삼살은 가차 없이 三목을 충극한다.
- 외궁에 三목과 六수가 동처로 붙어 있어 日干이 있다면, 성립된 삼살은 三목을 충극한다(중궁에 三목이나 六수가 있어도 동일).

17) 순수일간(純粹日干)의 준동이 함께하므로 七五九가 성립된 삼살에서, 운에서 이 가운데 어느 것이든지 한두 개가 오면서 삼살성립이 확인될 시, 순수일간(純粹日干)이 깃든 삼살은 이미 동처가 아닌 것으로 준동이기에 운에서 오는 삼살 홍국수는 성립되어 오는 것으로 보아서 이제 삼살이 성립되는 것으로 해석하여 三목과 六수가 옆에 붙어 있을 시, 六수-생함으로 본다.

	九	日干 七
	五	

18) 그러나 순수日干 아닌 겸왕준동(동처)에서의 (九金 日干 아닌) 七화나 五토의 日干은, 동해져 있는 삼살로의 작용을 하기에 六수와 三목이 옆에 있다면 겸왕준동(동처)으로서의 삼살구금은 三목을 충극한다.

	九	日干 七
	五	

※ 유사한 '七五九삼살'은 2번, 8번, 12번의 비교, 2번, 14번, 13번, 12-1번, 15번, 12번이다.

❸ 삼형살(三形殺)의 작용

삼형살은 三(寅)二(巳)九(申)로 이 셋이 만날 때 형살이 발생하는데, 삼목은 봄의 시작하는 운기를 말하고, 이화는 여름 운기의 시작을 말하고, 구금은 가을 운기의 시작 기운을 맡는 데 있어 가을의 차가운 금 기운이 화기에 내쳐 나와 씨앗이 돋아나는 봄의 목기를 잘라 버리는 것에서 三목이 九금에 충극으로 대흉하다. 고로 삼목의 육신이나 육친은 대흉하다.

삼형살은 특히 세기가 약할 때는 흉신이나 세기가 왕성할 때는 도리어 권세를 잡는 길한 작용을 하는 경우도 있음이다.

	九	
三		
	二	

각종 살성의 작용, 도화살(桃花殺), 겁살(劫殺), 망신살(亡身殺), 역마살(驛馬殺), 천마(天馬)

☯ 도화살(桃花殺), 도궁(桃宮)

일반적으로 주색과 관련되어 있는데, 이성을 만나는 성향이 강함에서 원명국의 세기(世氣)나 일간(日干)에 있다면, 자유분방한 기질로 이성의 유혹에 약하고, 여러 이성을 만나는 인생이 되며, 술이나 가무도 피하지 않는 흥을 아는 사람이 된다.

고로 연예인이나 인기 업종, 다양한 사람과 접촉이나 만나는 직업(카페나 유튜브, 각종 모임)에는 도화살을 가지고 있어야 인기를 얻고 많은 사람이 운집하는 데 유리함이 된다. 또한 도화살(桃花殺)이 있는 육신이나 육친도 같은 작용을 하는데, 도화살은 인기성이기도 한 것에서 학생에겐 공부를 잘하거나 학우들에게 인기를 얻을 수 있음인데, 육신이나 육친에 닿는 대로 도화살은 작용함이다.

인성(父)에 도화살(桃花殺)이 있으면 문서, 시험, 학교, 자격증, 계약 등에서 길함으로 작용하며 관귀(官鬼)에 도화살(桃花殺)이 있으면 직장은 도화적 기운으로 화기애애한 직장이 되며 취직에는 기쁨으로 작용하며 여명에게는 매력적이고 인기 있는 남성을 좋아하고 그런 남자 또는 끼 있는 남성을 만나게 된다.

하지만 인성(父)과 관귀(官鬼)의 도화살(桃花殺)이 화금상전이나 충극을 받는 등으로 흉하거나 망신살 등이 있으면, 길성은 감하며, 인연이 없거나 지속되지 않음이 된다.

재성(財)에 도화살(桃花殺)이 있으면, 남명에게 재성에 도화살은 매력적이고 인기 있는 여자를 좋아하고 만나게 되는 것인데, 반대로는 끼 있는 이성도 된다. 또한 남녀 공히 재물에는 길함이며, 인기 업종이나 이성 운집의 직업으로 재물도 된다.

만약, 여명에 있어 도화살의 관귀가 재성(특히 편재)과 합되어 있거나 쌍도화살이나 도궁을 포함하여 있다면 나의 남자는 여자를 두거나 여러 여자를 만나는(만났거나) 끼가 넘치는 이성이 될 것이며, 남명에 있어 도화살의 재성에 관귀(특히 귀성)가 합되어 있다면, 나의 여자(아내)는 남자를 두거나 여러 남자를 만나는(만났거나) 끼가 넘치는 이성이 될 것이다. 남녀 공히 도화살(도궁)이 없어도 합되어 있으면 그런 경향이 있다.

하지만 재성(財)과 관귀(官鬼)가 화금상전이나 충극을 받는 등으로 흉하거나 망신살 등이 있으면, 반대로 미미하게 작용하거나 지속되지 않음이 된다.

손(孫)에 도화살(桃花殺)이 있으면, 남녀 공히 자신의 소유물(자동차, 옷, 가방 등)이 화려하거나 명품 또는 깔끔한 것으로 취함이 된다. 하지만 손(孫)에 도화살(桃花殺)이 화금상전이나 충극을 받는 등으로 흉하거나 망신살 등이 있으면, 반대로 그러한 성향은 반대가 되어 평범한 것으로 취함이 된다.

형(兄)에 도화살(桃花殺)이 있으면, 친구나 지인, 친근자들이 술을 좋아하거나 이성에 자유로운 면이 있고, 자유분방한 기질이 있음이다. 하지만 이 또한 형(兄)에 도화살(桃花殺)이 화금상전이나 충극을 받는 등으로 흉하거나 망신살 등이 있으면, 길성으로 작용은 없으며, 주색으로 추태나 어지럽히는 삶이 된다.

도화살이 중첩되면 쌍도화살이 되는 것에서 궁에 좌한 도화살인 도궁도 동일한 도화살로 보는데, 이들이 겹치면 그 작용력은 배가 된다. 따라서 도화살은 인기와 주색이 되지만, 삶의 두각을 드러내는 것에서는 현시대에서는 필요한 살성이 아닌가 한다.

사간(四干)인 년간(年干, 부친), 월간(月干, 손위 형제이나 본인이 맏이면 바로 아래 동생), 일간(日干, 밖의 나), 시간(時干, 맏이 자녀)과 사지(四支)인 년지(年支, 모친), 월지(月支, 아래 동생), 일지(日支=世, 안으로 나), 시지(時支, 맏이 이하 자녀) 등에도 도화살(桃花殺)이 있으면 위와 같은 일들이 발생함인데 각 육친에 육신을 통해 그것을 알 수 있음이다.

년간(年干)이나 년지(年支)에 도화살(桃花殺)이 있으면, 부친이나 모친의 외모는 좋은 편이거나 인기가 있으며, 자유분방한 기질이 있음이다. 또는 외도의 성향이 있으며, 술이나 흥을 좋아하는 경향이 있음이다.

년간(年干)이나 년지(年支)에 도화살(桃花殺)이 인성(父)으로 있다면, 부친이나 모친은 문서, 시험, 학원, 교육, 자격증, 계약 등에 인연이 있다. 하지만 인성이 화금상전이나 충극을 받는 등으로 흉하거나 망신살 등이 있으면, 반대로 그 부친이나 모친은 공부나 배움이 적고 문서, 시험, 자격증, 계약 등의 기쁨에는 인연이 없음이다.

년간(年干)이나 년지(年支)에 도화살(桃花殺)이 관귀(官鬼)이면, 부친이나 모친이 관운이나 직장 또는 명성의 인연에는 길함이 된다. 하지만 관귀(官鬼)가 화금상전이나 충극을 받는 등으로 흉하거나 망신살 등이 있으면, 반대로 그 부친이나 모친은 관운이나 직장 또는 명성을 얻는 것에서는 인연이 없다.

만약 년지인 모친에게 도화살에 귀성(鬼星)이 있으면, 모친은 남자를 두거나 외도를 했거나 할 수 있음도 된다. 이 또한 귀성이 태약하거나 충극, 망신살 등이 있으면 그 남성은 무능한 것으로 오래가지 못함이 되고, 반대로 왕성하고 길하면, 그 남성은 능력이 있고, 인연은 오래갈 수 있음이다.

년간(年干)이나 년지(年支)에 도화살(桃花殺)이 재성(財星)이면, 부모는 재물에 대해서는 길한 작용이나 부친은 외정으로 여자 문제가 생길 수 있음인데, 그 재성이 태약하거나 충극, 망신살 등이 있으면 삶에 짓눌린 힘겨운 여성이 되며, 또한 오래가지 못하는 이성이 되고, 반대로 왕성하고 길하면, 그 여성은 능력이 있고, 인연은 오래갈 수 있음이다.

년간(年干)과 년지(年支)에 도화살(桃花殺)이 손(孫)이면, 부모는 애완동물 포함 자동차나 휴대폰 등 자신의 소유물의 화려함이나 두각이 되며, 그 손(孫)이 태약하거나 충극, 망신살 등이 있으면 소유물들은 평범함 내지 오래가지 못하는 소유물이 된다. 그리고 모친인 년지(年支)에 손(孫)은, 여성으로는 관귀를 극함에서 직장과 남자를 상하게 하는 것에서 잦은 이직이나 직장의 불안정이 있고, 남자와도 살기 어려운 것에서 일반적으로 이별이나 별거의 작용이 짙음이다.

년간(年干)에 도화살(桃花殺)이 비겁(兄)이면, 부친의 친구나 동료, 지인, 친근자들은 술을 즐기거나 이성에 개방적인 편이다. 하지만 그 비겁(兄)이 태약하거나 충극, 망신살 등이 있으면, 그들의 삶은 나보다 뛰어나지 않은 피폐한 삶이 된다.

일반적으로 년간(年干)에 비겁(兄)이 있으면, 부친은 여성과 인연이 없거나 재물에 손실이 있음인데, 가정궁인 세궁이 흉하다면 부인과는 정이 없거나 별거, 이별 등이 있음이다.

월간(月干)이나 월지(月支)에 도화살(桃花殺)이 있음에서 월간(月干)이면, 손위 형제(본인이 맏이이면 바로 아래 동생)이며 월지(月支)이면, 아래 동생(본인이 셋째이면 바로 위 형제)에서 이들의 외모는 좋은 편이거나 인기가 있으며, 자유분방한 기질이 있음이다. 또는 외도의 성향이 있으며, 술이나 흥을 좋아한다.

일간(日干)에 있다면 세(世)와 마찬가지로 본인의 외모는 좋은 편이거나 인기가 있으며, 자유분방한 기질이 있고, 외도의 성향이 있으며, 술이나 흥을 외면하지 않는다.

시간(時干)이나 시지(時支)에서는, 시간(時干)이면 맏이 자녀가 되고, 시지(時支)이면 맏이 이후의 자녀가 되는데 이들의 외모는 좋은 편이거나 인기가 있으며, 자유분방한 기질이 있고, 외도의 성향이 있으며, 술이나 흥을 좋아한다.

※ 도화살(桃花殺)이 있는 것으로 운이 길하면 인기나 명성을 얻는 데 있어 길함을 더하는데, 중첩되어 겹치면 쌍도화살의 작용력은 배가 된다.

☯ 겁살(劫殺), 겁궁(劫宮)

겁살(劫殺)은 일반적으로 구설, 시비나 사고나 수술, 언짢은 일, 정체(지체), 상해 등이 일어나는 것에서 이 겁살(劫殺)이 입한 육친은 성질이 성급하고 몸에 흉터(상처 자국)가 있으며, 이와 같은 일이 생기는데 대운과 나이, 달에서도 일어남이다.

하지만 세기가 왕성하고 길성이 중중하거나 길한 운에서는 미약하게 일어나며, 설사 일어나더라도 큰 탈 없이 지나간다[겁살이 육합(六合)과 같이 있으면 부드럽고 온화한 육합에서 잘 드러나지 않는 경우가 있거나 부드러운 듯하면서 급한 면이 있음].

명국이 길한 사람에게 겁살(劫殺)은 겁살의 다급한 일이나 구설, 시비를 담당하는 일에 길하며 그러한 일로 이익을 얻음도 있음인데, 뭐든 길흉한 일에 있어 속전속결로 나아감도, 성격의 시원스러움도 겁살(劫殺)의 특징이다.

만약 도화살(도궁)에 겁살이 있으면, 미용이나 성형 수술로 인해 구설, 시비가 생기며 여기에 화해살이 있다면 이러한 일에서는 반드시 일어남이다. 각 육신이나 육친에 붙으면, 그러한 육신이나 육친이 그러한 일이 생긴다.

인성(父)에 겁살(劫殺)이 있으면, 문서, 시험, 학교, 자격증, 계약 등에서 구설이나 문제가 생기거나 지체되는 일이 생김이며, 관귀(官鬼)에 겁살(劫殺)이 있으면, 직장이나 취직, 여명이면 남자나 남편으로(남자나 남편의 사고, 수술, 상해도 됨) 인한 언짢은 일이나 구설, 시비, 지체되는 일이 생기며, 재성(財星)에 겁살(劫殺)이 있으면, 재물이나 돈 문제, 남명이면, 부인이나 여자 문제로 인해 구설이나(여자나 아내의 사고, 수술, 상해도 됨) 장애, 말썽이 생기며, 손(孫)에 겁살(劫殺)이 있으면, 아래 사람이나 종업원, 애완동물 포함 나의 소유물인 자동차, 휴대폰 등에 문제가 생기며, 비겁에서는 친구나 지인, 직장 동료, 친근자로 인한 구설, 시비나 그들에게 이러한 일들이 생김이다.

사간(四干)인 년간(年干), 월간(月干), 일간(日干), 시간(時干)이나 사지(四支)인 년지(年支), 월지(月支), 세(世=日支-나) 등에도 겁살(劫殺)이 있으면, 위와 같은 일들이 발생함인데 각 육친과 육신을 통해 그것을 알 수 있음이다.

년간(年干)이나 년지(年支)에 겁살(劫殺)이 있으면, 해당 부모는 성격이 성급하거나 몸에 흉터나 상해 등의 일이 있는데, 여기에 인성(父)으로 있다면 해당 부모는 문서, 시험, 자격증, 계약, 배움 등으로 구설, 시비가 생기거나 지체 또는 장애가 있음이 된다.

년간(年干)이나 년지(年支)에 겁살(劫殺)이 관귀(官鬼)이면, 해당 부모는 직장이나 명성을 얻는 일에 있어 구설, 시비나 하는 일의 장애 또는 직장에서 상해가 있음이며, 년지(年支)인 모친은 남편이나 남자로 인해 구설, 시비의 언설이 있음이다.

년간(年干)이나 년지(年支)에 겁살(劫殺)이 재성(財星)이면, 해당 부모는 재물에 있어 구설, 시비나 화액(禍厄)이 있으며, 부친은 부인이나 여자로 인해 구설 시비나 화액(禍厄)이 있을 수 있음이며.

년간(年干)이나 년지(年支)에 겁살(劫殺)이 손(孫)이면, 해당 부모의 아랫사람이나 종업원 또는 애완동물 포함 자동차나 휴대폰 등 자신의 소유물로 인한 구설 시비나 그것의 장애나 상해가 있음이다.

년간(年干)이나 년지(年支)에 겁살(劫殺)이 비겁(兄)이면, 해당 부모는 친구나 동료, 지인, 친근자들로 인해 구설, 시비나 하는 일의 장애 또는 상해 등과 재물 손실이나 재물로 인한 화액(禍厄)이 있음인데, 아니라면 해당 부모는 지출이 많음이다. 년간(年干)인 부친은 부인이나 여자로 인한 구설이나 화액(禍厄)이 있음이다.

월간(月干)이나 월지(月支)에 겁살(劫殺)이 있다면, 해당 형제는 성격이 성급하거나 몸에 흉터나 상해 등의 일이 있으며, 구설, 시비나 상해 또는 장애가 따름이다. 월간(月干)은 손위 형제(본인이 맏이이면 바로 아래 동생)가 되고, 월지(月支)는 아래 동생(본인이 셋째이면 바로 위 형제)이 된다.
세(世)나 일간(日干)에 겁살(劫殺)이 있다면 본인의 성격이 성급하거나 수술이나 사고 등으로 몸에 흉터나 상해 등의 일이 있음이다.

시간(時干)이나 시지(時支)에 겁살(劫殺)이 있다면, 해당 자녀는 성격이 성급하거나 수술이나 사고 등으로 몸에 흉터나 상해 등의 일이 있음이다. 시간(時干)은 맏이가 되고, 시지(時支)는 밑의 동생이 된다.

※ 겁살(劫殺)=겁궁(劫宮)이 있더라도 운이 길하면 작용력은 완화되는데, 겹치면 쌍겁살에서 그 작용력은 배가 되지만, 운이 흉할 때 작용력은 매우 강하게 작용한다.

☯ **망신살**(亡身殺), **망궁**(亡宮)

망신살(亡身殺)은 망신(亡身)스러운 일을 당하는 것을 말함인데, 어떤 육신이나 육친에 동궁하면, 그 육신(육친)의 장애나 힘겨움, 곤란, 아픔, 손실, 배신이나 갈등, 망신, 근심 등이 있음인데 망신살이 중첩되면 그 작용력은 배가 된다.

인성(父)에 망신살(亡身殺)이 있으면, 문서, 시험, 학교, 자격증, 계약, 배움 등에서 장애, 망신, 곤란, 근심, 지체되는 일이 생김인데, 망신살(亡身殺)이 중첩되면 그 작용력은 강하다. 관귀(官鬼)에 망신살(亡身殺)이 있으면 직장이나 취직, 승진, 여명이면 남자나 남편으로 인한 망신스러운 일이나 장애나 지체, 근심되는 일이 추가로 생김이다.

재성(財星)에 망신살(亡身殺)이 있으면, 재물이나 돈 문제, 남명이면 부인이나 여자 문제로 인해 피해나 망신스러운 일이나 장애나 말썽이 생기며 손(孫)에 망신살(亡身殺)이 있으면, 아랫사람이나 종업원, 애완동물 포함 나의 소유물인 자동차, 휴대폰 등에 문제나 장애, 근심, 곤란함이 생기며, 비겁에서는 친구나 지인, 직장 동료, 친근자로 인한 망신스러운 일이나 장애나 근심, 곤란함이 있음이다.

사간(四干)인 년간(年干), 월간(月干), 일간(日干), 시간(時干)과 사지(四支)인 년지(年支), 월지(月支), 세(世=日支-나) 시지(時支) 등에 망신살(亡身殺)이 있으면 위와 같은 일들이 발생함인데, 각 육친에 육신을 통해 그것을 알 수 있음이다.

년간(年干)이나 년지(年支)에 망신살(亡身殺)이 해당 부모에게 있다면, 그 부모는 삶에 풍파가 있음인데 건강이나 재물, 시험, 직장으로 인한 고통이나 이성으로 인한 애환이 있음이다.

년간(年干)이나 년지(年支)에 망신살(亡身殺)이 인성(父)으로 있다면 해당 부모가 문서, 시험, 자격증, 학교, 공부, 계약 등으로 근심이나 장애, 말썽이나 망신스러운 일이 있음이 되고, 년간(年干)이나 년지(年支)에 망신살(亡身殺)이 관귀(官鬼)이면, 해당 부모는 직장이나 취직, 명성을 얻는 일에 있어 망신이나 장애, 근심이 있음인데 모친인 년지(年支)에 망신살(亡身殺)이 관귀(官鬼)이면, 남편이나 남자의 망신이나 장애도 있음이 된다.

년간(年干)이나 년지(年支)에 망신살(亡身殺)이 재성(財星)이면, 해당 부모는 재물에 있어 망신이나 장애, 곤란, 손실, 힘겨움이 있음인데, 부친인 년간(年干)에 있다면 부인이나 여자로 인해 망신이나 장애, 근심이 있음이며, 년간(年干)이나 년지(年支)에 망신살(亡身殺)이 손(孫)이면, 해당 부모는 아랫사람이나 종업원 또는 애완동물 포함 자동차나 휴대폰 등 자신의 소유물로 인한 손실이나 장애, 아픔, 근심 등이 있음이며, 년간(年干)이나 년지(年支)에 망신살이 비겁(兄)이면, 해당 부모의 친구나 동료, 지인, 친근자들로 인해 망신이나 상처, 근심, 장애, 손실 등이 있음이다.

월간(月干)이나 월지(月支)에 망신살(亡身殺)이 있다면, 해당 형제는 삶에 풍파가 있음인데, 건강이나 재물, 시험, 직장으로 인한 고통이나 이성으로 인한 애환이 있음이다.

월간(月干)이나 월지(月支)에 망신살(亡身殺)이 인성(父)으로 있다면, 해당 형제는 문서, 시험, 자격증, 학교, 공부, 계약 등으로 근심이나 장애, 말썽이나 망신스러운 일이 있음이다.
월간(月干)은 손위 형제(본인이 맏이이면 바로 아래 동생, 본인이 셋째이면 제일 위 형제), 월지(月支)는 아래 동생(본인이 막내이면 바로 위 형제)이 된다.

월간(月干)이나 월지(月支)에 망신살(亡身殺)이 관귀(官鬼)이면, 해당 형제는 직장이나 취직, 명성을 얻는 일에 있어 망신이나 장애, 근심이 있음인데, 여형제에 망신살(亡身殺)이 관귀(官鬼)이면, 남편이나 남자의 망신이나 장애가 있음이 된다.

월간(月干)이나 월지(月支)에 망신살(亡身殺)이 재성(財星)이면, 해당 형제는 재물에 있어 망신이나 장애, 곤란, 손실, 힘겨움이 있음인데, 남자 형제에 망신살(亡身殺)이 재성(財星)이면, 부인이나 여자로 인해 망신이나 장애, 근심이 있음이며 월간(月干)이나 월지(月支)에 망신살(亡身殺)이 손(孫)이면, 해당 형제는 아랫사람이나 종업원 또는 애완동물 포함 자동차나 휴대폰 등 자신의 소유물로 인한 손실이나 장애, 아픔, 근심 등이 있음이며, 월간(月干)이나 월지(月支)에 망신살이 비겁(兄)이면, 해당 형제의 친구나 동료, 지인, 친근자들로 인해 망신이나 상처, 근심, 장애, 손실 등이 있음이다.

일간(日干)이나 세(世)에 망신살(亡身殺)이 있다면, 본인은 삶에 풍파가 있음인데, 건강이나 재물, 시험, 직장으로 인한 고통이나 이성으로 인한 애환이 있음이다[일간(日干)이나 세(世)가 왕성한 길격이면 약하게 지나감].

일간(日干)에 망신살(亡身殺)이 인성(父)으로 있다면, 본인은 문서, 시험, 자격증, 학교, 공부, 계약 등으로 근심이나 장애, 말썽이나 망신스러운 일이 있음이 된다.

일간(日干)에 망신살(亡身殺)이 관귀(官鬼)이면, 본인은 직장이나 취직, 명성을 얻는 일에 있어 망신이나 장애, 근심이 있음인데 본인이 여성이면 남편이나 남자로 인해 망신(여러 이별도 포함)이나 장애, 손실, 피해, 근심이 있음이다.

일간(日干)에 망신살(亡身殺)이 재성(財星)이면, 본인은 재물에 있어 망신이나 장애, 곤란, 손실, 사기, 힘겨움이 있음인데, 남자라면 부인이나 여자로 인해 망신(여러 이별도 포함)이나 장애, 손실, 근심이 있음이며, 일간(日干)에 망신살(亡身殺)이 손(孫)이면, 본인은 아랫사람이나 종업원 또는 애완동물 포함 자동차나 휴대폰 등 자신의 소유물로 인한 손실이나 장애, 손실, 배신, 아픔, 근심 등이 있음이며, 일간(日干)에 망신살이 비겁(兄)이면, 본인의 친구나 동료, 지인, 친근자들로 인해 망신이나 상처, 피해, 근심, 장애, 손실 등이 있음이다.

시간(時干)이나 시지(時支)에 망신살(亡身殺)이 있다면, 해당 자식은 삶에 풍파가 있음인데, 건강이나 재물, 시험, 직장으로 인한 고통이나 이성으로 인한 애환이 있음이다.

시간(時干)이나 시지(時支)에 망신살(亡身殺)이 인성(父)으로 있다면, 해당 자녀는 문서, 시험, 자격증, 학교, 공부, 계약 등으로 망신이나 장애, 말썽, 근심이 있음이다.

시간(時干)이나 시지(時支)에 망신살(亡身殺)이 관귀(官鬼)이면, 해당 자녀는 직장이나 취직, 명성을 얻는 일에 있어 망신이나 장애, 잦은 이직, 근심이 있음인데, 딸에게 망신살(亡身殺)이 관귀(官鬼)이면, 남편이나 남자의 망신이나 장애, 말썽, 근심도 있음이 된다.

시간(時干)이나 시지(時支)에 망신살(亡身殺)이 재성(財星)이면, 해당 자식은 재물에 있어 망신이나 장애, 곤란, 손실, 힘겨움이 있음인데 시간(時干)이나 시지(時支)가 아들에서 망신살(亡身殺)로 재성(財星)이면, 아들은 부인이나 여자로 인해 망신(여러 이별도 포함)이나 손실, 장애, 근심이 있음이며, 시간(時干)이나 시지(時支)에 망신살(亡身殺)이 손(孫)이면, 해당 자녀는 아랫사람이나 종업원 또는 애완동물 포함 자동차나 휴대폰 등 자신의 소유물로 인한 손실이나 장애, 아픔, 배신, 근심 등이 있음이며 시간(時干)이나 시지(時支)에 망신살이 비겁(兄)이면, 해당 자녀의 친구나 동료, 지인, 친근자들로 인해 망신이나 배신, 상처, 근심, 장애, 손실 등이 있음이다.

※ 모든 육신이나 육친에 있어 망신살(亡身殺)이 중첩이면 그 작용은 배가 된다.

☯ 세마(歲馬)와 일마(日馬), 천마(天馬)와 마궁(馬宮)
- 쌍역마(雙驛馬)의 작용

역마살은 움직임의 살성으로 일반적으로 이동 수로 이사나 이동, 여행으로 보는 역마살은 년지(年支)와 일지(日支)를 중심으로 보는 세마(歲馬)와 일마(日馬) 그리고 궁좌로 보는 마궁(馬宮)이 있다.

일마(日馬)는 집 주변이나 집에서 멀지 않은 곳으로 자신의 주변 거처 지역이 되며 분주하고 부지런한 것이 된다. 세마(歲馬)는 이동 수로 이사나 이동, 변동, 여행으로 보는 것에서 보다 먼 거리 이동이 되며, 쌍역마(雙驛馬)는 이 둘이 겹친 것으로 매우 분주하고 바쁘다. 역마적인 일을 하는 등 많이 나돌아 다니는 것으로 역마는 통칭 이동 변동 수를 말하기도 한다.

마궁(馬宮)은 천마(天馬)와 같은 작용으로 해외, 이민, 유학, 해외 출장으로 나가는 일이 되는데, 천마나 마궁은 북한에서 한국으로, 제주도 같은 섬에서 육지로, 육지에서 섬으로 같은 작용을 한다. 천마(天馬)=마궁(馬宮)이다. 역마성이 사지(四支)나 사간(四干)에 해당하는 그 육친은 역마적인 일을 하거나 일생 분주하게 살아가는 것으로 부지런한 육친도 된다. 천마(天馬)와 마궁(馬宮)은 같은 작용을 한다.

또한 이러한 천마(天馬)와 마궁(馬宮), 일마(日馬)와 세마(歲馬), 쌍역마(雙驛馬) 등이 육친(六親)이나 육신(六神)과 함께하면 그들 육친(六親)이 이러한 작용을 하는 것이며, 육신(六神)에 함께해도 그러하다.

예로 관(官), 귀(鬼)에 마궁(馬宮)이나 천마(天馬)가 있으면, 남명(男命)이면 직장이 해외 직상이 되거나 잦은 해외 출장의 업무가 되는 것이며, 여명(女命)이면 본인 직장 또는 남편이나 애인이 그러하다.

인성(父)에 역마살(驛馬殺)이 있으면 문서, 시험, 학교, 자격증, 계약 등에서 변동이나 변화, 이동, 움직임 등이 있음인데, 세마(歲馬)는 원거리이며, 일마(日馬)는 가까운 거리가 된다. 하지만 쌍역마로 세마(歲馬)와 일마(日馬)가 동궁으로 있으면, 앞과 같은 일들에서 이동, 변동이 잦거나 분주한 일들이 된다.

관귀(官鬼)에 역마살(驛馬殺)이 있으면 직장이나 취직, 승진, 변동에는 유리하고 직장에서의 업무는 역마적인 일이나 주기적인 근무처나 부서 이동이 된다. 여명이면 남자나 남편이 역마적인 일을 하거나 분주하게 살거나 부지런한 사람이 된다.

재성(財星)에 역마살(驛馬殺)이 있으면, 재물은 원거리에 있거나 역마적인 것으로 취함이 되며, 남명이면 부인이나 만나는 여성은 역마적인 기질이 있거나 역마적인 일을 한다. 손(孫)에 역마살(驛馬殺)이 있으면, 아랫사람이나 종업원, 애완동물 포함 나의 소유물인 자동차 등이 역마성을 보이며, 비겁에 역마살(驛馬殺)이 있으면 친구나 지인, 동료들이 역마적인 성향을 가지고 있다.

사간(四干)인 년간(年干), 월간(月干), 일간(日干), 시간(時干)과 사지(四支)인 년지(年支), 월지(月支), 세(世=日支-나) 시지(時支) 등에 역마살(驛馬殺)이 있으면, 위와 같은 일들이 발생함인데, 각 육친에 육신을 통해 그것을 알 수 있음이다.

년간(年干)이나 년지(年支)에 역마살(驛馬殺)이 해당 부모에게 있다면, 그 부모는 역마적인 일을 하거나 역마적인 기질에서 분주하게 살거나 부지런한데, 쌍역마는 더욱 강함이다. 여기에 겁살(겁궁)이 있다면, 해당 부모는 성급한 면과 아울러 수술이나 사고로 상해 등도 있지만, 교통사고나 거리횡액를 조심해야 함에서 쌍겁살이나 겁살이 중중하면 그 정도는 더욱 크게 오거나 잦음이 된다.

년간(年干)이나 년지(年支)에 역마살(驛馬殺)이 인성(父)으로 있다면, 해당 부모는 문서, 시험, 자격증, 학교, 공부, 계약 등에서 역마적인 것으로 결과를 얻음이나 역마성으로 유학이나 해외 부동산 등을 보임이다. 년간(年干)이나 년지(年支)에 역마살(驛馬殺)이 관귀(官鬼)이면, 해당 부모는 직장이나 취직, 명성을 얻는 일에 있어 역마적인 업무가 되고, 직장에서의 분주함이나 활동성을 보이는 직장이 되며, 모친인 년지(年支)에 역마살(驛馬殺)이 관귀(官鬼)이면, 남편이나 남자는 역마적인 일을 하거나 분주한 삶이나 활동적인 사람이 된다.

년간(年干)이나 년지(年支)에 역마살(驛馬殺)이 재성(財星)이면, 해당 부모는 재물에 있어 동적인 것으로, 여행 업종이나 물류, 배달 업종은 길함이 되며, 부친인 년간(年干)에 역마살(驛馬殺)이 재성(財星)으로 있다면, 부인이나 여자는 분주한 역마적인 것으로 재물이 되는데, 충극이나 망신살 등 흉함이면 이익이 됨이 없음이다.

년간(年干)이나 년지(年支)에 역마살(驛馬殺)이 손(孫)이면, 해당 부모는 아랫사람이나 종업원 또는 애완동물 포함 자동차 등의 역마성이 강함이 된다. 년간(年干)이나 년지(年支)에 역마살(驛馬殺)이 비겁(兄)이면, 해당 부모의 친구나 동료, 지인, 친근자들은 역마적인 일을 하거나 분주한 삶이나 성실함이 되며, 월간(月干)이나 월지(月支)에 역마살(驛馬殺)이 있다면, 해당 형제는 역마적인 일을 하거나 활동적인 삶을 산다.

월간(月干)이나 월지(月支)에 역마살(驛馬殺)이 인성(父)으로 있다면, 해당 형제는 문서, 시험, 자격증, 학교, 공부, 계약 등에서 역마적인 것으로 결과를 얻음이나 역마성으로 유학이나 해외 부동산 등을 보임이다. 월간(月干)이나 월지(月支)에 역마살(驛馬殺)이 관귀(官鬼)이면, 해당 형제는 직장이나 취직, 명성을 얻는 일에 있어 역마적인 업무가 되고, 직장에서의 분주함이나 활동성을 보이는 직장이 되며, 여자 형제의 역마살(驛馬殺)이 관귀(官鬼)이면, 여자 형제의 남편이나 남자는 역마적인 일을 하거나 분주한 삶이나 활동적인 사람이 된다.

월간(月干)이나 월지(月支)에 역마살(驛馬殺)이 재성(財星)이면, 해당 형제는 재물에 있어 동적인 것으로, 여행 업종이나 물류, 배달 업종은 길함이 되며, 남자 형제에 역마살(驛馬殺)이 재성(財星)으로 있다면, 부인이나 여자는 분주한 역마적인 것으로 재물이 되는데, 충극이나 망신살 등 흉함이면 이익이 됨이 없음이다.

월간(月干)이나 월지(月支)에 역마살(驛馬殺)이 손(孫)이면, 해당 형제는 아랫사람이나 종업원 또는 애완동물 포함 자동차 등의 역마성이 강함이 된다. 월간(月干)이나 월지(月支)에 역마살(驛馬殺)이 비겁(兄)이면, 해당 형제의 친구나 동료, 지인, 친근자들은 역마적인 일을 하거나 활동적인 삶을 산다.

일간(日干)에 역마살(驛馬殺)이 인성(父)으로 있다면, 본인은 문서, 시험, 자격증, 학교, 공부, 계약 등에서 역마적인 것으로 결과를 얻음이나 역마성으로 유학이나 해외 부동산 등을 보임이며, 일간(日干)에 역마살(驛馬殺)이 관귀(官鬼)이면, 본인은 직장이나 취직, 명성을 얻는 일에 있어 역마성을 보이거나 분주하거나 활동적인 삶을 사는데, 본인이 여성이면 남편이나 남자 또한 역마성을 가진 이가 되며 분주하거나 활동적인 삶을 산다.

일간(日干)에 역마살(驛馬殺)이 재성(財星)이면, 본인은 재물에 있어 동적인 것으로, 여행 업종이나 물류, 배달 업종은 길함이 되며, 남성으로 일간(日干)에 역마살(驛馬殺)이 재성(財星)으로 있다면, 부인이나 이성은 분주한 역마적인 것으로 재물이 되는데, 충극이나 망신살 등 흉함이면 이익이 됨이 없음이며, 일간(日干)에 역마살(驛馬殺)이 손(孫)이면, 아랫사람이나 종업원 또는 애완동물 포함 자동차 등의 역마성이 강함이 된다.

시간(時干)이나 시지(時支)에 역마살(驛馬殺)이 비겁(兄)이면, 해당 자녀의 친구나 동료, 지인, 친근자들은 역마적인 일을 하거나 활동적인 삶을 산다.

준동이라 함은 사지(四支)와 중궁(中宮)이 아닌 외궁의 홍국수가 겸왕으로 자리에서 왕하거나 월령에서 생조될 때, 이를 동한 것으로 보아 사지, 중궁과 더불어 해단하는 홍국수를 말한다. 실제로 준동을 해단으로 보지 않으면, 정확한 해단이 나올 수 없다는 것을 확인할 수 있으므로 준동의 해단 편입은 매우 중요한 작용의 동처로 보지 않으면 안 된다.

	九 酉	

월령이(辰, 戌, 丑, 未) 또는 (申, 酉)

		二 七

월령이(寅, 卯) 또는 (巳, 午)

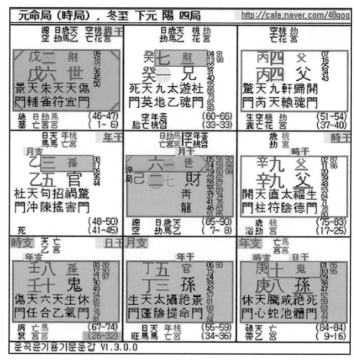

예 준동1

이 여명은 사구금이 준동이 되지 않는다면, 명국도 흉격이 되어 남자, 남편 복도 없음이 되고, 대운 26세도 십토귀성이 세약에서 길할 수 없음이 된다. 하지만 준동이 되기에 십토는 칠화와 육합된 것에서 칠화로 화하여 구금준동과 더불어 삼살로 약세를 생함에서 남자도 만나고, 모델로 계약도 이 대운에 많이 하므로 좋은 운세가 된다.

元命局 (時局) , 立夏 上元 陽 四局　　http://cafe.naver.com/48goq

운곡윤기용기문운갑 V1.3.0.0

　이 남명은 삼팔목을 준동으로 보지 않는다면, 세기오토가 삼살로 육수재성을 생함에서 처복 내지 여자가 없지는 않은, 결혼을 못 하는 명국이 아니지만, 삼팔목의 준동에서는 육수재성이 삼목과 합으로 삼목에 깃든 것에서 삼형살의 충극을 받으니 여자가 없는 명국이 되는 것이다.

　그래서 현 42세에서도 결혼을 못 하고 있음인데, 이는 삼팔목이 준동으로 작용하는 것에서 여자가 없고, 처복 없는 명국이 성립되는 것이다.

07 천반의 사지(四支), 사간(四干)

　명국의 사지(四支), 사간(四干)인 년지(年支), 년간(年干), 월지(月支), 월간(月干), 일간(日干), 세궁(世宮), 시간(時支), 시간(時干)을 지반만 붙이는 것이 아닌 천반도 동시에 붙여야 하는데, 이는 각각의 육친 해단에 있어 매우 중요하다. 만약 이를 대입하지 않을 시에는 육친의 해단이 올곧게 나올 수 없음 또한 실증으로 확인할 수 있음이다.

예 1

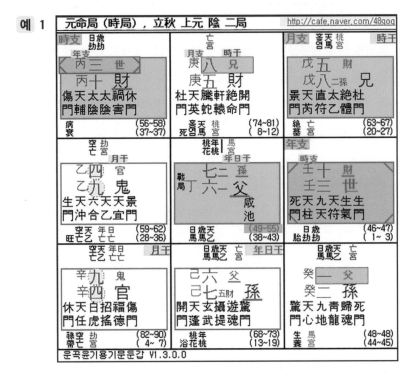

예1의 남명은 대운 20세에 부친이 사망하는데. 이는 팔목이 천반오토를 합함에서 오토의 삼합일수가 오토의 삼합칠화 년간을 충극하기 때문인데, 지반에 있는 홍국수 칠화년간을 천반의 홍국수 칠화에 년간을 붙인 것으로 해단이 된다(오토육합의 유금은 삼합일수를 생함).

이렇듯 사지, 사간은 천반에 그대로 올려 동한 것으로 감정해야 명확한 해단이 되는 것에서 기존 기문의 해단 방식으로는 불가능한 해단이 된다.

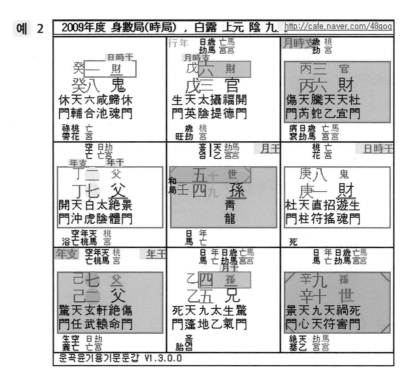

위는 남명의 신수국으로 금년 여자를 만나는 해이다.

이는 일간의 재성이 세기십토와 합하므로 어렵지 않게 알 수 있는 부분이다.

하지만, 음력 4월이 아닌 음력 3월에 만나는 것에서 기존 기문의 해단으로는 팔목귀성에서 중궁 유금손의 충극을 받는 것으로 여자를 만난다고 말할 수 없는 부분이다.

하지만 이 또한 사지, 사간이 천반에 동처로 작용할 때만이 가능한 것에서, 운곡기문의 원리를 적용해야만 가능한 해단이 된다. 또한 기존 기문은 음력 12월~1월, 음력 3월~4월, 음력 6월~7월, 음력 9월~10월의 달을 구분 짓지 못하기에 같은 작용으로 해단하는 오류를 범하지만, 운곡기문의 신수비기에서는 그 구분을 정확히 밝힐 수 있음이다.

여기서 음력 3월은 합으로 보고, 음력 4월은 생으로 봐야 하는 것에서 일간과 동궁인 일수 재성의 음력 3월은 십토세기와 합이 되기에 여자 친구를 만나는 달이 된다. 신수비기의 약칭으로 일명 '신비'의 다양한 해단법은 뒤에 여러 예문으로 나와 있다.

이렇듯, 원명국과 신수국에서 사지, 사간은 천반에 동처로 준동과 더불어 해단하지 않으면 정확하고 명확한 해단이 불가능하게 된다는 것을 밝히고자 한다.

☯ 간궁(間宮)의 오십토(五十土) 왕쇠(旺衰)

간궁(艮宮), 손궁(巽宮), 곤궁(坤宮), 건궁(乾宮)에 있는 오토(五土)나 십토(十土)의 왕쇠는, 오토(五土)나 십토(十土)가 어느 간궁(間宮)에 좌하더라도 자리에서는 무조건 거왕(居旺)이 되는데, 이는 간궁이 진술축미(辰戌丑未) 자리이기에 오토(五土)나 십토(十土)는 거왕(居旺)이 된다.

따라서 간궁(間宮)의 오십토에 있어 천반이나 월령에서 비겁이나 인성 가운데 하나만 되어도 오토(五土)나 십토(十土)는 왕성함이 되기에 그 육신이나 육친도 더불어 왕성함이 된다.

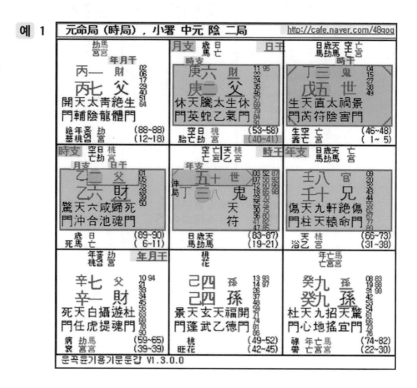

오토(五土)가 곤궁(坤宮)에 있어 거왕(居旺)한데, 월령이 오(午)월이라 인성으로 승왕하니, 세기(世氣)는 왕(旺)하다.

간궁(間宮)은 네 귀퉁이에 있는 궁을 말한다. 진술축미가 좌(座)해 있는 궁이다.

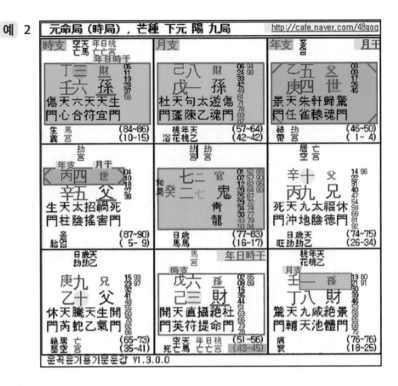

例 2

간궁(間宮)의 십토가 거왕에서 월령이 오월(午月)이라 십토편인은 왕성하다.

☯ 대운(大運)의 길흉(吉凶)

대운의 중추적인 길흉 관계의 보좌는 길문괘(吉門卦)에 있으므로 운명 해단에서의 영향은 적지 않음이다. 아울러 해단하는 데 각종 살성을 더함에서 홍국수 다음으로 큰 작용이 된다.

그런데, 기존 기문의 대운에서 괘문성장(卦門星將)을 적용함은 천반과 지반을 구분하지 않는 것에서 잘 못된 해단을 하게 된다. 즉, 천반대운의 시기도 지반대운의 괘문성장(卦門星將)을 그대로 적용하여 본다.

하지만 이러한 천지반 대운의 동일성은 이치에도 맞지 않고 실제 운명 해단에서도 작용의 어긋남을 보이는 것에서 수정되어야 할 부분이다. 운곡기문은 동궁의 지반과 천반의 괘문성장(卦門星將)과 각종 살성은 지반대운은 지반대운에 놓인 괘문성장(卦門星將)과 살성 그대로를 보지만, 천반대운의 괘문성장(卦門星將)과 살성은 천반의 홍국수를 지반의 동일한 홍국수에 놓여 있는 괘문성장(卦門星將)과 살성을 봄으로써 바른 해단을 할 수 있음이다.

이는 괘문성장(卦門星將)뿐만 아니라 각종 살성을 통해서도 천마나 마궁, 도화살, 도궁, 겁살, 겁살궁 등의 살성이 천지반을 달리하는 것일 때 해단의 실재로 작용되는 것임을 여러 실제 상담을 통해 확인할 수 있고 증명이 되는 부분이다.

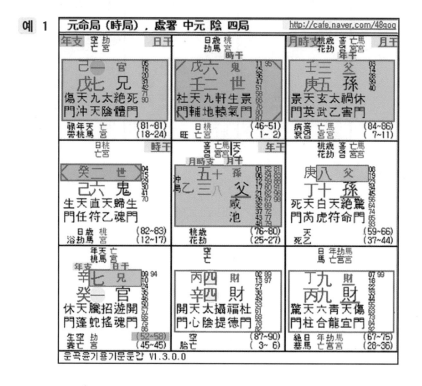

대운 52~58세의 시기는 해외에 나가는 일이 생겼는데, 기존 기문으로는 개문(開門), 유혼(遊魂) 등의 괘문성장과 겁궁(劫宮)에서 해외 나감의 살성이 없음이다. 하지만 칠화(七火)가 있는 지반의 손궁(巽宮)을 보면, 천마(天馬)가 있어 해외에 나갈 수 있는 현상이 된다.

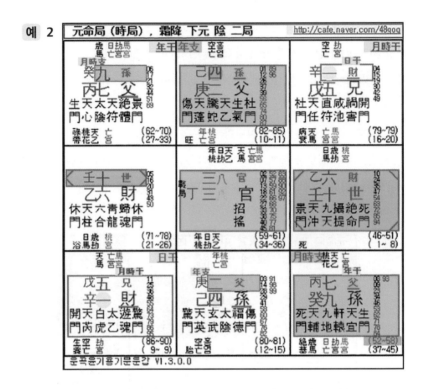

대운 52세는 십수 년 동안 이성 없이 지내다가 이 시기에 동거를 하는 등 연애, 사랑이 있었는데 기존 기문으로 보면, 생문(生門), 천의(天宜) 등과 마궁(馬宮), 겁궁(劫宮), 일망(日亡), 세마(歲馬)가 있어 연애와 사랑이 보이지 않지만, 칠화(七火)의 지반에 있는 손궁(巽宮)을 보면 도화(桃花)살이 있으므로 연애, 사랑을 할 수 있는 시기가 된다.

이러한 천반(天盤) 홍국수의 괘문성장(卦門星將)과 각종 살성(殺星)은 지반(支盤) 홍국수(洪局數)가 있는 팔궁(八宮) 가운데 놓여 있는 괘문성장(卦門星將)과 각종 살성(殺星)을 봐야 한다는 것이 여러 해단에서 확인할 수 있음이 된다.

☯ 궁합(宮合)

사람과 사람 사이에만 궁합이 있는 것이 아니라 모든 사물에 궁합이 동일하게 존재한다. 대인 관계, 직장 동료, 연인, 친구, 음식, 약, 집터, 직장, 여행지, 옷, 색상 등….

여기서는 대인(對人) 관계에서 궁합(宮合)의 길흉(吉凶)을 보는 것으로, 일반적으로 세궁(世宮)과 세궁(世宮), 일간(日干)과 일간(日干)에서의 상생(相生)이나 합(合)을 보지만, 이보다는 괘상(卦象)과 괘상(卦象)을 통한 궁합(宮合)이 더 강하게 작용한다. 이는 괘상(卦象)과 괘상(卦象)의 관계로 말미암은 괘상(卦象)이 말하는 의미적 해석이 아닌 물리적 이치로의 궁합(宮合)이 된다.

무슨 말인가 하면, 예로 세궁과 세궁이 산택손(山澤損)이면 이 손(損)은 덜어내다, 감축하다, 손해 보다, 잃는다는 것으로 부정적인 의미가 내포되어 있지만, 산(山)은 산(山)으로 손(損)은 연못으로 산속의 우물, 산속의 옹달샘이 되기에 서로 간 길(吉)한 궁합이 된다.

이런 괘상(卦象)과 괘상(卦象)을 통한 궁합은 전반적인 궁합도를 말하는 것으로, 서로 간 관계의 길흉(吉凶)과 이익 여부를 알 수 있음이 된다. 만약 원명국에서 부부 인연이 없는, 또는 이해관계에서 만난 명국의 인연이 다 되어 이별한다 하더라도 이익 부분에서는 손해를 끼치지 않는 도움이 된 인연이 된다.

이 괘상(卦象)으로 궁합을 보는 법은, 오랜 시간의 임상을 통해 찾아낸 것으로 카페 게시판이나 암장비기를 더한 새로운 최종 동영상에 담기게 될 것이다.

이 궁합(宮合)이 왜 중요하냐면, 태시를 몰라도, 시 없이도 알 수 있다는 점에서 매력적인데 혹 직원을 뽑을 때, 동업할 때, 투자를 할 때, 거래를 할 때, 도움이 되는 인연인지 참모로 아랫사람으로 둬도 되는지 또는 배신 여부를 물을 때 등등 빠르게 알 수 있다는 것이다.

하지만 궁합이 아무리 좋다고 하더라도 자신이 타고난 원국에서의 작용이 우선이다. 예로 혼자 살 운명이라면 궁합이 아무리 좋다고 하더라도 잠시의 인연밖에 되지 않는다는 점인데, 궁합이 좋기에 잠시나마 인연이 된 것이라 생각해야 할 것이다.

이는 길한 궁합은 경제 부분에서도 비록 인연이 다 되어 결별을 한다고 하더라도 궁합이 좋은 인연은 서로 간 피해는 주지 않는다는 것이다. 물론 그 육친으로 인해 피해를 받을 수밖에 없는 숙명이라면 피할 수 없지만, 다만 다른 궁합이 좋지 못한 인연에 비해서 그 피해는 크지 않다는 것을 간과하지 않으면 안 된다.

» 겉궁합과 속궁합

궁합은 나이 차이가 절대적이지 않은데, 삼합(三合)에 인연한 4세, 8세 차이도 길한 인연으로 보지만, 남 보기에 좋게 보이는 궁합보다는 실제로 서로 간 행복할 수 있는지 여부의 궁합이 중요하다. 그것은 겉궁합과 속궁합으로 알 수 있다.

겉궁합은 서로 간 사고(思考)가 엇비슷해야 하고, 삶의 가치관적인 기준점이 다르지 않아야 하며, 세계를 바라보는 세계관의 생각이 동일할 때, 지향하는 관점이 같은 것으로 화평의 인연이 된다.

이러한 겉궁합은, 괘상(卦象)으로 보는 궁합법과 세기(世氣)와 세기(世氣) 간 오행(五行)이 동일할 때가 길한 궁합이 된다.

속궁합은 서로 간 애정과 사랑이 식지 않는 것으로 나아가는 궁합을 말함인데, 이는 가정에 생기를 주고, 삶의 활력을 더한다는 점에서 중요하다 할 것이다.

이러한 속궁합은 일간(日干)과 일간(日干)이 서로 상생(相生)될 때가 합(合)될 때보다 길함인데, 이때 세기(世氣)와 세기(世氣)가 동일한 오행(五行)인 가운데 일간(日干)과 일간(日干)이 서로 상생(相生)될 때면 더욱 길할 것이다.

주의할 점은 일육(一六)의 수기(水氣)와 오토(五土), 이칠(二七)의 화기(火氣)와 십토(十土)는 동일한 오행(五行)으로 본다는 점이다.

겉궁합과 속궁합 가운데 겉궁합이 더 중요함은 속궁합은 그 순간만 화합이지만 겉궁합은 일상의 화합적인 삶이 되기 때문이다(새 겉궁합 보는 방법은 『운곡기문둔갑』 프로그램 내에 표기되어 있음).

❷ 길흉한 인연

길한 인연은, 내 원명국에서 용신이나 진용이 되는 홍국수의 12지지 태생이 된다.

가령 그것이 년지 진궁의 六水라면, 돼지띠 여성은 길연이 되고, 또한 상대 원명국인의 세기가 진궁에 좌한 사람도 나에게 길연이 된다[남녀 성별은 진궁의 六水에 사지(四支)가 있으면 여성이 되고, 사간(四干)이 있다면 남성이 되며, 사지(四支) 사간(四干)이 아닌 궁의 남녀 판단은 팔궁의 육친으로 건궁은 남성, 곤궁은 여성, 손궁은 여성, 진궁은 남성, 이궁은 여성, 감궁은 남성, 간궁은 남성, 태궁은 여성으로 봄].

년지 진궁의 六水가 용신이나 진용으로 돼지띠 여성이 길연일 때, 이 육수가 생하는 목기는 남성이 됨에서 범띠와 토기는 남성으로 길연이 된다.

또한 길연은 세기와 합되는 태생은 길연이 되는데, 세기가 삼합으로 화했다면 화한 그 홍국수가 합(삼합이나 육합)되는 태생은 길연이 된다. 아울러 합되는 자리에 상대방 세기가 좌한다면 그는 길연이 된다.

흉한 인연은, 내 원명국에서 기신이나 기신을 생하는 구신이 되는 홍국수의 12지지 태생이 된다.
가령 그것이 월간 이궁의 二火라면, 뱀띠 남성은 흉연이 되고, 또한 상대 원명국인의 세기가 이궁에 좌한 사람도 나에게 흉연이 된다.

월간 이궁의 二火가 기신이나 구신으로 뱀띠 남성이 흉연일 때, 이 이화가 생하는 토기는 여성이 됨에서 용띠, 개띠, 소띠, 양띠는 여성으로 흉연이 된다.

또한 흉연은 세기와 충되는 태생은 흉연이 되는데, 세기가 삼합으로 화했다면 화한 그 홍국수가 충이나 극되는 태생은 흉연이 된다. 아울러 충극되는 자리에 상대방의 세기가 좌한다면 그는 흉연이 된다.

이러한 길흉한 태생은 원명국과 신수국에서도 다양하게 알 수 있는 것인데, 상담인의 궁금 사항에 따라 길흉한 인연을 산정할 수 있음이라 재물과 남녀 인연, 직장 등으로 그 응용 범위는 폭넓음이라 그 길한 인연의 태생과 직업도 유추할 수 있음인데 지면상 옮기지 못한 특출하고 길흉한 인연의 그러한 예시는 동영상이나 카페 게시판을 통해서 알 수 있게 함이다.

☯ 이사방위의 길흉방

이사(문서)의 길흉방은, 인성이 길하다면 길한 인성의 홍국수가 말하는 오행으로 이사나 문서의 방위는 길방이 된다. 반대로 인성이 흉하다면 흉한 인성의 홍국수가 말하는 오행으로 이사나 문서 매입의 방위는 흉방이 된다.

만약, 인성이 길하지만 약하다면 약한 인성을 왕성하게 하는 합이나 생하는 홍국수의 오행이 말하는 방위로 이사나 문서는 길방이 되며, 반대로 흉한 인성이 약하다면 이를 생하는 홍국수의 오행이 말하는 방위의 이사나 문서의 방위는 대흉방이 된다.

직장의 길흉방은, 관귀가 길하다면 길한 관귀의 홍국수가 말하는 오행으로 직장은 길방이 된다. 하지만 길한 관귀가 약하다면 약한 관귀를 왕성하게 하는 합이나 생하는 홍국수의 오행이 말하는 방위의 직장은 길방이 된다.

반대로 관귀가 수극이나 충극 등으로 흉하다면 흉한 관귀의 홍국수가 말하는 오행은 흉방이 되며, 이를 생하는 홍국수의 방위는 대흉방이 된다(예문은 동영상에 있음).

실전 풀이 해단원리

원명국(元命局), 신수비기(身數祕記), 원국비기(元局祕記)의 원리(原理)

☯ 원명국(元命局) 원리(原理)

『운곡기문둔갑(雲谷奇門遁甲)』의 원명국(元命局) 원리(原理)는 어떻게 다른가?

» 기존 기문학과 운곡기문학의 '차이점'

- 중궁(中宮)과 사지동처(四支動處)에서만 찾는 기존 기문학의 용신(用神) 찾는 법을 넘어, 비동처에서 존재하는 진용(眞用)이 있다는 사실을 밝혔다.
- 지반(地盤)의 사지(四支)와 사간(四干) 그리고 중궁(中宮)의 홍국수(洪局數)를 천반(天般)의 홍국수(洪局數)에 똑같이 붙임으로써 모든 해단에 명정함을 기했다.
- 앞서 말했듯 삼합(三合), 반합(半合), 육합(六合), 상생(相生), 충극(沖剋)의 순열로 해단 등 다양한 해단의 묘용(妙用)으로 해단에 어긋남이 없게 하였다.
- 도화살(桃花殺), 망신살(亡身殺), 겁살(劫殺), 역마살(驛馬殺) 등의 살성을 궁(宮)에도 대입하여 도궁(桃宮), 망궁(亡宮), 겁궁(劫宮), 마궁(馬宮) 등으로 표기하여 궁(宮)에서도 살성이 작용하는 것을 증명하였다.
- 기존 기문학의 대운에서 괘문성장(卦門星將)을 지반(支盤)과 천반(天盤)을 동시 사용함의 오류를 바로잡아서 천반(天盤)의 괘문성장(卦門星將)은 지반 홍국수에 놓여 있는 괘문성장(卦門星將)을 사용하여 해단의 정확성을 기했다.

그리고 무엇보다 해단의 압권인 암장비기를 드러낸 것이다.

☯ 신수비기(身數祕記) 원리(原理)

신수비기(身數祕記) 원리(原理)는 신수국(身數局)은 사지(四支)동처와 중궁(中宮) 그리고 준동(準動)과 사간(四干)을 통해 한 해의 길흉한 일들을 유추하는 것들에서 육친과 직장, 재물, 이성 문제, 승진, 친족들까지의 길흉 관계를 파악할 수 있는 것으로 한 해의 다양한 운세를 보는 것이다.

또한, 한 해의 어떤 문점에 있어 개운(開運)을 할 수 있다는 것이 특징인데, 진용(眞用)을 통해서 해결점을 찾을 수 있다는 점이 신수비기(身數祕記)의 또 다른 해단의 매력이 된다.

길흉(吉凶)한 달을 보는 것에는 기존 기문학의 지반(支盤)의 궁(宮)에 놓여 있는 홍국수(洪局數)를 통해 달운을 보는 것은 많은 오류가 있어 정반대의 운세(運勢)를 말할 수 있음인데, 예로 지반에 예외 없는 겁재달이면 재물이나 여자에 대흉해야 하지만, 반대로 재물이나 여자가 대길한 경우와 지반(支盤)의 관(官)이 중궁의 인성(印星)과 예외 없는 관인세생(官印世生)이 되는 달이면 어김없이 직장, 남자, 재물, 문서, 시험, 승진 등에는 반드시 길해야 하지만 정반대로 나오는 경우 등에서 설명할 길이 없다.

하지만 운곡기문학의 신수비기 원리는 달운에서는 지반(支盤) 아닌 천반(天盤)의 홍국수(洪局數)를 통해 달운을 보는 것에서 정확한 해단이 가능하다는 것이다. 그리고 각 모서리 간궁의 음력 3월~4월과 음력 6월~7월, 음력 9월~10월, 음력 12월~1월의 두 달도 기존 기문학에서는 나눌 수 없지만, 신수비기(身數祕記)에서는 분리하여 달운을 알 수 있음인데, 선(先)달은 합(合) 또는 생(生)의 순열(順列)로 보고, 후(後)달은 합(合) 이후의 생(生)과 충극(沖剋)의 순열

(順列)로 보아 해단하면 어긋남 없이 정확한 달운을 알 수 있음이다.

행년(行年)은 한 해의 신수에서 일어날 특징적인 일이 되는 것으로 이를 통해 한 해의 주된 사건을 알 수 있음이다. 이의 행년(行年)은 지반을 통한 해단이 아닌 행년궁의 천반의 홍국수를 기점으로 해단해야 하는 것이다. 이 또한 기존 기문의 지반으로 보는 행년과는 차이를 보인다.

☯ 원국비기(元局祕記) 원리(原理)

원국비기(元局祕記) 원리(原理)는 원명국(元命局)만으로 모든 궁금증이 발생하는 시기의 나이와 달을 알 수 있으며, 나아가 하루 일진과 시간별 운세까지 엿볼 수 있는 운명학(運命學)으로 그 정확성과 명료한 논리는 한국 운명학(運命學)의 지평을 연 것으로 모든 운명학(運命學) 가운데 가장 출중함을 보임에서, 접해 보신 분이라면 그 누구도 부인하지 못하는 것에서, 21세기 운명학의 정석(定石)이 되지 않을까 한다.

이의 철견(哲見)은 운곡(雲谷 윤기용)이 운곡기문의 원리와 신수비기와 더불어 오랜 실증 상담의 연구 끝에 찾아낸 것이자 어느 누구의 도움도 없이 독학으로 이루어 낸 것으로, 실로 이 원리(原理)를 찾아낸 당시의 기쁨은 말로 할 수 없었다.

» 나이 보는 법
원국비기(元局祕記) 원리(原理)는 홍국수(洪局數) 一에서 十까지의 숫자에서,
一은 1세와 11세, 21세, 31세, 41세, 51세, 61세, 71세, 81세, 91세, 101세… 로 보며,

二는 2세와 12세, 22세, 32세, 42세, 52세, 62세, 72세, 82세, 92세, 102세… 로 보며,

三은 3세와 13세, 23세, 33세, 43세, 53세, 63세, 73세, 83세, 93세, 103세… 로 보며,

四는 4세와 14세, 24세, 34세, 44세, 54세, 64세, 74세, 84세, 94세, 104세… 로 보며,

五는 5세와 15세, 25세, 35세, 45세, 55세, 65세, 75세, 85세, 95세, 105세… 로 보며,

六은 6세와 16세, 26세, 36세, 46세, 56세, 66세, 76세, 86세, 96세, 106세… 로 보며,

七은 7세와 17세, 27세, 37세, 47세, 57세, 67세, 77세, 87세, 97세, 107세… 로 보며,

八은 8세와 18세, 28세, 38세, 48세, 58세, 68세, 78세, 88세, 98세, 108세… 로 보며,

九는 9세와 19세, 29세, 39세, 49세, 59세, 69세, 79세, 89세, 99세, 109세… 로 보며,

十은 10세, 20세, 30세, 40세, 50세, 60세, 70세, 80세, 90세, 100세, 110세… 로 본다.

이 나이는 홍국수(洪局數)의 천반(天盤)과 지반(支盤)으로 나눠지는데, 지반(支盤)의 나이는 1세에서 45세까지로 홍국수(洪局數)를 순행(順行)으로 돌아가면서 나이를 더하여 붙이고, 천반(天盤)의 나이는 46세에서 90세까지로 홍국수(洪局數)를 역행(逆行)으로 돌아가면서 나이를 더하여 붙인다.

» 월운(月運) 보는 법

달운은 홍국수(洪局數)의 나이에 해당하는 숫자를 음력 1월의 시작으로 다음 숫자는 음력 2월, 이렇게 순행(順行)으로 달을 붙이는데, 음력 11월과 음력 12월은 음력 1월과 음력 2월이 같은 자리로 음력 1월과 음력 11월, 음력 2월과 음력 12월은 같은 一과 二의 자리가 된다.

여기서 음력 1월과 음력 2월은 합(合)을 선(先)달로 보는데, 합(合)이 없으면 생(生)을 선(先)달로 보고, 음력 11월과 음력 12월은 합(合) 이후의 생(生)을 후(後)달로 보는데, 생(生)이 없다면 극(剋)을 후(後)달로 본다. 다만 45세까지의 지반(支盤)의 달은 순행(順行)으로 돌아가면서 달을 더하여 붙이지만, 46세부

터 천반의 달은 역행(逆行)으로 돌아가면서 달을 더하여 붙인다.

» 일운(日運) 보는 법

이치에 따른 해단법으로 십수 년이라는 오랜 임상을 통해 찾아낸 것으로 여기서는 생략한다.

〈홍국수와 12지지〉

홍국수	一	二	三	四	五	六	七	八	九	十
12地支	子(쥐)	巳(뱀)	寅(범)	酉(닭)	辰戌(용, 개)	亥(돼지)	午(말)	卯(토끼)	九(원숭이)	丑未(소, 양)
오행	陽水	陰火	陽木	陰金	陽土	陰水	陽火	陰木	陽金	陰土

〈낙서구궁 정위도〉

辰, 巳(火) 음력 3, 4월 4손궁木(바람) 장녀	午(火) 음력 5월 9이궁火(태양) 중녀	未, 申(金) 음력 6, 7월 2곤궁土(대지) 모친
卯(木) 음력 2월 3진궁木(번개) 장남	5중궁 土	酉(金) 음력 8월 7태궁金(연못) 소녀
丑, 寅(木) 당년 음력 1월 전년도 음력 12월 8간궁土(산) 소년	子(水) 음력 11월 1감궁水(바다) 중남	戌, 亥(水) 음력 9월 음력 10월 6건궁金(하늘) 부친

» 오행의 상생, 상극

오행의 상생: 생(生)은 나를 도우는 것이며, 상대를 살리는 것을 말한다.

나무 木은-불 火를 생하고, 불 火는-흙 土를 생하고, 흙 土는-쇠 金을 생하고, 쇠 金은-물 水를 생하고, 물 水는-나무 木을 생한다(목생화-화생토-토생금-금생수-수생목으로 외울 것).

오행의 상극: 극(剋)은 나를 극하는 것이며, 상대를 극하는 것을 말한다.

나무 木은-흙 土를 극하고, 흙 土는-물 水를 극하고, 물 水는-불 火를 극하고, 불 火는-쇠 金을 극하고, 쇠 金은-나무 木을 극한다(목극토-토극수-수극화-화극금-금극목으로 외울 것).

» 육친 관계 (절대 암기!)

육친은 나, 부모, 형제, 남편, 부인, 자녀를 말한다.

» 나와 배우자

• 世는 나 자신이며 가정의 안녕 여부를 보는데 남명은 정재, 편재인 재성(財), 여명은 관(官), 귀(鬼)와 더불어 배우자의 有無와 복, 불행의 여부를 본다.

世는 태어난 생일에 의해 낙서구궁의 정위도에 나타난 고정된 12지지의 궁(宮)에 안착하게 되는데, 자(子) 일생은 감(坎)궁이 세(世)궁이 되고, 축인(丑寅) 일생은 간(艮)궁이 세(世)궁이 되고, 묘(卯) 일생은 진(震)궁이 세(世)궁이 되고, 진사(辰巳) 일생은 손(巽)궁이 세(世)궁이 되고, 오(午) 일생은 이(離)궁이 세(世)궁이 되고, 미신(未申) 일생은 곤(坤)궁이 세(世)궁이 되고, 유(酉) 일생은 태(兌)궁이 세(世)궁이 되고, 술해(戌亥) 일생은 건(乾)궁이 세(世)궁이 된다.

- 남명에서 財성은 여자로 정재는 부인(첫 인연)이며 편재는 재혼녀나 애인으로 본다(정재財는 첫 부인, 동거녀, 결혼을 생각한 여성으로 봄). 재물에 있어 정재의 財성은 바른 정직한 재물, 편재의 財성은 투기, 투자, 노름, 요행, 쉽게 버는 재물을 뜻한다. 처복이 없어 재혼, 삼혼, 사혼 가운데 내 인연은 몇 번째 혼인에서 만나는 배우자가 평생 반려자인지 여부를 알 수 있다.
- 여명에서 官鬼는 남자로 官은 남편(첫 인연)이며 鬼는 재혼남, 애인으로 본다(관은 첫 남편, 동거남, 결혼을 약속한 남성으로 봄). 남편 복이 없어 재혼, 삼혼, 사혼 가운데 내 인연은 몇 번째 혼인에서 만나는 배우자가 평생 반려자인지 여부를 알 수 있다.

» 부모, 형제, 자식

- 年支는 모친, 年干은 부친, 父에서 정인은 부친, 편인은 모친이다.
- 月支는 아래 형제, 月干은 위 형제로 본다(본인이 장자이면 바로 밑의 동생을 月干으로 그 다음 동생은 月支로 봄).
- 凡은 친구나 동료 지인을 본다(겁재는 남자 형제, 이복형제, 비견은 여자 형제).
- 時支는 아래 자식, 時干은 위 자식으로 본다.
- 孫은 자식과 소유물을 보는데 식신과 상관으로 나눠지는 것에서 식신 孫은 딸, 상관 孫은 아들로 본다(소유물로 손에서 식신은 고착된 것, 상관은 이동성).

※ 이혼 이후의 배우자의 길흉이 재혼인지 삼혼인지 사혼인지를 알 수 있음과 형제에 있어 월간 월지, 자식에 있어 시간, 시지 이후의 셋째, 넷째, 다섯째, 여섯째, 일곱째 등의 형제나 자식의 길흉, 삼촌, 외삼촌, 고모, 이모 등에서도 그분들 가운데 몇 번째의 인연이 나에게 길흉한 인연이 되는가 등은 카페나 동영상을 통해 열람할 수 있다.

※ 성국은 년지, 중궁, 세궁이 순서와 관계없이 서로 간 오행이 이어지는 것을 말하며, 이 가운데 구금이 있으면 구금은 면살로 삼살과 삼형살의 작용을 하지 않는다.

1) 배우자 복 있는 원명국

(1) 女-亥月 6050

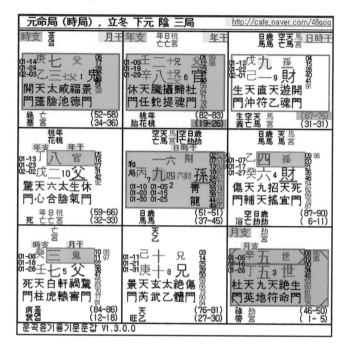

세궁(世宮)은 나를 보는 동시에 가정궁을 보고, 여명에게 남편인 관귀(官鬼)를 더하여 남편 복 여부를 보고, 재성도 살핀다. 남명에게는 아내인 재성(財)을 더하여 부인 복 여부를 보고, 손도 살핀다.

• 원국의 여명이 남편 복 있음

먼저 세궁(世宮)의 천지반이 같은 오토로 큰 흉함이 없는 세궁에서, 세궁(世宮)의 오토가 일간(日干)의 일수와 신자진 삼합으로 일수재성(財星)으로 일간이 되어 남편인 관(官)을 생하는 것에서 남편 관은 길함이니 남편은 잘되게 하고 좋게 하는 자신의 세기와 일간이 된다.

여기에 남편인 팔목관은 세기오토와 묘술합으로 남편과 나는 사이가 좋다. 더구나 팔목관의 오토합에서 오토가 신자진 삼합으로 수기가 된 것에서 팔목의 오토합은 수기를 합한 것이기에 목기에서 수기를 합하면 관의 남편은 길함이 되기에 더욱 남편은 성취하는 인생이나 성공하는 남편이 된다.

이러한 남편의 팔목에 쌍도화살이 있고 두문, 귀혼이 있음에서 두문은 점잖음과 불소통에서 남편과는 합이 좋기에 여기서는 점잖음으로 보는데 남편과 합이 없고 가정궁인 세궁의 천지반이 불합이나 흉문괘가 좌하면 남편과는 소통이 안 되고 대화가 없는 것으로 본다. 또한 관의 남편이 예의궁인 이궁에 좌함에서는 남편은 예의가 바른 사람으로 예의 없는 사람을 싫어한다.

여기 관에 쌍도화살은 남편이 주색을 좋아하거나 인기가 많은 남편이 되는데, 팔목관이 삼합일수 편재인 오토합에서 남편은 여자를 두거나 호색가가 되는데, 다행히 삼합일수 편재가 일간에서 관의 쌍도화살은 일간을 합한 것이 되기에 남편과 나는 합이 좋은 것에서 사이가 좋음이다.

대운 19세~26세에 결혼과 자식 출산, 시아버지의 사망은[시간(時干)은 맏이, 시지(時支)는 둘째, 시부모는 남편인 관귀를 생하는 오행으로 관귀와 음양이 다른 것은 시어머니, 음양이 같은 것은 시아버지],
결혼은 남편인 팔목관이 세기오토와 묘술합에서, 또한 오토세기의 삼합일수에서 팔목관이 삼합일수 일간, 시간인 오토를 합함에서 결혼도 하고 출산도 함이다(오토의 육합유금은 오토의 삼합일수를 생함, 시아버지의 사망은 삼목이 삼형살의 충극을 받음에서인데 그 원리적 이치는 카페 게시판이나 동영상을 통해 상세히 알 수 있음).

- 원비 23세, 음력 9월 26일 시아버지의 사망과 음력 12월 결혼

대운 19세 팔목에서 시아버지의 사망과 결혼이 있었던 것에서, 이것이 일어나는 나이는 팔목의 28세가 된다. 하지만 28세는 대운미입이라 삼합팔목이 되는 육수의 26세가 되는 것에서 육수보다 앞서 육수가 되는 홍국수가 있다면 그 홍국수가 되기에 삼목의 23세는 삼합칠화가 되어 칠오구삼살로 암장육수를 생하기에 삼목의 23세에 시아버지 사망과 결혼이 된다(삼목은 삼합칠화에서 칠화는 삼살육수로 팔목과 삼합된 것으로 팔목관은 오토세기와 합에서 결혼, 23세 시아버지의 사망은 카페 게시판이나 동영상을 통해 그 이치의 원리를 상세히 알 수 있음).

- 음력 9월 시아버지의 사망

시아버지의 사망과 결혼이 23세 삼목에서 시아버지의 사망 달은, 삼목을 생하는 달이 되기에 삼목과 합되는 육수의 음력 4월과 일수의 음력 9월이 되는데 앞선 육수의 음력 4월이 아닌 일수의 음력 9월의 일수는 삼목을 생하여 삼목이 삼형살의 충극을 받음에서 시아버지가 사망하는 달이 된다(음력 9월에 앞서 음력 4월에 시아버지의 사망이 일어나지 않는 것의 원리는 카페 게시판이나 동영상을 통해 그 이치의 원리를 상세히 알 수 있음).

- 음력 12월 결혼

삼목의 23세 결혼에서 결혼이 팔목관이 오토세기를 합함이었기에 결혼달은, 팔목의 음력 6월이다.

하지만 팔목보다 앞선 달이 육수가 삼합팔목이 되기에 육수가 되지만 암장육수로 달이 없기에 암장육수가 되는 금생수하는 사구금의 달이 되기에 구금의 음력 7월보다 앞선 유금의 음력 2월이 되는데, 음력 2월은 오토합으로 가고 음력 12월의 유금은 육수를 생함에서 육수의 팔목관에 이르러 결혼달이 된다(육수의 음력 4월은 나이 삼목을 생함에서 삼목은 삼합칠화로 칠화는 삼살육수로 태궁

의 육수를 생함이나 재차 삼목생은 삼목이 이화를 생하여 삼형살의 충극이 됨, 구금의 음력 7월은 삼합일수로 먼저 감).

- 신비(신수비기의 준말) 23세, 음력 9월 시아버지 사망, 음력 12월 결혼-子月

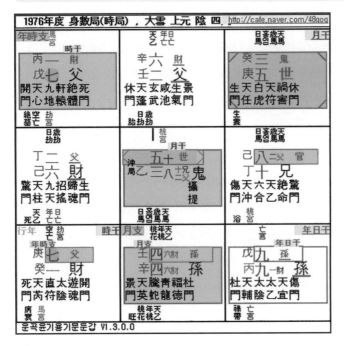

금년 신수국에서 시아버지 사망과 결혼은 여명이기에 자신인 세나 일간이 남자인 관이나 귀성과 합될 때나 관이나 귀성을 생할 때 일반적인 결혼이 되는 것에서 성국에 오기유통이 되는 가운데, 세기오토는 일간구금과 삼합일수가 되어 암장십토에 합되고, 십토는 삼합팔목 관이 되고 삼합유금 손이 된 것에서, 팔목관은 세기오토와 합에서 결혼이 되고, 유금은 육수생에서 삼목합으로 삼목의 삼형살의 충극으로 삼목에 깃든 육수시부도 삼형살의 충극으로 사망이 된다(세기오토는 일간과 합생을 우선으로 감, 팔목관의 오토합에서 오토의 삼합일수 재성을 오토육합의 유금이 생함에서 팔목관은 길함, 달리 결혼은 오토세기가 팔목관과 합에서도 결혼임).

시아버지의 사망은, 삼목귀성이 삼형살의 충극을 받음에서인데, 자세한 설명은 카페 게시판이나 동영상을 통해 그 이치의 원리를 상세히 알 수 있음이다.

• 음력 9월 시아버지의 사망(신수국에서 달운은 천반을 봄)

신수의 체에서 시아버지의 사망이 감궁암장에 있는 육수시부가 삼목에 깃든 것이었기에, 시아버지 사망의 달은 감궁의 암장육수가 된다. 하지만 육수는 암장으로 달이 없기에 이를 생하는 구금의 음력 9월이 된다(음력 9월의 구금은 삼합일수가 되고, 음력 10월은 구금의 육합이 되지만 여기서 구금의 육수생이 음력 9월이 되는 상세 설명은 카페 게시판이나 동영상을 통해 열람).

• 음력 12월의 결혼(다음 해 신수국의 간궁을 봄)

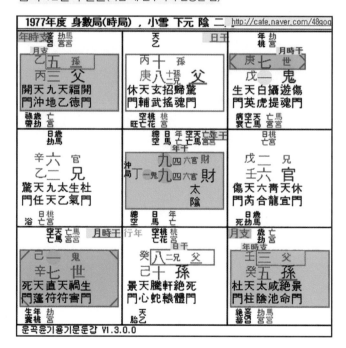

신수의 체에서 결혼이 팔목관이 세기오토와 합이었기에 결혼의 달은 음력 8월의 팔목이 된다.

하지만 이 달은 선을 통해 만남의 달이 된 것으로 결혼의 달이 못 됨은 팔목이 암장이화를 생하고, 이화는 삼합유금으로 암장육수를 생하여 육수는 삼합팔목 관으로 제자리에서 오토를 합하니 결혼할 남자를 만나지만 암장육수가 삼목으로 감에서는 삼목의 반합칠화가 오토세기가 깃든 유금의 극됨과 삼목의 이화생에서 삼목과 삼목에 깃든 육수도 충극으로 시부의 위독에서이다(오토세기는 나도 되지만 가정궁에서 이가 극됨은 결혼 달로 불리함).

따라서 결혼 달은 신수의 체에서 관이 세와 합된 것으로 결혼이었기에 다음 해인 간궁의 음력 12월의 일수귀성은 이궁천반의 십토를 합함에서 결혼 달이 된다(십토는 이미 칠화세기와 합된 것에서, 일수귀성의 십토합은 곧 일수귀성이 칠화세기와 합이 됨).

- 행년(行年, 한 해의 큰일을 예측)에서 시아버지 사망과 결혼은 76년 신수국

칠화인성의 삼살구금은 유금암장의 육수를 생하고, 육수는 삼팔목 관귀를 합함에서 삼목은 삼형살의 충극으로 시아버지가 사망하고, 팔목의 관은 세기와 합으로 결혼을 한다.

• 원비 25세 음력 11월 아들 출산

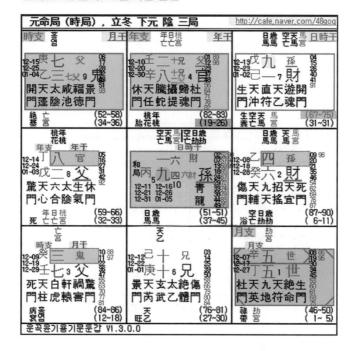

대운 19세에서 출산은 대운팔목이 일간과 시간이 동궁으로 있는 삼합일수인 오토를 합함이었기에 출산의 나이는, 팔목의 28세가 되지만 28세는 대운 미입에서 팔목이 되는 홍국수가 나이가 된다. 따라서 팔목이 되는 나이는 육수의 26세나 팔목을 생하는 일수의 21세가 된다.

이 가운데, 일수의 21세는 팔목을 생함에서 이의 일수를 왕성하게 드러냄은 삼합일수가 된 오토의 25세가 되기에 출산의 나이는 오토의 25세가 된다(삼합팔목이 되는 육수의 26세는 후달이 됨).

• 음력 11월 출산
출산의 나이가 25세 오토에서 출산의 달은, 오토의 음력 1월은 나이에서 신자진 삼합일수로 동했기에 일수를 생하는 유금의 음력 10월이 되는 것에서 이를 더욱 왕성하게 드러내는 오토의 음력 11월은 유금을 진유합금으로 일수를 생하는 달로 출산의 달이 된다.

• 신비 25세 음력 11월 아들 출산

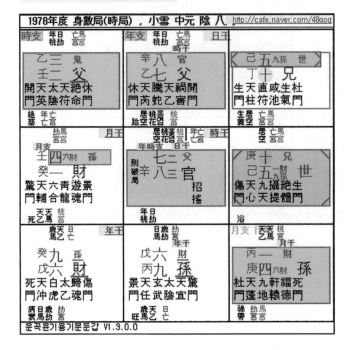

금년 신수에서 아들의 출산은, 세기오토가 삼합일수에서 십토합은 십토의 삼합팔목으로 중궁팔목의 시간은 오토세기를 합함에서 출산이다.

• 음력 11월 출산

신수의 체에서 출산이 팔목시간이 오토세기를 합함이었기에, 출산의 달은 팔목시간이 오토세기를 합하는 음력 5월이 된다. 하지만, 음력 5월의 팔목시간은 약한 것에서 팔목을 가장 왕성하게 하는 달은 삼합팔목이 되는 육수의 음력 11월이 된다.

- 행년(行年)에서 아들 출산(행년은 신수에서 일어날 길흉을 알 수 있음인데, 행년의 천반을 봄)
  일수가 십토합에서 십토는 삼합유금에서 암장육수를 생하고, 육수는 삼합
  팔목으로 시간이 되어 오토세기를 합함에서 출산이다.

⑵ 女-巳月 6096

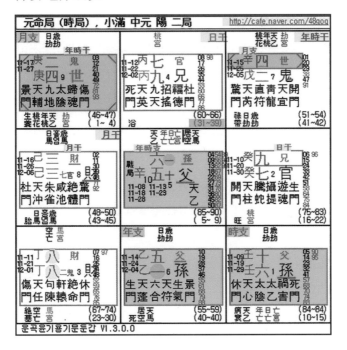

원국의 이 여명은 남편 복이 있는 원명국이다.

세기유금이 약한 것에서 곤궁의 이화귀성을 진용하면, 이화귀성이 사유축
합금으로 세기유금이 되어 약한 세기를 왕하게 하는 것으로 이화귀성은 길
신으로 나를 이롭게 하는 남자로서 귀성이 된다.

다만, 귀성은 관이 아닌 것으로 재혼이나 동거나 결혼까지 생각한 인연과 이별 후 만나는 남성으로 귀성이 되기에 첫사랑의 남자와 결혼이나 동거나 결혼을 생각한 남성과의 이별을 말하는데, 경우에 따라서 운이 좋아 해로하다가 60세가 넘어 이별 또는 사별 후 재혼하는 경우도 있음이다.

이 여명의 남편은 귀성으로 밖으로의 나인 일간과 사신합되어 길하고, 사유축합금으로 세기에서도 합이라 부부 관계는 길함이 되는데, 만약 기존 기문처럼 동처 가운데 용신을 택한다면 남편 복이 없다고 해야 할 것이다. 이는 가정궁인 세궁이 화금상전에 흉문괘로 관귀도 무동으로 화금상전에서 그렇게 말함이다.

그리고 지금처럼 관귀가 무동이면, 재성이 남자가 되기에 양, 재성이 겸왕에 거왕하고 일육수가 동하여 목기를 생함에서 남편은 능력이 있음이다. 다만 목기가 천지반에 음양이 동일한 것으로 지금처럼 삼삼이나 팔팔이 겹치는 것으로 있다면 남편은 고집이 세고 성질은 강함이 된다.

여기서 삼목은 세기가 유금으로 음수에서 양수삼목은 관이 되고, 팔목은 세기음수와 같기에 귀성이 된다.
따라서 괘문성장을 더해서 말하면 되는데, 관인 삼목은 호랑이로 팔목의 토끼에 비해 기질이 강하고 권위적인 면이 강하며, 뇌궁에 있어 번개처럼 노여움이 있음인데, 육합이 있으면 부드러움과 노기를 함께 간직한 것에서 부드럽지만 강한 기질은 잠복된 것이 된다.

여기에 눈에 보이는 함지살과 주작, 천충, 세마, 일마의 쌍역마와 홍염은 삼목 정재의 관에서 남편의 쌍역마는 역마적인 일을 하거나 많이 나돌아 다니는 사람이 되고, 함지살은 질병이나 구설수를 말함에서 삼목이 겸왕과 거왕으로 왕성하기에 함지살의 건강은 배제해야 하며, 주작은 말을 잘하거나 많은 것이 되는데, 함지살과 주작을 더하여 보면 구설 시비가 잦은 사람이 된다.

하지만 삼목이 왕성함에서 구설 시비가 많은 일이나 업무를 접하는 것으로 보면 되고 천충은 정이 많고 뒤끝은 없지만, 욱하는 기질이 강한 것에서 뇌궁의 벼락같은 기질과 더하면 노기가 강한 사람이 된다. 홍염살은 남모르게 연애나 이성에 호기심이 많음이 된다.

그러나 삼목재성(관)은 일간과 팔목암장의 이화와 삼형살의 충극을 받기에 인연이 흉한 것에서 첫 인연과는 결렬이 되며, 팔목재성(귀)은 유금세기와 합된 오토를 합함에서 팔목재성으로 귀성은 나와 합이 되기에 결혼 인연이나 동거 또는 결혼의 아픔을 딛고 만난 남성이 나와 인연이 된다.

여기서 팔목의 오토합에서 오토의 삼합칠화가 오토합금의 세기유금을 극함이나 오토의 삼합일수가 칠화를 극함에서 팔목의 세기유금과의 합은 무탈함이 된다(일수의 거공에서 삼합 불성립이나 일간이 좌함에서 삼합은 성립됨).

따라서 내 남편은 팔목재성으로의 귀성이 되기에 팔목재성은 귀성으로 이를 봐야 하는 것에서 특징은 휴문, 마궁, 공망, 간궁 거처의 남편을 말해야 하는 것인데, 휴문은 사람이 점잖은 면이 있지만, 팔목의 겸왕에서 고집이 있고 강한 면도 있는 남편인데, 마궁이라 해외여행, 역마적인 일이나 역마적인 성향을 가지고 있다.

공망은 남편에 대한 만족도의 결여나 남편이 있어도 공허함이 있음이 되는 것으로 다행히 팔목이 겸왕에 거왕에서 왕한 것에서 공망이기에 작용은 약하다. 그러나 약한 가운데 공망은 더한 작용을 하며, 간궁의 남편은 소남 (소년) 자리에 좌한 것에서 총명하고, 순수한 것에서 사람 말을 잘 믿는 편이 며 있는 그대로 사실을 잘 말하는 진솔한 면이 태궁(소녀)과 더불어 다른 궁 에 비해서는 있음이다.

용신은 세기유금이 약한 것에서 흉하나, 다행히 천반의 이화와 중궁의 십 토가 삼합세기 유금이 되기에 길함으로 변한다. 해서 용신은 십토인성이 되 기에 교사가 되는데, 이화를 진용해도 삼합세기로 유금이 됨에서 길함인데, 귀성은 공무원, 질병, 의료, 년간과 시간이 깃든 것에서 부친이나 맏이 자식 과 함께하는 일, 귀는 남자이니 남편이나 남자도 길함이 된다.

- 대운 23세~30세 교사가 됨(26세 교사)
  팔목이 암장이화를 생함에서 이화귀성이 세기유금과 삼합에서 직장과 합에 서 교사가 되는데, 유금세기는 일육수를 생함에서 수기는 대운팔목의 제자리 에서 팔목은 오토정인을 합함에서 시험이나 문서에도 길함에서 교사는 길함 을 더한다(이화귀성은 세기유금과 일간구금과 합에서 남자가 되고, 칠화관도 삼합유금의 세기인 십 토를 합함에서 남자가 됨에서 관귀는 남자와 직장이 됨, 이화귀성은 세와 삼합 외 일간구금과도 합에서 구금이 삼합일수에서 이화귀성은 일간합과 삼합일수의 합이 됨에서 남자의 만남과 이별이 있음).

- 대운 31세~39세 결혼과 딸 출산
  대운의 일간구금이 순수 일간으로 삼살육수에서 육수는 삼팔목으로 감에 서 반합팔목은 이화귀성, 시간이 되어 세기유금으로 삼합된 것에서 결혼과 출산이 된다(삼살육수의 삼목합에서는 삼목이 암장칠화와 대운과 삼살육수로 감에서 반합팔목으 로 이화귀성 시간이 되어 세기유금과 삼합이 됨).

• 원비 36세 음력 10월 딸 출산 음력 12월 결혼식

대운 31세의 출산과 결혼이 암장이화가 유금세기와 삼합된 것이었기에, 출산과 결혼의 나이는 암장이화의 32세가 되지만 암장이화는 나이가 없음에서 이를 생하는 팔목의 38세가 된다. 하지만 팔목에 앞서 팔목이 되는 나이가 있다면 그 나이가 되기에 육수는 팔목과 반합팔목으로 하나에서 육수의 36세는 출산과 결혼의 나이가 된다.

• 음력 10월의 출산과 음력 12월의 결혼식

36세 출산이 육수가 반합팔목에서 귀성과 시간인 이화를 생함에서 이 이화가 세기유금과 삼합된 것이었기에, 출산의 달은 시간이화가 세기유금과 삼합되어 있는 유금을 합하는 오토의 음력 10월이 된다(이화를 생하는 팔목의 음력 3월과 이화의 음력 7월 그리고 십토의 음력 5월도 출산이 가능하지만, 시간이화가 합되어 있는 유

금세기를 육합으로 합되는 오토정인보다는 덜 길함은 이화는 삼합일수인 구금을 합함에서 조금은 흉한 면이 있어서임, 일간구금에서 미약함).

36세 출산과 결혼이 육수가 반합팔목에서 이화의 귀성과 시간을 생함에서 이 이화가 세기유금과 삼합된 것에서였기에, 출산의 달과 결혼의 달은 귀성과 시간인 이화가 세기유금과 사유축 삼합으로 하나되어 있는 것에서 유금세기는 귀성과 시간이 함께함이라 이를 합하는 오토의 음력 10월은 출산의 달이 되고, 이의 유금과 이화귀성이 삼합된 십토를 합하는 칠화의 음력 12월은 결혼식을 한다(이화를 생하는 팔목의 음력 3월과 이화의 음력 7월 그리고 십토의 음력 5월도 출산과 결혼이 가능하지만, 이는 대운에서 사유축 합금으로 동했기에 오토정인의 음력 10월은 미작용으로 작용의 길함이기에 오토의 음력 10월은 출산의 달이 되고, 삼합유금인 십토를 합하는 칠화의 음력 12월은 결혼식의 달이 됨, 칠화의 음력 2월은 삼살육수로 감에서 육수가 팔목에서 이화로 세기와 삼합으로 길함도 있지만, 삼살육수가 삼목에서는 제자리 칠화가 되어 이화가 깃든 유금세기를 극함에서 길흉이 함께함이라 결혼의 불길한 달이 됨).

• 부친과 모친이 별거를 함

년간인 부친은 이화로 일간구금을 합함에서 모친인 년지의 삼합일수를 합함이라 부친의 이화는 모친의 일수에 극을 받으므로 부친은 흉함이라 부친과 모친은 상극이다(년간과 귀성의 구금합은 구금이 일간과 있음에서 이화귀성의 년간이 일간과 합으로 귀성과 년간의 일간합은 좋음이나 년간 부친과 시간, 귀성의 년지합은 흉함이 됨).

그러나 모친의 일수는 삼합유금 세기인 십토를 합하여 모친과 나는 합이 되고, 부친의 이화도 일간구금과 사신합이 되고, 삼합유금으로 세기가 되는 것에서 양 부모는 나와 각각 합이 된다.

• 대운 31~39세에서 출산 휴가와 39세 다시 회사로 복귀함

　일간구금이 삼합일수 손과 합되어 있는 것에서 이화귀성의 합은 귀성이 흉함이라 직장 흉함이 되는데, 출산 휴가로 인해 직장 흉함을 액땜했으며, 다시 구금이 일간으로 일간만으로 구금은 이화귀성합에서는 출산 휴가 후 회사 복귀가 된다.

• 신비 36세 음력 10월 딸 출산과 음력 12월 결혼-巳月

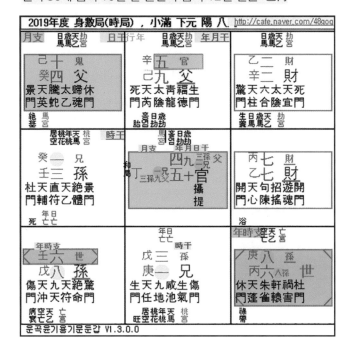

　금년 신수에서 출산 후 결혼식을 올리는 것은 세기, 시지인 육수가 동궁으로 반합팔목이 된 것에서 팔목은 세기와 시지가 된다(세기육수가 시간삼목과 합에서 출산도 되지만, 시지가 세와 동궁에서 금년 자식과 인연은 동궁의 팔목이 됨). 이러한 세기, 시지의 팔목이 일간유금과 합된 오토관을 합함에서 시지팔목이 일간과 합된 것으로 출산을 하고, 세기팔목이 오토관과 합에서 결혼식이 된다(팔목이 오토합에

서 오토의 삼합칠화가 오토육합의 유금 극함의 원리는 카페 게시판이나 동영상을 통해 알 수 있음).

- 음력 10월의 출산

  신수의 체에서 출산이 세기, 시지의 팔목이 일간유금과 합된 오토를 합함이었기에 출산의 달은 세기, 시지의 팔목이 일간유금과 합된 오토을 합하는 음력 10월이 된다(팔목의 오토합은 음력 9월이 되나 동궁을 합하는 것이 선달이며 외궁의 합은 후달에서 팔목이 동궁육수와 반합은 음력 9월이며, 오토와 육합은 음력 10월이 됨).

- 음력 12월에 결혼식

  신수의 체에서 결혼이 세기, 시지의 팔목이 오토관을 합함이었기에, 결혼의 달은 세기팔목이 오토를 합함에서 음력 10월 보이나 팔목은 세기로 가정궁의 공망이라 길달이 못 되기에 음력 12월의 십토세기는 삼합팔목 귀성으로 세기와 귀성이 하나가 됨에서 결혼의 달이 된다.

- 행년(行年)에서 딸 출산과 결혼

  행년의 오토가 지반구금과 삼살육수에서 팔목으로 화한 시지와 세기가 유금일간과 합된 오토를 합함에서 출산이고 결혼이다.

- 음력 12월의 결혼(음력 12월은 다음 해인 20년의 간궁을 본다)-巳月

| 2020年度 身數局(時局), 立夏 中元 陽 一. http://cafe.naver.com/48goq |

<table>
<tr><td>月支 空年天 劫馬
桃乙 亡宮 月干

丁四 孫
辛十 四孫 世
景天騰咸禍傷
門柱蛇池害門
祿 劫
帶宮 宮</td><td>巳
年時干
癸九 孫
乙五 兄
死天太軒絶杜
門心陰轅命門
旺 桃
宮</td><td>巳天天 年亡
馬乙馬亡 宮

戊六 財
己八 鬼
驚天六天絶開
門蓬合符體門
病 亡
衰宮 宮</td></tr>
<tr><td>桃
宮
年時干
壬五 兄
庚九 孫
杜天直青天驚
門芮符龍宜門
浴 日
宮</td><td>亡日歲 桃
宮 劫馬 宮
巳
和 八三 鬼
局壬八鬼六一 財
太
陰
日天天 年
馬乙馬亡 亡</td><td>巳天天 年亡 日干
馬乙馬亡 宮

丙一 財
丁三 官
開天句太生生
門任陳乙氣門
日歲 桃
死劫宮 宮</td></tr>
<tr><td>亡 劫
宮 宮
月支 月干
乙十 世
丙四 孫
傷天九攝福休
門英天提德門
生空年天 劫馬
養亡桃乙 宮宮</td><td>年支 劫桃
亡花
年支
辛七 九孫 父
戊七 九孫 父
生天九招遊景
門輔地搖魂門
空桃
胎亡花</td><td>時支 歲 亡馬
劫 劫 宮宮

庚二 父
癸二 父
休天朱天歸死
門沖雀乙魂門
絶歲 亡馬
墓劫 劫宮</td></tr>
</table>

운곡윤기용기문둔갑 V1.3.0.0

2) 배우자 복 없는 원명국

⑴ 女-申月 6101

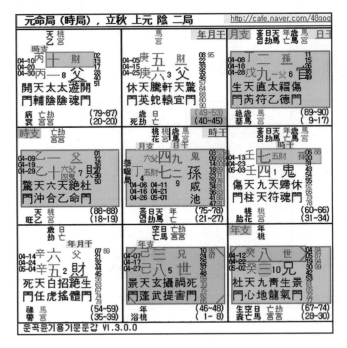

위 여명의 원명국에서 배우자 복 없음은, 여명에 있어 남편과 남자는 관귀로 곤궁의 관은 자체 천지반이 이구의 화금상전에서 흉한데, 중궁 칠화손의 극까지 받음에서 대흉하고(일간과 동궁인 관의 구금이 이화손을 합함에서도 흉함), 귀성은 동하지 않는 것으로 흉한 데다 천지반이 칠과 유금으로 화금성전에다 중궁 칠화손의 극까지 받음에서 대흉한 것에서 남자가 없는 것으로 남편(남자) 복 없는 여명이다(유금귀성은 직장이고, 일간동궁의 구금관은 남자가 됨).

• 대운 21세 남자 복 없음

칠화손이 일간과 동궁인 구금관을 극함에서 남자가 없으며, 만나도 이별이 되고, 직장도 잦은 이직이나 나가지 못하는 일이 많음이 된다(칠화가 삼살로 육수를 생하고 진궁의 암장육수는 십토와 삼합팔목의 세기가 되어 칠화를 생하여 제자리 칠화는 유금귀성을 극하고, 곤궁을 극함). 월지의 구금도 극됨에서 아래 형제도 흉한 시기가 된다.

• 대운 28세도 동일함(대운 46세도 같은 삼목에서 동일)

삼목이 인오술 삼합으로 칠화손이 되는 것에서 곤궁의 일간관과 월지를 극함이다.

한편, 삼목이 이화를 생함에서는 이화가 곤궁의 일간관의 구금을 합함에서 직장도 남자도 길함으로 입사와 남자를 만날 수 있지만, 칠화손의 구금 일간의 관을 극함에서 남자는 없거나 이별을 말하고, 유금을 극함에서는 직징의 흉함이 된다(삼목의 이화의 생작용보다 칠화와 삼합의 작용이 큼).

• 대운 31세도 남자 복 없음

남자와 직장인 귀성에 귀혼은 이들과의 장애를 말하는데, 도궁과 도화살이 좌함에서 남자를 만날 수 있음이나 천반의 칠화손에 극되고 중궁의 칠화손에도 극됨에서 남자도 직장은 인연 없음이 되기에 도궁과 도화살에서 남자를 만나도 이별이 되고, 직장을 구해도 이직이나 나오는 일이 생긴다.

이의 흐름을 보면 유금이 암장일수를 생함에서 일수는 십토합으로 십토는 대운의 유금과 삼합유금으로 제자리가 되는 것으로 중궁 칠화손의 극을 받음에서 직장이 흉하고, 칠화의 일간구금 관의 극함에서는 남친도 흉함이 된다.

• 대운 35세도 동일함

오토재성이 삼살육수에서 암장육수는 삼팔목으로 감에서 팔목세기의 오토합에서는 오토의 삼합일수 정인이 오토의 삼합칠화를 충극함에서 칠화손과 시간 그리고 칠화에 깃든 삼목겁재와 년지모친은 흉하며, 삼목의 삼합칠화 손은 삼살육수 삼목으로 돌아도 제자리 칠화에서 사구금의 관귀를 극하니, 남자와 직장이 흉하다(일수정인은 길함).

- 대운 40세도 동일하고, 44세 직장에서 쓰러지는 일이 발생함

이 대운에서 직장 생활 가운데 쓰러져 직장을 그만둠은, 육수가 해묘미 합목으로 세기팔목이 되고 삼목과는 육합된 것에서 삼합팔목 세기는 오토를 합함에서는 오토의 삼합일수 정인이 오토의 삼합칠화 손을 극함에서 직장을 극하는 손의 흉함에서(시간칠화 큰자식은 흉함) 직장은 무탈하게 보이지만, 팔목세기는 중궁칠화를 생함도 있음에 더하여 육수가 삼목합에서는 삼목의 삼합칠화 상관은 일간과 동궁으로 있는 구금관과 일간을 동시 극함에서 직장에서 쓰러지고 나오게 된다(팔목세기가 유금귀성과 합된 오토를 합함에서 직장을 대운 6년 가운데 4년을 할 수 있었음, 삼합작용이 육합작용보다 강함).

- 원비 44세 음력 3월경 쓰러짐에서 퇴사

대운에서의 흉함은 육수가 팔목과도 삼합이지만, 삼목을 합생함으로써 일이기에 그 시기의 나이는 대운육수의 46세가 된다. 하지만 육수는 대운미입이라 이의 육수를 생하는 나이가 되는 것에서 사구금의 44세와 49세가 됨에서 49세는 대운미입 후 나이가 되기에 44세가 된다(육수의 삼목합에서 삼목의 삼합칠화는 일간의 구금과 암장유금 귀성을 동시 극함에서 몸도 직장도 대흉함을 맞이함).

- 음력 3월로 보이는 것

유금의 44세 흉함이 대운육수를 생하여 육수가 삼목합생에서 삼목의 삼합칠화 상관이 일간의 구금과 암장유금 귀성을 극함이었기에, 발생하는 달은 약한 칠화손을 생하는 삼목의 음력 10월이 되지만 음력 10월에 앞서 음력 10월 삼목이 되는 앞선 달이 인해합목인 육수의 음력 3월이기에 육수의

음력 3월에 일어난다.

• 신비 44세 음력 3월 직장에서 쓰러져 대흉-申月

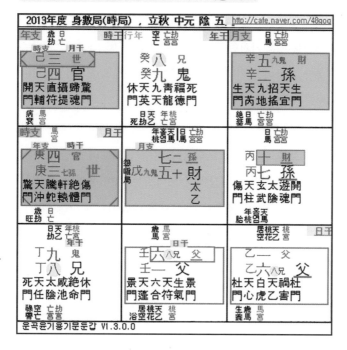

금년 직장에서 쓰러짐에서 퇴사는, 일간육수가 세기삼목을 합생한 것에서 세기삼목은 칠화와 삼합에서 칠화는 삼살육수로 감에서 건궁의 육수일간은 반합팔목에서 팔목은 일간이 된 것에서 오토를 합하므로 오토의 삼합칠화 세기를 오토의 삼합일수가 충극함에서 세기칠화는 흉하고, 일간팔목의 유금과 합된 오토합에서는 일간팔목도 유금에 충극이라 세기칠화와 일간팔목이 동시 흉함으로 쓰러져 병원에서도 회복 불가를 말할 정도로 흉함을 맞이한다.

또한 세기삼목의 삼합칠화에서 칠화가 삼살육수로 돌아도 육수는 삼목합생에서 칠화는 년지유금의 관을 극함에서는 직장을 나오게 된다(유금관이 년지, 시간에서 이들 육친도 흉함).

• 음력 3월로 보이는 것

신수의 체에서 일들이 세기칠화에서 일어난 것이기에, 일어난 달은 중궁 칠화가 됨에서 중궁은 달이 없기에 이를 생하는 삼목의 음력 3월이 된다.

삼목의 삼합칠화에서 칠화는 삼살육수로 일간육수를 생하고, 육수일간은 반합팔목이 되어 오토를 합함에 오토의 삼합일수가 오토의 삼합칠화 세기를 충극함에서 세기는 흉함에서 직장에서 쓰러지는 일이 생기고, 일간육수는 삼목 제자리에서 삼목의 삼합칠화는 유금관을 극함이니 퇴사를 한다.

• 행년(行年)에서 직장과 본인의 흉함

팔목은 육수일간이 반합된 것에서 오토를 합하므로 오토의 삼합칠화 세기를 오토의 삼합일수가 충극함에서 세기칠화는 흉하고, 일간팔목의 유금과 합된 오토합에서 일간팔목도 흉함이며, 팔목이 칠화를 생함에서는 칠화는 삼살육수로 가서는 육수가 삼목에 닿음에서는 칠화와 삼합된 것으로 유금관을 극함에서 직장을 나오게 된다(유금관이 년지, 시간에서 이들 육친도 흉함).

• 대운 49세의 직장 흉함

오토재성이 삼살육수에서 중궁암장의 육수는 세기팔목과 삼목으로 감에서 팔목은 오토합으로 오토의 삼합일수가 오토의 삼합칠화를 충극하여 나의 소유물은 흉함이며, 팔목세기가 유금귀성과는 합됨으로 보이나 삼목으로 감에서는 삼목이 삼합칠화로 사구금의 일간을 극함에서 직장의 흉함을 피할 수 없음이다.

(2) 女-辰月 6092

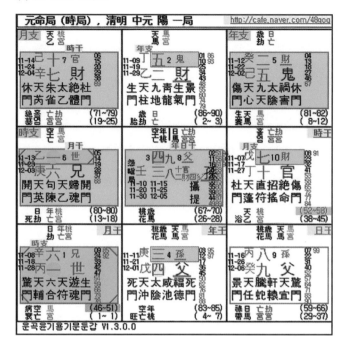

위 원국의 남편 복이 없음은, 가정궁인 세궁의 공망에서 가정 화목이 결여된 가운데 세기일수는 암장십토관과 시간을 합한 것으로 십토의 관과 시간은 삼합팔목이 되어 직장과 남자, 자식은 대흉함이라 남자도 없고, 직장도 흉함이 되며, 자식도 없는 여명이다(세궁공망은 일반적으로 가정이 허하고 외롭고 고독함).

다시 팔목손은 년지오토를 합함에서 년지오토의 삼합칠화 재성이 오토의육합유금의 정인, 년간을 극함에서 부친과는 인연 없음이 되어 부친은 힘겨운 인생이 되고, 장수하지도 못하는데, 칠화는 년지오토가 화한 것에서 칠화는 년지모친이 되기에 모친이 부친의 유금년간을 극하므로 부모는 이혼한 가운데 부친은 사망한다.

팔목상관의 칠화생에서는 칠화는 편재로 년지오토가 화한 것으로 칠오구 삼살 육수로 돌아 삼팔목기를 생함에서 삼팔목은 칠화를 생하여 칠화는 년 간유금의 정인을 극함에서 부친도 흉하지만 암장유금의 나의 문서도 극함 에서 공부의 장애가 있음이 된다.

또한, 제자리 칠화편재는 일육수에 극됨이라 모친의 재물은 흉함에서 모 친은 사업을 하지만 하는 사업마다 망하며, 나의 칠화편재도 되기에 나는 투기나 투자 주식 등 재물에는 큰 인연이 없다(년지오토는 삼합칠화 재성이 되어 년지 오토의 육합유금의 인성을 극함에서 모친의 칠화재성이 모친의 인성유금을 극하므로 소탐대실의 모 친에서 사업이나 욕심은 반드시 손실이 됨).

시지와 겁재는 육수로 삼목에 깃든 것으로 삼목이 삼형살의 충극을 받기 에 겁재인 친구도 시지의 자식도 흉함이라 십토의 시간이 삼합팔목으로 흉 함과 더불어 자식이 없고, 친한 친구도 많지 않음이 된다.

• 대운 46세 부친의 사망
육수가 해묘미 삼합팔목에서 십토관과 시간이 흉한 가운데 삼합팔목은 년 지오토를 묘술합하니, 년지오토의 인오술 삼합칠화 재성이 진유합금의 년 간부친을 극함에서 부친이 사망한다. 또한 오토의 삼합칠화는 일간구금도 극함에서 나도 힘겨운 시기가 된다.

또한, 육수의 삼합팔목은 칠화를 생하고(이화생은 육수, 팔목으로 제자리), 육수는 인해합목으로 삼목은 인오술 합화로 칠화가 되어 유금인 년간을 극함에서 부친 사망의 대운이 된다(칠화가 삼살육수를 생해도 제자리 칠화가 됨). 칠화가 일간구 금도 극함에서 나도 힘겨운 시기가 된다.

- 원비 46세 부친의 사망

  대운육수에서 부친 사망이 육수였기에, 부친 사망의 나이는 육수의 46세가 된다. 또한, 칠화가 일간구금도 극함에서 나도 힘겨운 나이가 된다.

- 부친 사망의 달이 음력 1월이나 음력 4월로 보임

  육수의 46세에 부친 사망이 칠화가 년간유금을 극함이었기에, 부친 사망의 달이 음력 1월과 음력 4월이 유력한 것은 육수의 음력 1월은 팔목이 오토합으로 오토의 삼합칠화가 오토육합의 유금년간을 극하는 약한 팔목을 합생하는 앞선 달의 육수에서 음력 1월이며, 음력 4월은 태궁칠화가 유금년간을 극하는 것에서 약한 칠화를 생하는 삼목이다(음력 4월이 유력).

- 신비 46세 부친의 사망-辰月

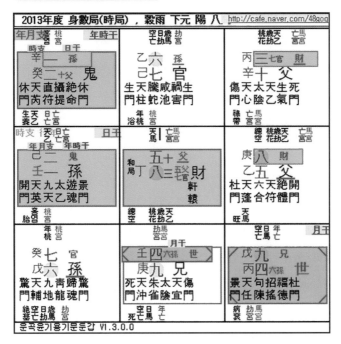

금년 신수에서 부친의 사망은, 세기유금이 일간일수를 생함에서 일수는 암장십토로 합되어 이화와 삼합유금에서 제자리 유금세기가 되어 육수를 생하고 육수는 중궁의 삼팔목과 합된 것으로, 팔목은 오토를 합하므로 오토의 삼합일수가 오토의 삼합칠화 관을 충극함에서 직장과 남자는 흉함에서 이들과는 인연이 흉하다(오토육합의 유금은 삼합일수를 생함).

다시 육수의 삼목합생은, 삼합칠화에서 칠화가 삼살육수로 돌아와 제자리 삼목의 삼합칠화는 유금을 극함에서 유금은 년간이화가 삼합유금이 된 것으로 부친이기에 부친상의 신수가 되고, 유금은 세기에서 나도 흉한 신수가 된다(유금의 월간에서 손위 형제가 있다면 흉함).

- 음력 4월이나 음력 1월 부친 사망으로 보임

신수의 체에서 부친 사망이 칠화가 이화년간이 화한 삼합유금을 극함이었기에, 부친 사망의 달은 년간유금을 극하는 칠화가 되기에 칠화의 음력 1월이나 삼합칠화가 되는 삼목의 음력 6월이 된다. 하지만 칠화를 왕성하게 하는 일수일간의 음력 4월은 삼목을 생하여 삼목이 칠화를 왕성하게 하기에 일수일간의 음력 4월이 된다.

- 행년(行年)에서 부친의 사망

이화년간이 삼합유금이 된 것으로 육수를 생하고 육수는 반합팔목에서 팔목은 오토를 합하므로 오토의 삼합칠화가 오토육합의 유금년간을 극함에서 부친 사망이 되고, 육수가 삼목합에서도 삼목이 삼합칠화가 되어 칠화가 삼살육수로 돌아도 제자리 육수는 삼목합생에서 삼목은 칠화가 되어, 년간유금을 극함에서 부친 사망이 된다.

3) 만남과 결혼

⑴ 女-子月 6115

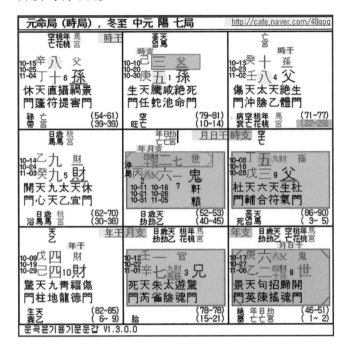

위 원명국의 여명은 세궁의 천지반이 사해충에 망신살의 중첩에 겁살궁까지 있어서 가정궁이 흉하여 가정을 이루기 어렵지만, 중궁의 귀성이 일간과 동궁으로 삼목의 정인과 더불어 귀인세생을 함에서 약세를 일간과 함께 있는 귀성이 왕성하게 해 주는 것으로 도움을 주는 것에서 결혼을 할 수 있음이다.

하지만, 남편인 귀성과 일간이 동궁으로 쌍겁살에서 잦은 쟁투는 있음이지만, 삼목인성과 귀인세생으로 나에게는 남자는 있어야 하는 명국이 된다. 또한 이 여명은 삼목인성을 용해야 하기에 직업은 인성의 직업을 가져야 하며, 일상에서는 목기인 어진 품성으로 삶을 이끌어 나가야만 재물도 자신에게도 이로운 삶이 된다.

년지(모친)와 세궁이 동궁으로 망신살의 중첩과 겁살궁 귀혼에서 모친과는 인연이 흉함이라 서로 간 구설 시비의 충돌이 잦은 인연의 흉함이 되는데, 귀혼을 더하여 나와 모친은 화합이 안 되는 인연으로 함께함은 피해야 하는 것이다.

세궁에 겁살궁이 하나만 있어도 구설 시비가 있음이며, 수술이나 사고 등으로 사고나 수술로 몸에 상해도 있는데, 년지가 있음에서 중첩이라 일생 구설 시비가 잦고 몸의 상해도 있음에서 상해 보험은 이로울 것인데, 인성의 용신에서 보험은 더한 보탬이 된다. 신수에서도 세궁과 년지에 겁살궁이 들면 반드시 구설 시비가 일어나고 몸은 사고나 수술 등으로 몸의 상해가 일어난다.

또한, 귀혼자는 게으른 면이 있으며, 삶에 장애도 있음이다. 따라서 원명국이나 대운, 신수, 월운에서 귀혼과 함께하는 육신이나 육친은 이들과 나는 장애가 있음이며, 일의 정체나 성취에 있어 난항 있음이 된다.

모친인 년지이화가 년간인 유금과 삼합으로 함께하는 것에서 부모는 유금의 기질과 성격이 되는데, 모친보다는 부친의 유금에서 부친의 성격은 분명하고 명확한 기질로 할 말은 하는 성격이 되며, OX의 기질을 가지고 있으며, 일에 책임감이나 깔끔한 성격을 드러낸다.

• 대운 22세에 결혼을 함
쌍도화살의 팔목이 일간과 동궁으로 있는 육수귀성을 반합하는 것에서 또한 팔목편인은 칠화를 생함에서 칠화가 삼살로 일간동궁인 육수귀성을 생함에서 결혼남의 만남과 결혼을 한다.

또한 팔목이 오토를 합함에서 오토의 삼합일수 관을 오토의 육합유금이 생한 것으로 일수관은 오토의 삼합칠화 월지겁재를 충극함에서 아래 동생, 친구나 지인은 흉함이 생기지만, 삼합일수 관을 합함에서는 직장의 길함으로 취직을 한다(귀성육수가 일간과 동궁으로 함께함의 이성이 되고, 관은 직장이 됨).

• 원비 25세 음력 9월 결혼남의 만남

대운팔목에서 결혼남의 만남과 결혼이 일간과 동궁인 귀성을 생함이다.

따라서 결혼남을 만나는 나이는 팔목의 28세가 된다. 하지만 약한 팔목이 되는 앞선 나이는 육수의 26세가 되지만 이보다 앞선 나이는 삼살육수로 육수를 왕성하게 생하는 오토의 25세가 된다(육수가 삼팔목의 합생에서 삼팔목은 25세가 된 칠화에 깃들며, 이화로 가더라도 이화의 삼합유금은 오토가 삼살육수한 육수를 생함, 이는 27세도 동일함).

• 음력 9월의 만남

25세 결혼남의 만남이 칠화의 삼살육수에서 오토가 삼합으로 칠화가 된 것이었기에, 결혼남을 만나는 달은 칠화에 닿는 육합, 홍염의 삼목의 음력 9월이 된다(25세 오토는 삼합칠화가 된 것에서 25세는 칠화임. 고로 이 칠화가 삼살육수가 된 것으로 결혼남을 만난 것에서 25세 칠화를 합생하여 칠화가 되는 삼목은 만나는 달이 됨, 22세에서 24세까지 어떤 이유로 남자를 만나지 못했는지에 대한 해단의 원리는 카페 게시판이나 동영상을 통해 열람할 수 있음).

- 신비 25세 음력 9월 결혼남 만남-子月

금년 신수에서 결혼남의 만남은, 세기육수가 해묘 반합팔목이 된 것에서 오토관을 합함에서 세기팔목이 오토관의 합한 것으로 만남이다. 하지만, 오토의 삼합일수 겁재가 오토의 삼합칠화 정재를 충극함에서 재물손실이나 지출은 있음이다(오토가 진유합금으로 유금인성의 합에서 문서는 길함).

- 음력 9월의 만남

신수의 체에서 결혼남의 만남이 세기팔목이 오토관을 합함이었기에, 결혼남을 만나는 달은 팔목이 오토관을 합하는 팔목이 있는 음력 9월이 된다(팔목과 반합되는 육수의 음력 12월도 되지만 전년도에서 안 되며, 오토관이 팔목을 합하는 음력 5월의 안 됨은, 오토가 삼합칠화가 되어 칠화가 삼살육수에서 삼팔목을 생하고 삼팔목은 칠화 제자리에서 오토관이 합된 유금을 극함에서 유금은 오토관이 합되어 있는 것에서 유금의 극됨은 오토관의 극됨에서 흉달).

- 행년(行年)에서의 결혼남 만남

  음력 9월과 동일한, 육수세기가 반합된 팔목에서 팔목은 세기로 오토관을 합하므로 세기팔목이 오토관을 합하는 달에서 결혼남의 만남이다. 하지만, 이 달은 오토의 삼합일수 겁재가 오토의 삼합칠화 정재를 충극함에서 재물 손실이나 지출은 있음이다(오토가 진유합금으로 유금인성의 합에서 문서는 길함).

- 원비 27세 음력 11월 결혼

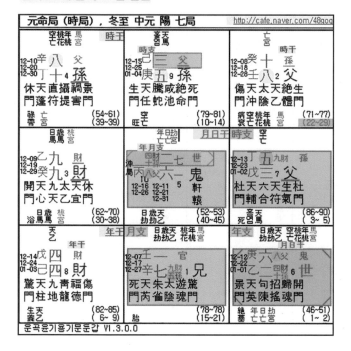

  대운 22세 팔목에서 결혼남의 만남과 결혼이, 동궁인 일간과 귀성을 칠화가 삼살육수로 생하는 것에서 대운팔목이 생하는 것이었기에 결혼남의 만남은 오토의 25세가 삼합칠화였다면, 결혼은 칠화가 삼살육수하는 27세가 된다.

- 음력 11월 결혼

　결혼이 일간과 귀성의 동궁을 삼살육수하는 27세 칠화였기에, 결혼의 달
은 칠화의 삼살육수에서 음력 1월은 반합팔목으로 나이 칠화를 생했다면,
음력 11월은 삼살육수가 삼목합생에서 삼목이 나이 칠화를 삼합으로 칠화
가 되는 것에서 결혼 달이 된다.

- 신비 27세 음력 11월 결혼-丑月

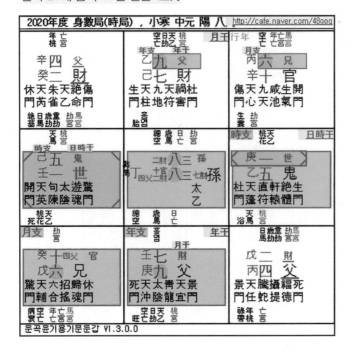

　금년 신수에서 결혼은, 일수세기가 암장십토로 화하지만 십토는 삼합유금
의 정인으로 세생일수에서 제자리 일수는 팔목을 생하고 팔목은 일간과 동
궁인 귀성오토를 합하므로 결혼을 한다.

• 음력 11월 결혼

　신수의 체에서 결혼이 팔목이 일간귀성의 오토를 합함에서, 결혼의 달은 중궁 팔목의 달이 되기에 중궁팔목이 되는 육수의 음력 6월은 결혼의 길달이 되지만, 팔목을 생하는 육수가 약하기에 육수를 생하는 구금의 음력 5월은 육수를 생하지만 앞서 삼합일수가 되어 팔목도 생하지만 삼목도 생함에서 삼합칠화가 되어 오토귀성이 합된 유금을 극함에서 결혼의 길달이 못 된다.

　그러나 음력 11월의 칠화는 삼살육수가 되어 곤궁천반 육수를 생함에서 육수는 팔목과 합에서 일간귀성의 오토를 합하므로 결혼의 달이 된다.

• 행년(行年)에서 결혼

　육수가 팔목과 해묘반합에서 팔목은 귀성과 일간이 동궁으로 일수세기와 하나된 오토를 합함에서 결혼이 된다.

(2) 男-未月 6322

元命局 (時局) , 大暑 下元 陰 四局		http://cafe.naver.com/48gog
桃 花 09-14 庚 八 孫 08-24 04-03 戊 一 兄 1 死天六攝遊生 門芮合提魂門 絶 亡劫 (66~73) 墓 宮宮 (26~26)	喪虎 亡劫 崇嵎 宮宮 日壬 09-09 丁 三 孫 08-19 壬 六 八孫 6 世 08-29 驚天太靑天休 門柱陰龍宜門 日天 年 (46~48) 胎劫乙 亡 (1~ 6)	年壬 年年支辛 桃 宮 09-12 丙 十 鬼 08-22 04-01 庚 九 兄 9 父 開天騰招福景 門心蛇搖德門 生日 馬 (83~89) 義宮 宮 (15~23)
年月支 日 馬 宮宮 09-13 壬 九 兄 父 08-23 04-02 己 十 鬼 景天白軒絶死 門英虎�命門 空 桃 (74~82) 死亡 宮 (24~25)	馬 日馬 馬 宮 宮宮 宮 二 七 財 和乙 五官七 十兄 財 局 2 太 09-10 09-05 乙 08-30 08-25 04-04 歲 日 (64~65) 劫劫 亡 (27~33)	時支 空天 馬 月時王 宮 宮 09-07 辛 五 官 08-17 08-27 丁 四 父 休天直太歸傷 門蓬符陰魂門 年天 桃 (53~57) 浴乙 宮 (37~40)
年天 桃 桃乙 宮 月時壬 時支 09-08 戊 四 父 08-18 08-28 癸 五 官 杜天玄咸絶杜 門輔武池體門 病空天 馬 (49~52) 衰亡馬 宮 (41~45)	亡劫 宮宮 09-11 己 一 兄 08-21 08-31 辛 八 孫 8 傷天九天禍開 門沖地符害門 桃 (90~90) 旺花 (7~14)	日天 馬 劫乙 年年 日壬 09-06 癸 六 孫 世 08-16 08-26 丙 三 孫 生天九天生驚 門任天乙氣門 孫喪歲 亡劫 (58~63) 帶嵎宮 宮宮 (34~36)
운곡윤기용기문둔갑 V1.3.0.0		

이 남명은 세궁의 천지반이 상생되어 가정궁의 세궁은 길하며, 일간의 삼목이 중궁의 칠화정재와 합된 것에서 가정을 이루고 길하며 부부지간도 길함이다.

관귀가 무동에서 직장이 흉하게 보이나 암장된 관의 오토가 일간삼목과 인오술 삼합으로 화한 칠화일간과 오토관이 하나된 것에서 직장도 흉하지 않으며, 중궁의 칠화가 곤궁정인 년지, 월간을 칠구상전으로 곤궁의 육친은 흉함이 되나, 암장 오토와 삼살육수로 세기를 생함에서 오기유통이 되는 길명으로 직장인이다(일간삼목이 삼합칠화가 되고, 일간은 칠화가 되어 오토관과 삼살육수로 세기육수는 팔목이 되어 오토관을 합함에서 직장인임, 오토관은 진용).

- 대운 27세 결혼과 취직

  칠화재성이 먼저의 합에서 삼목일간과 합으로 결혼녀를 만나고, 후의 생에서 칠화는 삼살육수로 세생에서 육수세기는 삼팔목의 합생에서 반합팔목의 세기는 오토관과 합으로 취직을 하고, 삼목육합의 일간은 칠화재성과 합으로 결혼을 한다.

- 원비 27세 음력 9월 결혼녀 만남

  대운 27세의 결혼녀 만남과 결혼이 칠화재성이 일간삼목을 합한 것이었기에, 결혼녀를 만나는 나이는 일간삼목과 합되는 칠화재성의 27세이다.

- 음력 9월 결혼녀 만남

  27세 결혼녀의 만남이 칠화재성이 일간삼목과 합한 것이었기에, 결혼녀를 만나는 달은 칠화의 음력 1월이나 칠화를 생하는 삼목일간의 음력 7월이나 왕성한 칠화가 되는 오토의 음력 9월이 된다. 이 가운데 칠화재성을 왕성하게 하는 달은 삼합칠화가 되는 오토의 음력 9월이 된다.

2018年度 身數局(時局) , 立秋 下元 陰 八 http://cafe.naver.com/48gog

금년 신수에서 결혼녀 만남은, 세기이화가 삼합유금 재성이 된 것에서 세기이화와 유금재성이 하나된 것으로 결혼녀 만남의 해가 되는데, 유금이 일수생에서 일수가 세기이화와 유금재성이 합으로 하나된 십토를 합함에서 결혼녀의 만남이 된다(유금의 육수생은 육수가 삼목생에서 삼목은 정인으로 세생이화로 삼합유금은 동일함, 육수의 반합팔목의 인성은 오토합에서 오토의 삼합일수 관을 오토육합의 유금이 생함에서 직장은 길함, 이는 삼합유금이 된 재성이 오토일간과 합에서도 직장의 길함과 결혼녀의 만남은 길함이 됨).

• 음력 9월 만남

신수의 체에서 결혼녀의 만남이 세기이화가 삼합유금 재성이 된 것에서 일수가 세기이화와 유금재성이 합으로 하나된 십토를 합함에서 결혼녀의 만남이 되었기에, 만남의 달은 일수의 음력 9월이 된다.

- 행년(行年)에서 결혼녀 만남

　행년의 일수가 세기이화와 유금재성이 삼합으로 하나된 십토를 합함에서 결혼녀의 만남이다.

- 원비 28세 음력 9월 취직

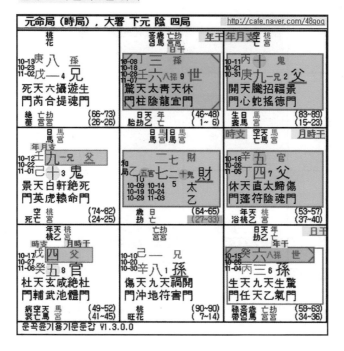

　대운 27세의 취직이 칠화가 삼살육수로 세기육수는 팔목으로 화하고 세기팔목은 오토관을 합함에서 입사를 한다. 고로 취직의 나이는 팔목이 오토관을 합하는 팔목의 28세이다.

- 음력 9월 취직

　나이 28세 팔목의 취직에서 취직의 달은, 오토관을 합하는 팔목의 음력 1월이다. 하지만 팔목에 앞서 팔목이 되는 홍국수가 있다면 그 홍국수가 달이 되기에 육수는 삼합팔목이 되기에 육수의 음력 9월은 취직의 달이 된다.

- 신비 28세 음력 9월 취직-未月

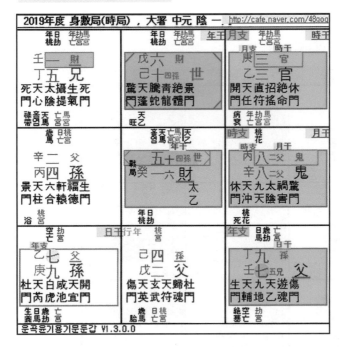

금년 신수국에서 취직이 되는 것은, 세기십토가 칠화를 합한 것이다(세기십토는 십합유금에서 중궁의 육수를 생하고 육수는 삼목합생으로 칠화정인에 깃든 것으로 세생하니, 길한 신수인 가운데 세기십토는 삼목관이 깃든 칠화를 합함에서 취직을 함, 세기십토와 육수의 삼합팔목은 이화를 생하여 삼합유금이 되어 육수생에서 삼합은 칠화정인에 깃듦에서 세생십토는 삼목관이 깃든 칠화와 합).

- 음력 9월의 취직

신수의 체에서 취직이 세기십토가 삼목관이 깃든 칠화를 합함에서였기에, 취직의 달은 중궁십토가 삼목관이 깃든 칠화를 합하는 달이 되기에 중궁십토는 달이 없음에서 일수의 음력 3월이 된다. 하지만 일수의 음력 3월은 약한 것에서 이를 왕성하게 하는 구금의 음력 9월이 된다.

• 행년(行年)에서 취직

유금이 일간구금이 삼합된 일간일수를 생하여 일간일수는 십토세기와 합된 것으로 일간일수가 세기십토와 합됨으로 십토세기와 일수일간은 한 몸으로 삼목관이 깃든 칠화를 합하므로 일간과 세기가 동시 삼목관과 합됨에서이다.

• 원비 29세 음력 11월 결혼

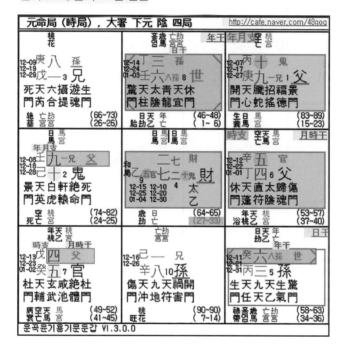

대운 27세 결혼이 일간삼목이 칠화재성과 삼합된 것에서였기에, 결혼의 나이는 삼목의 33세가 된다.

하지만 33세가 되면서 앞선 나이가 있다면 인해삼목이 되는 육수의 36세가 되지만, 대운미입에서 육수가 되는 구금은 29세로 결혼은 29세에 한다.

• 음력 11월 결혼

　29세 구금의 결혼에서 결혼 달은 구금의 달이 되는데 음력 11월에 한다.

　이는 음력 1월의 구금은 삼합일수가 되며, 음력 11월의 구금은 삼살육수
가 되기 때문이다.

• 신비 29세 음력 11월 결혼-申月

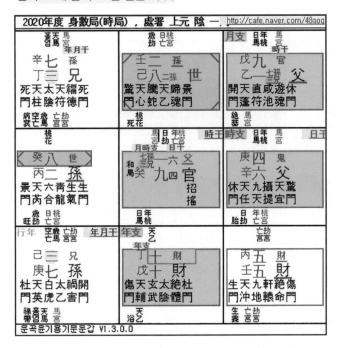

　금년 신수에서 결혼은, 팔목세기가 오토정재를 합함에서이다(팔목세기가 이화
를 생함에서 이화는 삼합유금이 되어 일육수를 생하여 정인으로 세생과 삼합팔목으로 세기가 됨이라
세기팔목은 오토정재와 합).

- 음력 11월 결혼

  신수의 체에서 결혼이 팔목세기가 오토정재를 합함에서이기에, 결혼의 달은 팔목의 음력 2월이 되지만 팔목세기가 약한 것에서 이를 더욱 왕성하게 하는 십토의 음력 11월은 삼합팔목으로 세기가 왕성한 것으로 오토정재를 합함에서이다(삼합팔목이 되는 중궁육수을 생하는 구금의 음력 7월은 육수가 삼합팔목도 되지만, 삼목합생에서 삼목이 삼합칠화로 삼살육수의 삼목은 삼형살의 충극이 되어 삼목에 깃든 육수일간도 충극이라 결혼 달이 못 됨).

- 행년(行年)에서 결혼

  삼목이 칠화보 삼합에서 칠화는 삼살육수 인성, 일간을 생하고 육수일간은 세기와 삼합되어 오토정재를 합하므로 결혼의 행년이 된다.

4) 부자의 원명국

(1) 男-未月 2748

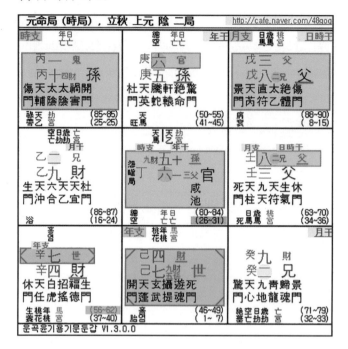

이 남명의 원명국은 기업인으로 재물이 많은 부자의 명국이다.

세기를 보면 화금상전에서 소심하거나 세심한 성격인 가운데 태약하여 흉하게 보이지만, 명국의 인성이 삼팔목으로 겸왕에서 재물에 화격이며, 정인이 겸왕으로 세생인데 더하여 일간이 좌함에서 세생은 길함을 더한다.

여기에 겸왕된 일간정인이 중궁과 삼합되어 일간정인으로 세생에서 일간정인의 힘은 강력한 것으로 세생이니, 부자의 명국이 된다. 특히 원국이 목기와 칠화의 세기로 몰려 칠화의 화기에서 드러내는 것을 좋아하는 것으로 끊임없이 사업을 벌이려는 팽창의 성향을 가지고 있기에, 지속적으로 사업을 확장하려 한다.

하지만 겁재가 화금상전에 쌍겁살에 공망, 귀혼이라 주변 친구나 지인, 동료는 흉함에서 그들은 쌍겁살에서 성정이 급하고, 그들로 인해 구설 시비가 일어나며, 귀혼과 망신살(망신살궁)에서 그들과의 관계는 배신과 갈등의 흉한 인연이 된다.

가정궁인 세궁은 화금상전에 흉문괘에서 처와 떨어져 지내는 일이 많은데, 양, 재성의 무동에서 십토손은 정재로 나인 세와 합이며, 일간과도 삼합 필목의 일간에서 세궁은 흉하나 결국 나를 생하는 팔목정인에서 부인과 사이는 무탈 내지 길함이 된다.

세궁이 년지와 등궁으로 홍염살에서 중첩이니 필시 외도를 할 수 있음인데, 세기칠화는 암장과 삼살로 육수를 생하고 육수는 일간팔목과 삼합된 것으로 일간팔목은 오토합에서는 오토의 삼합일수 귀성이 오토의 삼합칠화 비견(세운비견도 됨)을 극함에서 친구나 지인의 친한 이들은 별로 없음이 된다. 하지만 일간팔목이 유금정재와 합인 오토를 합함에서 본처와는 잘 지내는 편이다.

일간팔목이 이화를 생함에서 이화가 세기와 동궁으로 있는 구금편재를 합하므로 애인을 두는 것에서 부인 몰래 애첩을 두고 살아간다(세궁이나 일간과 동궁인 육친은 길흉을 떠나 나와 인연 있음).
여기서도 이화겁재가 삼합일수 귀성인 구금합에서 친구나 지인은 삶이 힘겹거나 친한 이들이 없음이 된다.

애첩의 구금은 화금상전으로 소심하거나 세심한 여성으로 육합을 더하니, 부드럽고 온화한 것으로 두문이니, 말이 없거나 차분한 것에서 조선 시대 여성상으로 본 명국인은 빠져드는데, 구금에서 애첩은 의리는 있음이 된다 (천충은 욱하는 기질에 이화겁재와 합에서 친구와 사이는 좋을 것임).

월지의 정인이 겸왕에 일간까지 동궁이라 왕성함에서 밑의 동생은 연봉이 수억이나 되는 CEO이며, 월간의 누나 한 분도 원국에 목기가 왕성한 것에서 이화월간을 생함에서 누나도 경찰직을 한다. 월간의 이화가 일수귀성과 합된 천반구금합에서 월간의 누나는 관직이나 공기업 등 직장인이 된다. 명국의 왕성한 목기에 생을 받음에서이다.

자식은 아들 두 명으로, 큰아들은 일간과 동궁인 왕성한 팔목일간에서 나와 친근한 사이로 차분하고 욕심이 없는 것은, 팔목은 토끼로 소심하고 착한데 이는 팔목이 세기칠화를 생하고, 칠화는 칠화암장의 오토와 구금에서 삼살육수를 생함에서 육수는 팔목을 생하여 제자리인데, 이화겁재의 암장으로 화한 것에서 시간팔목은 재물에 욕심 없는 착한 큰아들이 된다(시간팔목은 유금정재와 합된 오토합에서 여자는 있음).

작은아들은 시지십토로 삼합으로 암장유금의 재성으로 화한 것에서, 자신은 유금의 기질로 재성과 한 몸으로 재물에 탐착심이 강한 가운데, 유금의 십토시지는 일간팔목과 합으로 유금의 시지는 팔목을 충극함에서 어짊과 자상함을 파괴하니, 거칠고 강한 기질로 형과 나를 치는 무서운 명국이 된다.

그러나 한편 세기칠화와는 십토시지가 합한 것으로 세기와 동궁으로 있음에서 나와 친밀감을 드러내며 향후 재산이나 사업은 시지의 작은아들이 차

지할 것이다(작은아들은 시지겁궁에서 성정이 급하며 중첩태음에서 음침한 마음을 가짐이 됨).

• 대운 26세 결혼

대운육수가 팔목정인을 삼합하고, 팔목정인은 세생칠화에서 칠화는 삼살
육수로 제자리 육수는 일간팔목에서 유금재성과 합된 오토를 합하므로 일
간이 유금재성과 합으로 결혼의 시기가 된다.

• 원비 31세 음력 5월 결혼

대운 26세의 결혼이 일간팔목이 유금재성과 합된 오토를 합함에서였기
에, 결혼의 나이는 팔목의 28세가 된다. 하지만 팔목이 약한 것에서 팔목을
합생하는 것으로 팔목이 되는 육수의 26세는 대운에서 동한 것에서 팔목을
생하는 일수의 31세는 결혼의 나이가 된다.

• 음력 5월 결혼

나이 31세의 결혼에서 결혼의 달은, 팔목을 생하는 일수의 음력 11월이
된다(일수의 음력 1월은 십토가 됨).

하지만 일수를 합생하는 홍국수는 결혼 달이 되기에 삼합일수인 구금의
음력 9월보다 앞선 오토의 음력 5월은 결혼 달이 된다.

- 신비 31세 음력 5월 결혼-未月

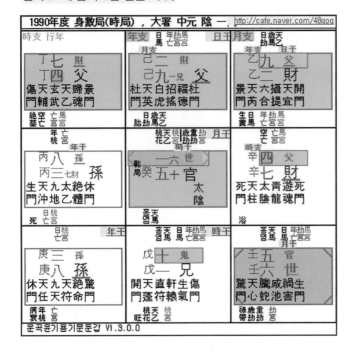

금년 신수에서 결혼은, 세기육수가 삼팔목의 합생에서 팔목의 오토합은 오토의 삼합칠화 정재를 오토의 삼합일수가 충극함에서 정재는 흉함이며(팔목의 오토합에서 오토관의 육합유금의 인성은 길함에서 직장과 문서는 길함), 삼목은 삼합칠화로(팔목도 이화을 생함) 칠화의 삼살육수는 제자리 삼목생에서 삼목은 이화재성을 생하고 이화재성은 일간구금의 합에서 결혼을 한다(삼목은 칠화로 화함에서 정재지만, 일간구금과 합된 이화편재가 결혼녀가 됨).

- 음력 5월 결혼

신수의 체에서 이화재성이 일간구금과 합에서 결혼이었기에, 결혼의 달은 이화재성의 음력 5월이 구금일간과 합에서 결혼을 한다.

• 행년(行年)에서 결혼

칠화재성이 삼살육수로 중궁육수는 삼팔목을 합생하고, 삼팔목은 이화생에서 재성이화는 구금일간과 합으로 결혼을 한다.

• 대운 32세 겁재월간에서 손위 경찰인 누나와 떨어져 소원한 시기로 지냄

월간이화가 삼합일수구금을 합함에서 월간이화가 흉함에서이다. 이화겁재의 흉함에서 친구들과는 등지거나 불합된 시기가 된다.

• 대운 37세 부친 사망

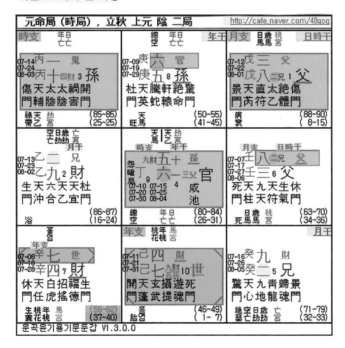

유금재성에 년간오토가 합된 것으로 유금은 년간이 되기에, 유금은 육수를 생하고 육수는 팔목과 삼합된 정인으로 세생칠화에서 칠화세기는 삼살육수로 가서는 팔목정인과 삼합으로 세생에서 칠화는 년간유금을 극함에서

부친 사망이다(일간팔목이 칠화생에서는 부친 사망이나 오토합에서는 여자를 만남).

- 원비 38세 음력 6월 부친 사망

  대운의 유금년간이 칠화에 극받음으로 부친 사망에서 부친 사망의 나이는 유금년간을 극하는 칠화의 37세가 된다. 하지만 칠화가 약함에서 칠화를 합생하는 홍국수는 부친 사망의 나이가 되기에 삼합칠화가 되는 삼목의 33세와 칠화를 생하는 팔목의 38세가 되는 것에서 33세는 대운미입이라 팔목의 38세가 부친 사망의 나이가 된다.

- 음력 6월 부친 사망

  부친 사망의 나이가 팔목의 38세에서 부친 사망의 달은, 칠화를 생하는 음력 1월의 팔목과 음력 6월의 삼목에서 음력 1월은 나이에서 동함에서 음력 6월의 삼목은 삼합칠화로 칠화를 치성하게 하는 것에서 음력 6월은 부친 사망의 달로 가장 강성한 달이 된다.

• 신비 38세 음력 6월 부친 사망-未月

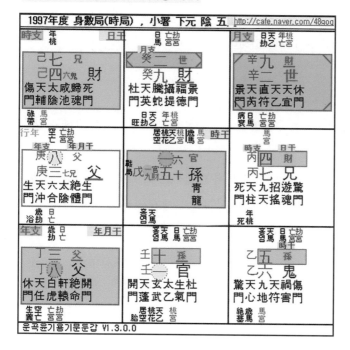

　금년 신수에서 부친 사망은, 세기이화가 일간유금과 삼합유금에서 육수생
은 육수가 반합팔목에서 팔목은 성국으로 세생도 하지만 재차 팔목은 오토
를 합함에서 오토의 육합유금을 오토의 삼합칠화가 극함에서 지출이나 처의
흉함이 되고, 부친 사망이 됨은 일간의 유금을 팔목년간이 합함에서이다.

• 음력 6월 부친 사망

　신수의 체에서 부친 사망이 년간팔목이 유금일간과 합된 오토를 합함에서
공망의 년간팔목이 유금에 극됨에서였기에, 부친 사망의 달은 팔목년간이
유금일간과 합된 오토를 합하는 음력 2월이다. 하지만 팔목이 공망에 약함
에서 이를 왕성하게 하는 일육수의 중궁에서 이를 앞서 생하는 구금의 삼합
일수는 팔목을 생함에서 음력 6월은 부친 사망의 달이 된다.

- 행년(行年)에서 부친 사망

년간팔목이 유금일간과 합된 오토를 합함에서 공망의 년간팔목이 유금에 극됨에서였기에, 부친 사망의 행년이다.

- 대운 50세 몸을 다치는 상해

대운육수의 상문, 절체에 망신살의 중첩에서 몸의 상해를 말하고 있음에 서이다.

이런 가운데 육수는 삼팔목을 합하여 팔목은 해묘미 합목의 정인으로 세 생하고, 삼목도 인오술 합화로 삼합칠화로 세기가 된 것에서 나는 길하여 사업이 잘되는 대운이 된다.

하지만 칠화가 유금정재를 극함에서 부인은 흉함인데, 부인은 아들 유학 으로 해외에 나가 떨어져 지냄으로 액땜을 하며, 십토시지의 아들도 삼합팔 목으로 흉하지만 유학을 감으로 흉함을 면한다.

대운 56세는 칠화세기가 삼살육수로 삼팔목을 생함에서 제자리는 칠화 세기는 유금정재를 극함에서 이 시기도 부인이 자식 공부로 외국에 나가 떨 어져 지냈기에 부인 대흉은 면했지만, 잠시 들어온 것에서는 부인은 수술을 했고, 본인도 칠화세기는 제자리에서 일육수의 충극에서 왼쪽 다리 수술을 (칠화는 우측 다리에 해당) 56세에 받는데, 본인 재물의 증장은 칠화세기가 약한 일육수에 극받음도 있어 수술도 받지만, 왕한 삼팔목 인성의 세생에서이다 (일육수의 칠화세기 극은 생하는 삼팔목보다 약함, 칠화의 유금극은 유금에 깃든 이화겁재, 월간도 극 받음에서 이들과는 등지거나 인연은 흉함).

- 56세 세금 10억 원 정도를 피할 수 있음

육수관을 용하면 관인세생으로 약세를 생하여 주기에 길함에서이다(공무원

도움으로 피함).

- 57세 소띠 후배와 갈등의 풍파

칠화가 유금정재를 극함에서 유금에 깃든 이화 겁재도 함께 극됨에서이

다. 부인도 떨어져 살지 않으면 흉액이 생긴다(부인은 수술함).

5) 가난한 원명국
(1) 女-未月 6131

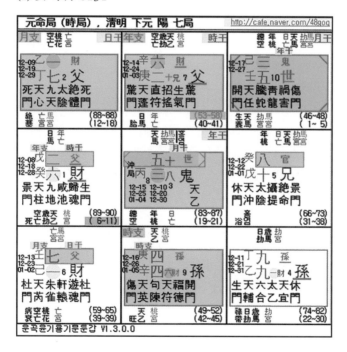

위 원명국의 여명이 가난한 삶을 사는 것은, 세기오토가 일간의 삼합칠화

가 된 것으로 성품과 기질은 칠화의 일간에서 불같은 기질이 있으며, 손궁에 좌하여 예의는 바른 사람이다.

세기칠화는 삼살육수로 돌아 중궁삼목을 생함에 삼목은 칠화와 삼합에서 제자리 칠화일간은 유금, 시지를 극하니 재성의 무동에서 재성의 원신인 유금손은 재성이 되는데 이를 극함에서 재물의 궁함은 피할 수 없음이라 가난한 삶이 되기에 장사만 하면 가게를 망친다. 또한, 유금의 시지도 흉함에서 둘째를 유산을 했거나 없음이 된다.

이런 가운데 가정궁인 세궁은 천지반이 불합에서 흉하고, 관은 투출되지 못한 것으로 귀성 투출에서 남편과는 인연이 없음이라 이혼을 하고, 중궁의 삼목귀성 또한 삼형살의 충극이 되기에 세궁의 흉함과 더불어 가정을 이룰 수 없음이다.

하지만 삼목귀성은 오토세기가 화한 일간칠화를 합생하는 것으로, 남자의 만남은 길함에서 만나는 남자마다 도움을 주는데, 애인으로 삼목의 귀성이 능력이 없지 않음에서 원조를 받을 수 있음은 삼살구금이 암장육수를 생하여 삼목귀성을 생함에서이다.

한편, 삼목귀성이 삼형살의 충극을 받음에서 잦은 이별이 되지만, 삼목이 일간과 세기, 일간인 칠화와 하나된 것으로 삼합칠화가 되기에 하나된 몸으로 삼목귀성은 직장과 애인이 되기에 이와의 인연은 비교적 오래 머물고 오랫동안 만나는 남자가 된다.

그러나 년간의 삼목은 남녀가 아닌 것으로, 온전히 삼형살의 충극을 받으므로 부친은 6세에 사망한다(삼목귀성은 남자로 나인 일간, 세기인 칠화가 삼목귀성을 합하는 것에서 한 몸이 되지만, 삼목년간은 성국에서 모친과 한 몸으로 이화로 감에서 삼형살의 충극을 온전히 받음에서 부친 단명이 됨, 일간칠화가 귀성과 합에서 여러 남자를 합하지만, 부친삼목은 성국의 이화로 감에서 삼형살을 받음).

- 대운 6세 부친 사망

　원국에서 부친 사망이 년간삼목이 성국에서 오토세기는 사구금을 생함에서 구금은 반합일수로 삼목을 생하고, 유금은 육수생에서 삼목합으로 년간삼목은 이화년지를 생하는 재차 삼목은 삼형살의 충극을 받음에서, 대운육수는 삼목년산을 합생하여 년간삼목은 마침내 삼형살을 받기에 대운 6세는 부친 사망이 된다(대운육수의 삼목생이 달리 칠화로 감에서는 일간인 나는 길하지만, 삼목의 성국에서 삼살육수로 재차 삼목은 삼형살의 충극이 됨).

- 원비 6세 부친이 음력 8월에 사망

　대운육수의 부친 사망이 육수가 년간삼목에 깃든 것으로 삼목년간이 삼형살의 충극을 맞음에서 사망이었기에, 부친 사망의 나이는 육수년간이 삼목에 깃드는 6세에 부친은 사망한다.

- 음력 8월

　6세 부친 사망이 년간삼목을 합한 것에서 년간삼목이 삼형살의 충극에서였기에 부친 사망의 달은, 삼목년간과 합생되는 육수의 음력 11월(육수의 음력 1월은 삼합팔목이 됨)에서 이에 앞선 삼목년간을 생하는 일수의 음력 6월도 있지만 일수는 십토합으로도 감에서 삼목년간이 삼형살의 충극을 받는 삼목년간의 음력 8월에 부친은 사망한다.

• 신비 6세 음력 8월 부친 사망-辰月

금년 신수에서 부친 사망은, 성국에서 중궁삼목은 인오술 삼합으로 칠화
가 된 것으로 감궁의 유금을 극함에서이다. 이는 유금에 년간오토가 육합된
것에서인데, 유금의 정인은 부친이기도 함에서 부친인 정인과 년간이 동시
칠화에 극됨에서이다.

• 음력 8월의 부친 사망

신수의 체에서 부친 사망이 칠화가 년간오토가 화한 유금정인을 극함에서
였기에 부친 사망의 달은 칠화의 음력 8월이 된다(년지구금도 칠화에 극됨에서 모친
도 흉함).

• 행년(行年)에서 부친 사망

십토가 지반칠화가 된 것에서, 감궁의 유금을 극함에서 부친 사망의 행년이 된다.

• 대운 22세 결혼과 가출로 남편과 이별

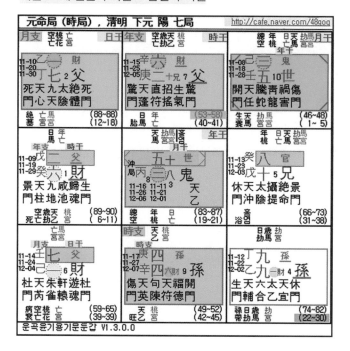

구금대운에서 결혼과 가출로 남편과 이별은, 구금손이 반합일수로 십토를 합하므로 십토는 이화와 삼합유금으로 감궁에 닿아 지반암장의 육수를 생하여 육수는 중궁과 삼팔목으로 감에서 삼합의 팔목관은 세기오토와 합에서 결혼을 한다.

하지만, 육수가 삼목을 합생에서는 삼목이 성국으로 이화에서 돌아도 제자리 이화에서 구금을 합하므로 구금손이 겁살과 세마에서 삼형살의 충극을 삼목귀성에 함에서 가출로 남편과 이별이 한다(가출 후 연하 남자를 이 대운에서 만남은 육수가 생하는 삼목귀성이 하나는 성국으로 년지로 가지만 한편 일간칠화와 합에서임).

- 원비 26세 음력 10월(11월 23일) 결혼

대운의 결혼이 팔목관이 오토세기와 합에서 결혼이었기에, 결혼의 나이는 팔목관의 28세가 된다. 하지만, 팔목이 되면서 앞선 나이 육수는 삼합팔목이 되기에 육수의 26세에 결혼을 한다.

- 음력 10월 결혼

결혼의 나이가 육수의 26세에서 결혼 달은, 육수를 생하는 홍국수가 되기에 칠오구삼살 육수는 이미 육수가 삼살의 생을 받고 있는 것에서 육수생은 육수를 생하는 유금의 음력 9월이 된다. 하지만 유금은 유유자형살로 육수를 생함에 난항이라 자형살의 유금을 합생하는 오토세기는 유금생으로 육수를 생하므로 결혼 달이 된다. 아울러 결혼에 희열신인 청룡에 신혼여행의 천마, 마궁으로 자형살인 유금을 합생으로 육수재성을 생하기에 결혼의 달이 된다.

- 일진-양력 11월 23일 결혼

결혼 달의 유금에서 유유자형살을 생하는 오토의 음력 10월은 유금의 자형살을 생하므로 나이육수를 생할 수 있음에서 결혼이었기에 결혼의 일진도 자형살의 유금을 생하는 또 다른 십토의 일진에서 양력 11월 23일은 결혼의 일진이 된다.

- 신비 26세 음력 10월 결혼-巳月

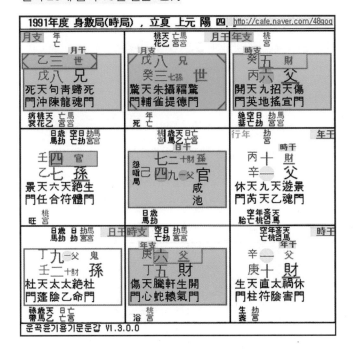

금년 신수에서 결혼은, 삼목세기가 일간이화를 생함에서 일간이화가 유금관을 반합에서 결혼을 한다(여기서 이화가 구금합을 한다면 삼목세기와 삼목에 깃든 육수인 성과 년지는 대흉함에서 모친과 문서 그리고 본인은 흉함에서 결혼을 할 수 없음이 되지만 삼형살의 극미약의 원리는 카페 게시판이나 동영상을 통해서 열람할 수 있음).

- 음력 10월의 결혼

신수의 체에서 결혼이 일간유금이 유금관과 반합에서 결혼이었기에, 결혼의 달은 중궁이화의 달이 되기에 삼팔목의 달이나 팔목이 되는 십토가 된다(십토는 해묘미 합목이 됨에서인데, 육수와 팔목은 이미 동처에서 미동처인 십토의 동함은 강한 삼합 팔목이 됨).

삼목이 이화를 생하는 음력 4월은, 이화일간이 유금관을 합함에서 결혼 달이 된다. 하지만 삼목이 약한 것에서 이를 생하는 앞선 달인 일수의 천마, 도화의 음력 10월은 삼목을 생함에서 결혼 달이 된다.

• 행년(行年)에서 결혼

십토가 삼합팔목과 육합칠화에서 팔목은 칠화가 되고, 칠화는 삼살육수 정인에서 일간이화를 생하고 이화일간은 유금관과 반합으로 결혼의 행년이 된다.

• 원비 30세 음력 4월경 가출로 남편과 이별 그리고 가출해서 4세 연하남의 만남

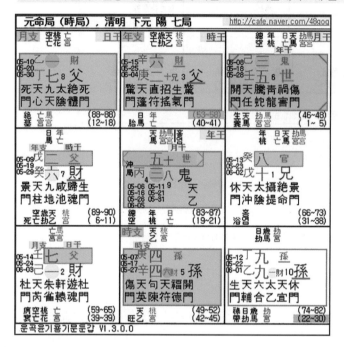

대운구금에서 결혼은 팔목관이 세기오토와 합에서였다면, 남편과 이별은 삼목귀성이 삼형살의 충극에서였기에 삼목의 23세가 된다. 하지만 삼목은 약한 것에서 삼목을 합생으로 왕성하게 하는 암장육수는 나이가 없기에 이

를 생하는 유금의 34세가 되지만 자형살에서 이를 합생하는 홍국수 가운데 오토의 25세는 동처이며, 십토의 30세는 삼합유금이 되기에 십토의 30세에 이별을 한다(십토는 태음에 홍염살과 육살에서 삼합유금에서 육수는 삼목귀성을 합생에서 삼목이 삼형살로 남편과 이별을 하지만 삼목귀성이 일간과 합됨에서 가출 후 다른 연하를 만남, 삼합의 오행이 합으로 다른 오행이 되면 옮겨 간 괘문성장 아닌 시점 오행의 괘문성장과 살성을 보지만, 시점 오행이 변하지 않는 어느 오행으로도 변하지 않는 오행은 각각의 괘문상장과 살성을 다 봄).

- 음력 4월 가출하여 남자의 만남

  30세 십토의 이별과 만남에서 남편과 이별 후 연하남을 만나는 달은, 십토의 남편과 이별 후 만남이 삼복귀성이 삼형살의 충극에서 이별이었고, 일간칠화의 합에서 만남이었기에 삼목의 음력 4월이 된다.

- 신비 30세 음력 4월경 가출로 남편과 이별 후, 4세 연하남을 만남-亥月

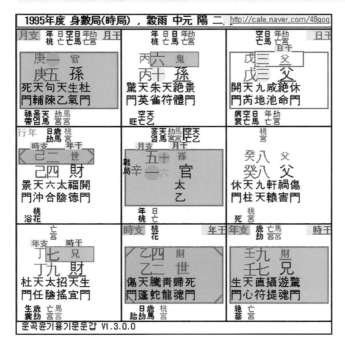

금년 신수에서 가출하여 남편과 이별하고는 연하 남자의 만남은 세기의 도궁, 세마, 일겁의 귀혼에서 삼합유금은 중궁의 일수관을 생하므로 일수관은 십토합으로 중궁의 십토는 삼합팔목으로 십토는 흉함이니 십토에 깃든 일수관도 함께 삼합팔목으로 극됨이기에 남편은 흉함인데 세궁의 도궁, 세마, 일겁, 귀혼과 더불어 가출을 한다.

한편, 이화세기의 삼합유금이 중궁의 육수귀성을 생함에서는 삼목정인의 일간과 합에 더하여 귀인세생까지 되니, 가출 후 남자를 만남에서 도움까지 받음이다.

- **음력 4월 가출로 남편과 이별 후 연하남의 만남**

신수의 체에서 남편과 이별 그리고 남자의 만남이 세기암장의 유금이 일육수를 생함에서였기에, 남편 이별과 남자 만남의 달은 유금의 음력 11월이다. 하지만 유금은 약함에서 이를 왕성하게 하는 홍국수는 삼합십토에서 중궁십토가 되는 일수의 음력 4월은 이별과 만남의 달이 된다(음력 3월과 4월의 자세한 해단은 카페 게시판이나 동영상을 통해 확인).

- **행년(行年)에서 가출로 남편과 이별 후, 남자의 만남**

세마의 세기이화가 지반과 삼합유금에서 유금은 일수관을 생함에서는 일수관이 십토와 합으로 십토는 육수, 팔목과 삼합팔목으로 일수관이 십토와 함께 팔목에 극이라 남편과 이별하고, 삼합유금의 육수귀성의 생함에서는 육수귀성이 일간삼목과 합으로 남자를 만남에서 귀인세생이니 남자한테 도움을 받음이다.

• 대운 31세 모친 사망

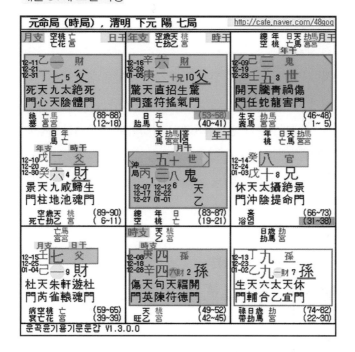

대운십토에서 모친 사망이 칠화가 일간과 육합에서 대운십토는 칠화가 된
것으로, 칠화가 삼살육수로 가더라도 육수는 삼팔목을 합생하여 칠화를 생
함에서 제자리 일간칠화는 유금을 극함에서 시지자식도 흉하지만, 시간과
년지이화도 삼합으로 유금이 된 것에서 시간, 시지와 더불어 년지모친은 사
망한다(십토의 삼합팔목에서의 팔목이 오토합에서 오토의 삼합칠화가 오토의 육합유금을 극함과
십토육합의 칠화의 차이점은 카페 게시판이나 동영상을 통해 확인).

• 원비 33세 음력 11월 모친 사망

대운십토에서 모친의 사망이 칠화가 년지이화가 깃든 유금을 극한 것에서
였기에, 모친 사망의 나이는 칠화의 37세가 된다. 하지만 칠화에 앞서 칠화
가 되는 삼목의 33세는 칠화를 왕성하게 하여 유금년지를 극하여 모친 사망

의 나이가 된다.

- 음력 11월 모친 사망

　나이 33세 모친 사망이 삼목이었기에, 모친 사망의 달은 삼합칠화가 되는 삼목의 음력 1월이 되지만, 음력 11월의 삼목이 된 것은 삼목이 모친인 년지이화를 생함에서 세생오토가 천반삼목과 삼합칠화로 손궁에서 유금년지를 극함에서이다(음력 11월은 년지를 이화를 생하여 년지를 통해 오토생으로 삼합칠화가 되어 년지유금을 극하는 년지모친이 년지유금의 모친을 극하게 함인데, 삼목의 칠화와 삼합은 나이에서 동한 것으로 오토의 삼합칠화는 재차 삼합칠화가 되게 함).

- 신비 33세 음력 11월 모친 사망-辰月

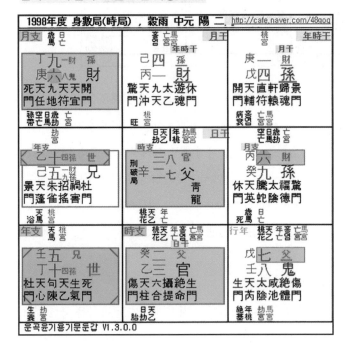

　금년 신수에서 모친 사망은, 년지십토가 삼합유금이 되어 월지육수를 생

하고 육수는 암장팔목되어 오토를 합함에서 오토육합의 유금은 오토삼합의 일수를 생하여 오토삼합의 칠화를 충극함에서 모친 사망이 되는데, 칠화는 십토년지가 화한 것에서 모친이 된다.

• 음력 11월 모친 사망

　신수의 체에서 모친 사망이 팔목이 오토합에서였기에 모친 사망의 달은 중궁의 팔목이 된다. 따라서 팔목이 되는 육수의 음력 8월은 모친 사망이 되나 육수가 공망에서 육수를 생하는 가장 빠른 달은 음력 2월의 유금의 암장수가 된다.

　하지만, 진궁의 유금은 암장수로 달이 없기에 이를 삼합되는 달은 음력 11월의 이화가 되기에 모친 사망의 달은 음력 11월이 된다(구금의 음력 3월, 4월은 후달).

• 행년(行年)에서 모친 사망

　칠화가 삼살육수로 중궁의 팔목을 생함에서 팔목은 오토합으로 오토육합의 유금이 오토삼합의 일수를 생하여 오토삼합의 칠화를 충극함에서 모친 사망의 행년이 된다.

• 대운 49세 남친과의 이별과 만남

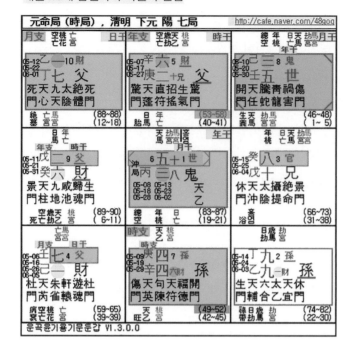

도궁의 유금상관 대운에서 남친의 이별과 만남은, 유금이 도화살궁에서 연애를 할 수 있음인데 유금 상관의 흐름을 보면, 유금이 오토세기를 합함에서 오토의 육합팔목 관은 오토의 삼합칠화 일간을 생하는 것으로 직장이나 문서의 길함이 된다.

유금이 지반육수를 생함에서는 육수가 삼팔목을 생함에서 삼목귀성은 성국으로 돌아 재차 년지이화는 구금합으로 삼형살의 충극을 삼목귀성이 받음에서 남친과 이별을 하고, 삼목귀성이 일간칠화와 합에서는 새로운 남자를 만난다.

• 원비 50세 이별과 음력 6월경 이별과 음력 7월경 만남

  대운유금에서 남친의 이별과 새로운 남자의 만남이 있었던 것에서, 그러한 일이 일어나는 나이는 대운유금의 54세가 되지만 대운미입이며, 유금을 합생하는 오토의 55세도 대운미입이며, 유금을 합생하는 십토의 50세는 유금이 되기에 남친과 이별 후 새로운 남친을 만나는 나이가 된다.

• 음력 6월경 이별

  상문, 겁궁, 화해살의 오토가 삼합칠화에서 칠화는 삼살육수로 삼목귀성을 합생으로 삼목귀성은 삼형살의 충극을 받음에서 남친과 이별이 된다.

• 음력 7월경 새로운 남친 만남

  도궁의 유금이 지반육수를 생하고 육수는 삼목합생에서 일간칠화를 합생으로 남친을 만난다.

- 신비 50세 남친과 음력 6월경 이별 후 음력 7월 새 남친의 만남-巳月

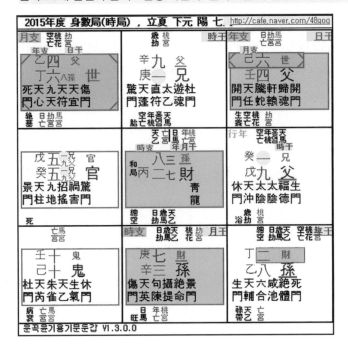

금년 신수에서 남친과 이별 후 새 남친의 만남은, 세기육수가 삼합팔목으로 팔목이 된 것에서 팔목은 세기가 되는데 이 세기팔목이 오토관을 합함에서 오토의 삼합칠화가 오토육합의 유금을 극함에서 남친과 이별을 하고, 세기육수가 삼목을 합함에서 삼목이 삼합칠화로 칠화는 삼살육수로 제자리 육수는 다시 삼목에서 삼목은 이화를 생하고 이화는 일간유금과 삼합되어 일간유금은 오토관을 합함에서 새 남친을 만난다(십토귀성이 일간과 삼합에서 남친이 되고, 오토관은 일간유금과 육합에서 새 남친이 됨).

- 음력 6월 남친 이별과 음력 7월 새 남친 만남

신수의 체에서 남친과 이별은 팔목이 오토합에서였기에, 남친과 이별의 달은 중궁팔목에서 이를 삼합되는 육수의 음력 6월은 이별의 달이 되고, 신수의 체에서 새 남친의 만남은 삼목이 이화를 생함에서 이화가 오토관이 합된 일간유금과 합에서였기에, 새 남친의 만나는 달은 중궁삼목이 되는 육수의 음력 7월이 된다.

- 행년(行年)에서 남친과 이별 후 새 남친 만남

년도화살, 홍염살의 일수가 십토합에서 십토는 삼합팔목으로 오토관을 합함에서 오토의 삼합칠화가 오토육합의 유금을 극함에서 남친과 이별을 하고, 일수가 삼목을 생함에서는 삼목이 삼합칠화로 칠화는 삼살육수로 육수는 다시 삼목에서 삼목은 이화를 생하고 이화는 일간유금과 삼합되어 일간유금은 오토관을 합함에서 새 남친을 만난다.

6) 공무원(직장 운이 있는) 원명국
(1) 男-辰월 266

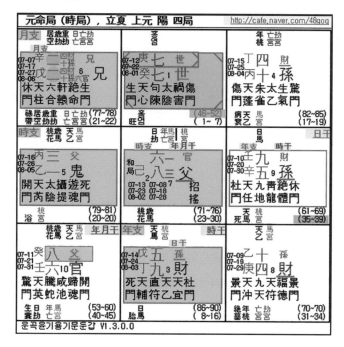

위 원명국의 남명은 44세 경감으로 진급한 것에서 관운이 좋은 명국이다.

이는 세기가 삼합칠화로 왕성한 가운데, 칠화는 삼살로 암장육수를 생함에서 세왕에 관왕으로 관직에 길함에서이며, 다시 육수는 중궁의 삼합팔목 정인에서 세생하니 길함을 더한다. 이런 가운데 일간이 삼합일수 귀성으로 관운의 명국이 된다. 다만 귀성이 시지에서 대관으로는 약하거나 더디게 올라감이다(관귀에 있어 직장은 일반적으로 관으로 보지만 이 명국에서는 일간과 삼합되는 일수가 귀에서 관이 되고, 육수관은 귀로서 진급의 자리가 됨).

• 대운 35세 경위로 진급

세왕의 명국에서 진급은 일육수의 관귀를 합하거나 생하는 시기가 되는데, 대운 35세의 오토일간은 삼합일수 귀성이 되어 있는 것에서 현 직장의 무탈함인 가운데 순수일간에서 삼살육수로 관을 생함에서 진급의 시기가 된다.

• 원비 37세 음력 10월 경위로 진급

대운 35세 오토의 진급에서 진급의 나이는 오토의 35세가 된다.

하지만, 일간으로 오토가 약한 것에서 이를 생하는 홍국수는 이화와 칠화에서 이화의 32세는 대운미입이라 칠화의 37세가 진급의 나이가 된다.

• 음력 10월 진급

37세에서의 진급에서 진급의 달은, 칠화를 생하는 팔목의 음력 2월이 된다. 하지만 팔목을 벗어나지 않으면서 팔목을 더 왕성하게 하는 홍국수의 달이 되는 것은, 삼합팔목이 되는 육수의 음력 10월이 된다(팔목을 벗어나지 않는 가운데 팔목을 생하는 홍국수는 해단자리에서 일수의 음력 5월 아닌 육수의 음력 10월이 됨은 삼합에서임).

• 신비 37세 음력 10월 진급-辰月

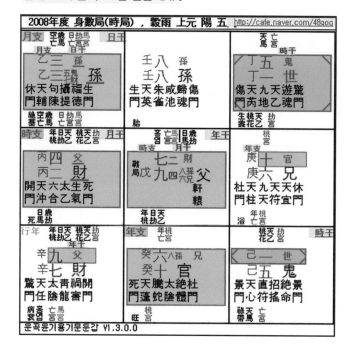

금년 신수에서 진급의 길함은, 세약의 일수에서 천반의 귀성은 삼합일수로 세기를 왕성하게 하는 진용에서 진급은 길한 해가 된다(진급은 귀성으로 길흉을 봄). 이런 가운데 명국은 성국에 오기유통으로 길한 신수가 된다.

오행의 흐름을 보면, 일수세기가 년지의 십토관를 합하고 십토관은 천반 육수와 삼합팔목에서 현재 직장의 관은 흉하니, 진급은 관은 흉해도 되지만 귀성은 길해야 하기에 암장팔목은 오토귀성을 합함에서 진급이 되는데, 오토육합의 유금정인은 오토삼합의 일수세기를 생함에서 진급의 길함을 더한다(오토귀성을 합하므로 오토의 삼합일수 비견은 오토의 삼합칠화 편재를 극함에서 주식이나 투기, 투자, 애인 등은 흉함).

- 음력 10월의 진급

신수의 체에서 진급의 길함이 감궁암장의 팔목이 오토를 합함에서였기에, 진급의 달은 암장팔목이 된다. 하지만, 감궁암장의 팔목은 달이 없기에 육수의 음력 11월이 되지만 앞선 달의 일수가 팔목을 생함에서 팔목을 생하는 음력 10월은 진급의 달이 된다(음력 9월의 일수는 십토합이 되어 직장의 무탈이 됨).

- 행년(行年)에서 진급

구금인성이 진급에 길한 오토귀성과 삼합세기가 됨에서 약세를 조함이니 진급에 길한데, 나아가 일수세기는 십토관합에서는 삼합유금으로 제자리 일수에서 팔목암장을 생하여 오토귀성 합으로 진급의 행년이 된다.

- 대운 40세 형제 중 넷째 형이 암으로 죽고 자신은 진급

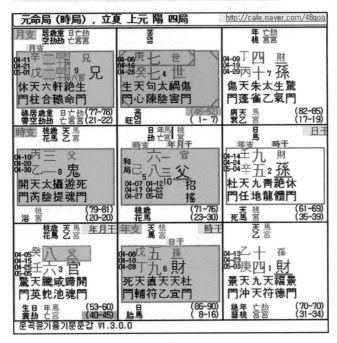

원국에서 네 번째 형의 단명이 나오는 것에서 대운 40세 형의 사망과 본인의 진급은, 월간육수 관이 관인세생에서 칠화의 세기는 삼살육수로 삼팔목을 생하여 세생이니 제자리 칠화는 암장유금을 극함에서 넷째 형의 사망이 된다(유금이 넷째 형인 것의 이해는 카페 게시판이나 동영상에서 통해 알 수 있음, 유금이 정재로 부인도 흉하지만 부인은 구금이 되는 것은, 구금은 편재나 일간오토와 삼합일수에서 일간과 한 몸으로 부인이 됨).

대운 육수관에서의 진급은, 육수관이 관인세생으로 본래 칠화세기가 왕성한 것으로 약한 육수관을 삼살구금이 생함에서 육수관이 삼살의 생을 받고 있는 자리에서이나(진급은 귀성이 되지만, 귀성일수는 일간과 합된 것으로 나와 함께하는 관이 되고, 육수관은 관이지만 귀성으로 봄).

• 원비 44세 음력 3월에 넷째 형이 암으로 죽고 음력 10월은 경감으로 진급

대운육수에서 형의 죽음과 진급이었기에, 형의 죽음과 진급의 나이는 육수의 46세는 대운미입이기에 육수를 생하는 사구금의 나이가 되니, 구금의 49세는 대운미입에다 유금의 44세보다 후 나이에서 유금의 44세에 형의 사망과 진급이 된다.

• 음력 3월 형의 죽음

44세 형의 죽음이 유금이 대운육수를 생함에서, 육수가 관인세생으로 칠화세기가 되어 유금을 극함에서였기에 칠화의 음력 4월이 된다. 하지만 칠화는 자형살로 자형살을 생하는 팔목의 음력 5월이 되지만, 팔목을 벗어나지 않으면서 팔목을 더 왕성하게 하는 육수의 음력 3월은 삼합팔목으로 형 사망의 달이 된다(팔목을 벗어나지 않는 가운데 팔목을 생하는 홍국수는 해단자리에서 일수의 음력 8월이 아닌 육수의 음력 3월이 됨).

• 음력 10월의 진급

44세 진급이 대운육수 관(귀성)을 생함에서였기에, 진급의 달은 육수관을 생하는 달이 되기에 칠오구의 달은 삼살육수 관에서 이 가운데 달이 된다. 따라서 오토와 구금은 삼합일수로 나아감에서 칠화만이 칠오구삼살 육수가 되기에 칠화의 음력 4월이 진급의 달이 된다.

하지만 칠화는 자형살로 이를 더욱 왕성하게 하는 칠화를 벗어나지 않으면서 칠화를 더 왕성하게 하는 삼목의 음력 10월은 삼합칠화가 됨에서 진급의 달이 된다.

• 신비 44세 음력 3월에 형이 암으로 죽고 음력 10월은 경감으로 진급-巳月

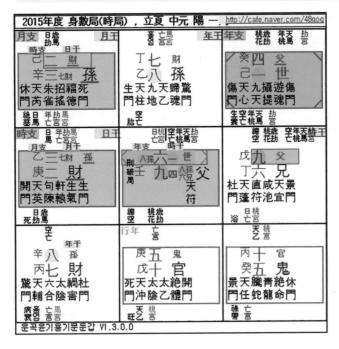

금년 신수국에서 형의 사망과 본인의 진급은, 일반적으로 형제는 월지, 월

간으로 보는 것에서 삼목의 형제는 삼형살의 충극을 받으므로 흉하다고 보는 것이 기존 기문학이나 그렇다면 오형제 가운데 다른 형제는 본인과 더불어 길했는데 비해 왜 넷째 형만 사망하는가의 설명은 할 수 없음이다.

하지만, 운곡기문학은 넷째 형의 대흉함을 알 수 있는 원리에서 여기 삼목의 형제는 삼형살의 충극을 받지 않는 원리를 갖춘 것에서 흐름을 보면, 세기일수는 십토합으로 삼합유금의 정인은 다시 세생일수로 가면 제자리 유금정인이 되기에 유금정인은 이제 암장육수를 생함에 육수는 삼팔목이 되는 것에서 팔목은 오토귀성을 합함에서는 진급이 되고, 육수의 삼합생에서 삼목의 삼합칠화는 오토육합의 유금을 칠화가 극함에서 넷째 형은 사망한다.

하지만, 육수의 삼목생에서 삼목이 칠화가 되기에 앞서 일간이화를 생하기에 일간이화는 삼합유금 정인으로 세생으로 나아감도 있음이지만, 일간이화는 반합일수인 구금합에서 삼목을 생하는 일간이화가 되어 삼형살의 충극은 일어나지 않음이다.

• 음력 3월 형의 죽음
신수의 체에서 형의 죽음이 팔목이 오토합에서였기에, 형 죽음의 달은 팔목의 음력 1월이 된다.
하지만 음력 1월의 팔목합은 전년도 음력 12월에서 중궁암장의 팔목이 되기에 이를 생하는 중궁육수의 달은 육수를 생하는 사구금의 음력 6월~8월이 된다.

따라서 유금의 정인에서 육수생은 음력 7월이 되기에 구금에 앞선 달에서

유금이 되는 가장 빠른 달은 이화의 음력 3월이 되는 것은 삼합유금에서이
다(삼합유금의 정인에서 넷째 형의 사망에 대한 명료한 설명은 카페 게시판이나 동영상을 통해 열람
할 수 있음).

• 음력 10월의 진급

신수의 체에서 진급이 중궁암장의 팔목이 오토귀성을 합함에서였기에, 진
급의 달은 중궁팔목의 달로 이를 반합하는 육수가 된다. 따라서 중궁육수를
생하는 달로 가장 왕성한 달은 사구금의 육수생보다 칠오구 삼살육수가 되
기에 구금과 오토는 삼합일수로 가기에 칠화의 달이 된다.

그러나 칠화는 진궁암장에서 이를 합생하는 달이 길함에서 손보다는 관이
오는 것으로 작용의 길함은 관은 현재 직장으로 이로 인해 귀성의 드러남은
진급에 길하기에 십토의 음력 10월은 오미합로 손궁암장의 칠화가 되어 삼
살육수가 됨에서이다. 십토관이 팔목에 오토귀성의 합으로 진급의 귀성을
드러냄이다.

• 행년(行年)에서 형의 죽음과 본인의 진급

오토귀성이 삼합칠화 재성이 되어 칠화의 삼살육수 생에서 중궁육수는 반
합팔목으로 오토귀성을 합하므로 진급은 되지만, 오토의 삼합칠화가 오토
육합의 유금을 극함에서 넷째 형의 사망이다.

7) 관운, 직장 운이 없는 원명국

(1) 男-辰月 4613

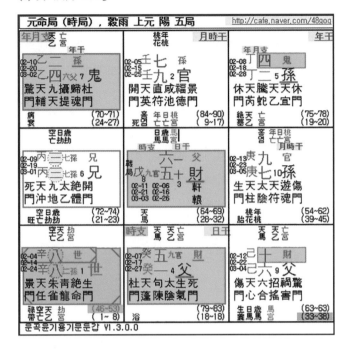

이 원명국의 남명은 공기업에 다니지만, 잦은 이직 가운데 결국 직장을 나오는 것에서 직장과 인연이 없음은, 팔목세기가 겸왕에서 고집이 세고 성격이 강한 기질인 가운데, 세기팔목이 유금귀성과 합된 오토를 합함에서 직장은 길한 명국이 되지만, 귀성은 화금상전에 두문, 귀혼으로 직장에 곡절이 많은 것으로 잦은 이직이나 퇴사를 하는 명국이 된다(팔목의 이화가 삼합일수 일간인성인 구금관을 합함에서 첫 직장을 다님이 길한데, 유금귀성으로 이직은 두문, 귀혼에서 잦은 이직이 됨).

주식 등 투기, 투자는 십토편재를 보는 것에서 십토는 삼합유금 귀성으로 화해 있고, 육합칠화 손으로 화함에서 칠화가 유금을 극하므로 이의 주식이나 투기, 투자는 손실이 되며 여친이나 재혼녀가 있다면 그들도 직장은 흉함이 된다.

삼목겹재는 뇌궁에 더하여 삼목의 겸왕에 천충, 쌍겹살에서 친구나 지인, 직장 동료는 성격이 강하고 고집이 세며, 뇌궁에서 리드의 기질로 힘겨운 관계가 되는데, 직장 동료도 이와 같으며 더하여 삼목이 칠화암장과 삼합칠화로 삼살로 돌아도 제자리 상관에서 유금귀성을 극하니, 이들도 직장과 인연이 없으며 또는 이들로 인해 직장은 오래 머물지 못하게 되는 것으로 직장의 흉함은 가중된다.

자신인 세기가 겹살궁에 팔목겸왕에서 본인은 성격이 강하고, 고집이 세고, 성급하지만 부인은 오토와 휴문에서 점잖고 말이 없다. 하지만 세궁의 공망에서 가정은 허하고 본인은 외로워한다.

• 대운 33세 주식을 하여 수억 원을 잃고, 만나는 여자는 모두 이별하지만 결혼녀의 만남

육수반합의 세기에서 오토정재를 합하여 이 대운의 마지막 나이에서 결혼할 여자를 만나지만, 38세까지의 많은 여자와 이별하는 것은, 육수가 삼목겹재와 합으로 삼목의 삼합칠화가 삼살육수생에서 제자리 삼목겹재 합으로 삼목삼합의 칠화는 재성이 화한 유금의 편재를 극함이 되어 여러 여자의 이별과 주식으로 재물 손실이 된다(대운육수는 삼목이 삼합칠화가 되어 재성이 화한 유금편재를 극함인데 여자도 재물도 흉함이 됨).

• 원비 38세 음력 9월 교사인 결혼녀의 만남

대운 33세 육수에서 결혼녀의 만남이 팔목세기와 반합되어 팔목세기가 오토정재를 합함에서였기에, 만나는 나이는 오토정재를 합하는 팔목의 38세가 된다.

　38세 결혼녀의 만남에서 만나는 달은, 팔목세기와 반합되는 육수의 음력 9월이 된다(이는 팔목의 음력 1월은 나이에서 동한 데다 공망에서 이를 합생하는 육수의 음력 9월은 반합팔목으로 세기가 되어 오토정재를 합함에서 결혼녀를 만나는 달이 됨).

• 신비 38세 음력 9월 교사인 결혼녀의 만남

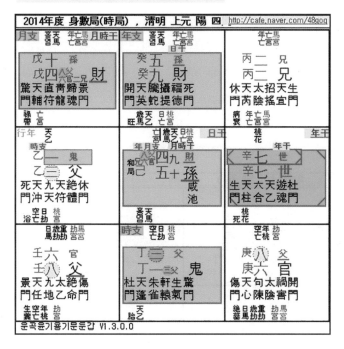

　금년 신수국에서 결혼녀의 만남은, 세기칠화가 성국에서 년지구금으로 간 것에서 구금은 삼합일수로 가서는(암장삼목 생함은 삼목이 칠화가 되고, 칠화는 다시 성국구금이 되어 삼합일수가 됨) 삼합일수는 십토합에서 십토의 삼합유금은 육수를 생하고 육수는 반합팔목으로 유금재성과 합된 일간오토를 합하므로 결혼녀의 만남이다(구금의 육수생도 육수가 반합팔목으로 유금재성과 합된 일간오토를 합함에서 결혼녀의 만남임).

- 음력 9월의 만남

　신수의 체에서 결혼녀의 만남이 팔목이 유금재성과 합된 일간오토를 합함에서였기에, 만나는 달은 팔목의 음력 9월이 된다.

- 행년(行年)에서 결혼녀의 만남

　일수가 십토합에서 십토는 지반의 유금재성과 삼합된 것으로 일간오토와 합에서이다. 다만, 유금의 오토합에서 오토의 삼합일수 귀성이 오토의 삼합 칠화 비견을 충극함에서 친구나 지인과는 흉함이 된다(삼합유금이 육수생에서 팔목반합으로 유금재성과 합된 일간의 오토합에서도 동일하고, 일수가 중궁암장의 팔목을 생하므로 팔목의 유금재성과 합된 오토일간의 합에서도 동일함).

- 대운 39세 결혼은 하지만 2~3번의 이직, 부인의 사업 실패

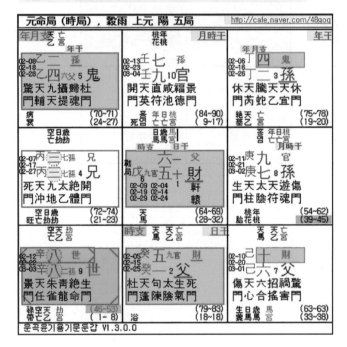

칠화가 천반구금과 삼살육수로 육수는 간궁천반 팔목세기로 반합에서 오토정재를 합함에서 결혼을 한다. 하지만 육수가 삼목합에서는 삼목의 삼합칠화에서 칠화가 삼살육수로가서는 삼목생에서도 제자리 칠화는 유금귀성을 극함에서 2~3번의 이직을 하며, 부인이 사업을 하여 실패를 보는 것도 유금에는 오토정재가 화한 것에서 유금과 더불어 오토정재의 부인도 칠화에 극됨에서이다.

- 원비 39세 결혼 파함

생성된 구금은 삼살육수로 감에서 손궁육수는 삼팔목을 합생하여 나이는 대운에 깃듦에서 대운칠화로 감이니, 칠화는 삼살로 돌아도 제자리로 유금귀성을 극함에서 유금은 직장도 편새도 됨에서, 이직을 하고 결혼을 파하는 일이 생긴다(유금은 귀성으로 직장도 되지만, 오토정재가 화한 것으로 여자도 되며, 년지월지의 흉함도 됨).

- 신비 39세 결혼 파함

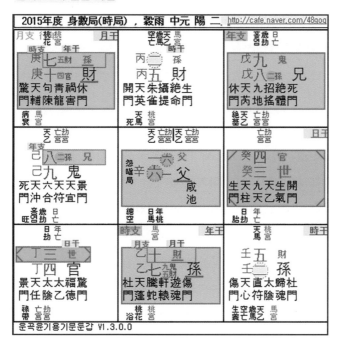

금년 신수에서 결혼의 파함은, 세기와 일간이 동궁으로 년망의 중첩과 일 겁의 중첩으로 망신과 구설 시비가 감도는 가운데 삼목이 삼합칠화가 된 것에서 칠화는 세기가 되고, 칠화는 삼살육수로 가서는 삼합팔목이 됨이라 십토정재는 흉함이 되고, 다시 팔목은 이화에서 삼합유금이 되어 중궁육수를 생하고, 다시 육수정인은 세생으로 삼목은 삼합칠화 세기가 되어 유금을 극함에서 파혼이 된다(유금은 십토정재가 화한 것으로 유금은 재성이 됨, 유금의 일수생은 십토합으로 삼합유금은 육수을 생함, 파혼의 달은 칠화가 십토편재가 화한 유금을 극함에서였기에, 손궁 칠화의 삼살육수에서 삼목합생의 음력 4월에서 제자리 칠화는 유금을 극함에서 유금을 합한 십토재성도 극됨에서 음력 4월로 보임, 음력 3월은 삼살육수가 팔목이 됨).

- 행년(行年)에서 결혼 파함

칠화가 삼살육수로 중궁천반의 육수는 정인이니 세생으로 일간의 삼목세기는 삼합칠화로 행년의 제자리에서 지반 십토재성이 삼합으로 화한 재성유금을 극하므로 파혼이다(다시 삼살육수로 가더라도 육수는 이제 삼합팔목이 된 것으로 십토의 정재는 흉함이 되는 가운데, 팔목은 이화생으로 삼합유금은 육수생에서 정인으로 세생이니, 삼목세기는 삼합칠화로 세기가 되어 십토재성이 화한 유금을 극하므로 세기칠화가 유금재성을 극하므로 파혼을 함).

- 원비 40세 결혼

대운 39세에서 결혼이 반합팔목 세기가 오토정재를 합함에서였기에, 결혼의 나이는 팔목의 38세가 된다. 하지만 38세는 대운미입으로 불용이기에 팔목이 되는 육수가 되지만 이의 36세도 대운미입이라 육수를 생하는 유금의 44세는 결혼의 나이가 되는데 이의 유금에 앞선 나이는 삼합유금이 되는 십토의 40세와 이화의 42세에서 앞선 40세가 된다(결혼 달이 음력 5월로 보임은, 오토재성을 합하는 팔목의 음력 9월에 앞서 육수의 음력 7월이 되지만, 유금의 음력 5월은 암장육수를 생하여 반합팔목이 되어 오토재성을 합함에서임).

• 신비 40세 결혼

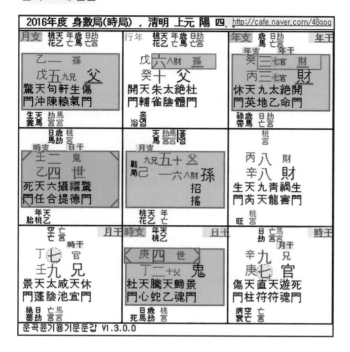

일간이화가 삼합유금으로 세기가 된 것으로, 성국에 오기유통까지 됨에서
길한 신수가 된다.

이러한 신수에서 결혼은, 세기유금이 성국에서 년지삼목은 암장칠화와 반
합으로 칠화는 삼살육수가 암장팔목 재성이 되어 유금세기와 합된 오토를
합함에서이다(오토의 육합유금은 오토의 삼합일수를 생함에서 팔목재성은 길함).

• 결혼 달

신수의 체에서 결혼이 암장팔목 재성이 유금세기와 합된 오토합에서였기
에, 결혼의 달은 암장팔목이 유금세기와 합된 오토를 합하는 육수의 음력 5
월로 보인다.

- 행년(行年)에서 결혼

  육수가 암장팔목 재성이 유금세기와 합된 오토를 합함에서이다.

- 원비 43세 부인과 충돌, 부인의 사업 망침

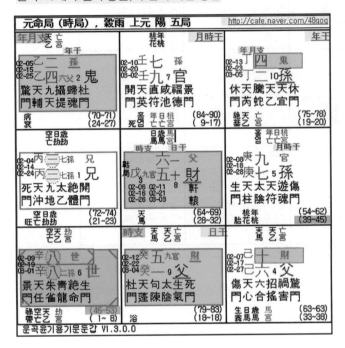

대운 39세 부인의 사업 실패가 대운칠화가 오토정재가 합된 유금을 극함에서 오토정재도 극됨에서였기에, 부친 사업의 실패 나이는 칠화의 37세이나 대운미입에서 이의 칠화와 합생되는 나이는 삼목의 43세가 되는 것에서 부인의 사업 실패의 43세 삼목은 부인에게 흉한 겁재 나이로 삼합칠화가 되어 유금과 함께하는 오토정재를 극하기 때문이다(십토의 40세도 육합칠화가 되지만, 겁재삼목으로 칠화가 되는 나이가 더 흉함, 달은 삼목나이의 음력 1월로 보임은 삼목겁재가 삼합칠화가 됨에서임).

• 신비 43세 부인과 충돌, 부인 사업의 망함-辰月

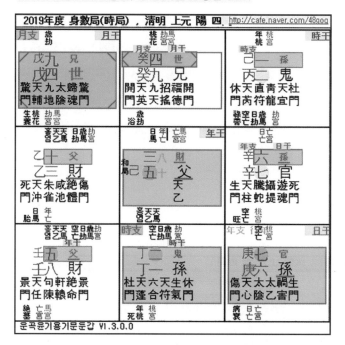

금년 신수에서 부인의 사업 망침과 충돌은, 성국으로 육수손은 암장팔목
이 되어 암장이화를 생하고 이화는 삼합유금으로 세기가 되어 성국으로 제
자리 육수, 일간을 생하므로 육수, 일간은 이제 삼목정재와 합됨에서 일간
육수는 삼목정재가 되어 부인은 삼목정재가 된다.

이 삼목정재는 암장칠화가 되어 삼살육수 일간으로 돌아도 제자리 삼목정
재에서 삼목은 이제 암장이화를 생하고 이화는 구금합으로 삼목정재는 삼
목에 깃든 일간육수와 함께 삼형살의 충극으로 부인은 사망을 망치고 나와
도 갈등과 충돌이 일어남이다.

- 행년(行年)에서 부인과 쟁투와 부인의 사업 망침

칠화가 삼살육수 일간에서 태궁육수는 삼팔목을 합생으로 팔목은 오토를 합함에서 오토의 삼합일수 손을 오토유금 세기가 생함에서 본인의 사업이나 재물은 길함이나, 일간육수가 삼목정재를 합함에서는 정재삼목은 충극을 받는 것에서 부인의 흉함으로 부인은 사업을 망치고 나와는 갈등이 일어남이다(행년에서 삼살육수가 중궁의 정편재를 동시 합함에서 삼목은 정재로 부인이며, 팔목은 편재로 자신의 재물이나 애인이 됨).

8) 장수의 원명국

(1) 女-子月 5717

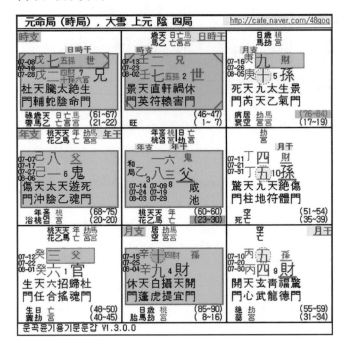

본 원명국이 장수하는 요인은, 세기가 겸왕거왕으로 왕성하여 장수하는 명국이 되는데 여기에 일간이 동궁으로 세기의 왕성함을 더하고 중궁은 정인으

로 나를 생하니 장수의 길함은 가중되기 때문이다. 또한 중궁의 정인이 왕성한 가운데 년지의 생조를 받는 것에서 귀인세생으로 장수의 깊이를 더한다.

그러나 남편인 귀성은 일수로 승왕에서 목기에 설기를 당함에서 장수하지 못함이 되나 다행이 구금재성이 삼합일수 귀성이 되는 것에서 남편도 단명은 면할 수 있음이 된다(삼합되는 육신은 그 기운이 왕성함).

남편은 관 아닌 귀성에서 결혼까지의 깊은 인연의 아픔 이후 만난 인연이 내 남편이 되는데, 그 귀성은 도궁, 년도화, 홍염, 욕살에서 멋을 아는 사람으로 구금편재와 합에서 여자 문제가 있음에서 외정 있음이 된다. 하지만 귀성은 귀인세생으로 오기유통의 원국에서 나에게 경제적인 도움을 주는 남편이 된다.

• 대운 23세 결혼
  성국으로 세생하는 도화살의 대운팔목이 정인으로 천반육수 관과 합에서 결혼하는 시기가 된다.

• 원비 26세 음력 5월 결혼
  대운의 결혼이 팔목이 천반육수의 관을 합함에서였기에, 결혼의 나이는 팔목의 28세가 된다.
  그러나 팔목에 앞서 팔목이 되는 육수는 해묘미합으로 팔목이 되니, 결혼의 나이는 26세가 된다.

• 음력 5월
  26세 결혼이 대운팔목과 하나된 것에서였기에, 결혼의 달은 팔목과 하나

되는 십토의 음력 5월은 삼합팔목이 되기에 결혼의 달은 음력 5월이 된다(팔목과 삼합되는 육수의 음력 1월도 되지만, 육수는 나이에서 동한 것에서 십토의 음력 5월이 됨).

- 신비 26세 음력 5월 결혼-亥月

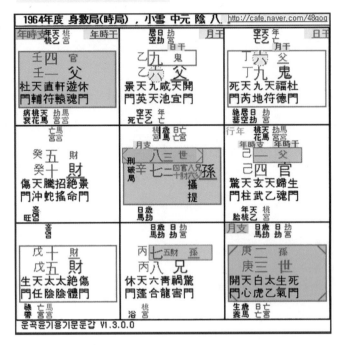

금년 신수국에서 결혼은, 세기삼목이 삼합칠화로 칠화는 일간귀성과 동궁인 구금과 삼살로 천반육수 정인을 생하여 일간귀성의 동궁은 귀인세생으로 결혼을 한다(중궁천반의 삼목이 돌아서 이화손을 생함에서는 이화는 일간귀성의 구금을 합함에서도 결혼이 됨, 일간동궁의 귀성이 남편이 됨).

- 음력 5월 결혼

신수의 체에서 결혼이 구금귀성이 일간과 동궁으로 귀인세생에서 결혼이었기에, 결혼의 달은 일간과 동궁으로 있는 귀성의 음력 5월이 되는데, 구금귀성의 일간이 지반육수 정인을 생하여 귀인세생에서 결혼 달의 길함이 된다(후달은 음력 10월의 이화가 일간귀성의 구금을 합하는 달이 됨).

- 행년(行年)에서 결혼

일수편인이 십토를 합함에서 십토의 삼합팔목이 지반칠화를 생하고 칠화는 삼살로 일간귀성의 동궁인 구금이 천반의 육수정인을 생하여 귀인세생으로 결혼의 행년이다. 팔목의 오토합에서는 오토의 삼합일수가 오토의 삼합칠화 손을 극함에서 소유물의 흉함이 있는 가운데 오토의 육합유금인 관을 합함에서 직장의 길함이나 결혼을 한다.

- 대운 68세 남편 사망

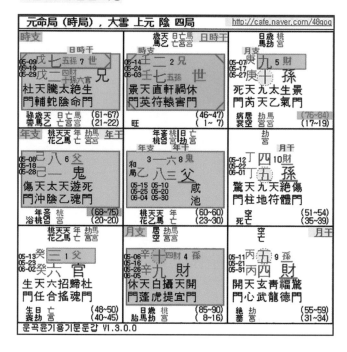

팔목은 정인에서 세생칠화는 삼살육수의 제자리 팔목은 이제 이화생에서

삼합유금으로 감궁천반의 유금에서 중궁의 육수관을 생하고(일수귀생은 십토합으로 제자리 유금이 됨), 육수관은 이제 삼목으로 가서는 삼목은 이화를 생함에서 삼형살의 충극을 받기에 육수관도 삼형살의 충극이라 남편 사망의 대운이 된다.

- 원비 73세 음력 9월경 남편이 심장 동맥이 터져 피를 토함에서 병원에 입원

대운에서 남편 사망이 육수관을 안은 삼목이 삼형살의 충극을 받음에서였기에 삼목의 73세는 육수관을 안은 삼목이 삼형살의 충극을 받으므로 육수관도 충극이기에 남편 대흉의 나이가 된다.

- 음력 9월 남편 입원

삼목의 73세 남편의 흉함에서 남편의 흉달은, 삼목이 이화를 생하여 삼형살의 충극이 되는 음력 11월이나 앞선 달은 삼목에 깃드는 육수관의 음력 8월이 됨에서 육수관을 더욱 왕성하게 드러내는 달은 삼살육수가 성립되는 오토의 음력 9월이 되기에 음력 9월에 입원한다.

```
2011年度 身數局(時局) , 小雪 中元 陰 八    http://cafe.naver.com/48goq

時支  日 年 劫     日 亡 空 劫     天 桃
      馬 亡 富     馬 亡 富 富     乙 宮
                                   月干

 壬 八 官      乙 三 鬼        丁 十四孫 兄
 壬 七 父      乙 二 父        丁 五 世
杜天九青絶生   景天玄太生休     死天白太禍景
門輔地龍體門   門英武乙氣門     門丙虎陰害門
絶亡宮 劫馬宮  空日歲 劫宮     生空 劫
      亡富    胎亡    宮      養亡 宮

年支  歲 亡 劫    空日當劫劫 年干   空 劫
      宮 宮 劫    亡富宮富富        宮 宮
月支  日干                                月干

 癸 九 一財 孫      辛 七 父       己 五 世
 癸 六 財      刑      八十兄 鬼   己 十 兄
傷天九咸歸死   破辛 二 父八四孫   驚天六軒絶傷
門沖天池魂門   時支  天 天       門柱合轅命門
日亡    日             符       天 桃
死亡    馬                       浴宮

      桃桃  時干   年 亡馬 日干   月支 行官  日干
      花宮         桃 宮宮時干   
                    馬                       

 戊 四 孫       丙 一 財        庚 六 財
 戊 一 財       丙 四 孫        庚 九 一財 孫
生天直攝遊杜   休天騰天福開     開天太招天驚
門任符提魂門   門蓬蛇乙德門     門心陰搖宜門
病年天 亡馬宮  桃桃宮         孫歲 亡
衰桃馬        旺花              帶劫 宮

운곡윤기용기문둔갑 VI.3.0.0
```

금년 신수에서 남편의 입원은, 세기오토가 삼합일수에서 일수는 중궁십토와 합에서 삼합팔목 관이 되어 유금상관과 합된 오토를 합하므로 팔목관이 유금상관과 합됨에서 남편이 입원하게 된다(남편은 오토세기와 합되는 팔목관이 됨, 오토의 삼합일수가 오토의 삼합칠화를 충극함에서 문서와 아래 자식의 시지가 흉함도 됨).

• 음력 9월 입원

신수의 체에서 남편의 입원이 팔목관이 유금상관과 합된 오토를 합함에서 였기에, 남편 입원의 달은 팔목의 음력 3월이 된다. 하지만 팔목이 약한 것에서 이를 더욱 드러나게 하는 달은 삼합팔목이 되는 육수의 음력 9월로 남편 입원의 흉달이 된다.

- 행년(行年)에서 남편 흉함

음력 9월의 해단과 동일하다.

- 74세 음력 10월(양력 11월 12일 오전 11시 33분, 서울은 사시) 남편 사망

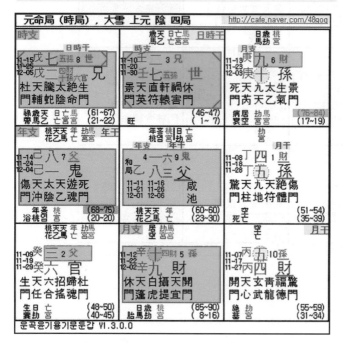

대운의 남편 사망이 육수관이 간궁삼목에 깃든 것으로 삼목의 삼형살의 충극에서 육수관도 충극됨에서였었기에, 남편 사망의 나이는 육수의 76세가 되지만 대운미입이라 육수를 생하는 유금의 74세가 된다(육수를 생하는 삼살의 칠화와 구금과 오토는 대운에서 동했기에 동하지 않은 유금의 나이가 됨).

- 음력 10월의 남편 사망

남편 사망이 유금의 74세에서 남편 사망의 달은, 나이유금을 생하는 오토나 십토가 되는데 십토는 동한 것에서 미동의 오토가 진유합금으로 유금이

되기에 음력 10월은 부친 사망의 달이 된다.

• 일진-양력 11월 12일 오전 11시 33분(서울은 사시) 남편 사망

남편 사망의 달이 나이유금을 육합한 오토의 음력 10월에서 음력 10월은
유금이 된다.

따라서 남편 사망의 일진은 유금을 합하는 일진이 되기에 삼합유금인 십
토의 일진 가운데, 양력 11월 12일은 남편 사망 일진이 된다(유금을 합생은 오토
의 일진은 달에서 동했기에 십토의 일진이 됨).

• 신비 74세 음력 10월 사망-자월

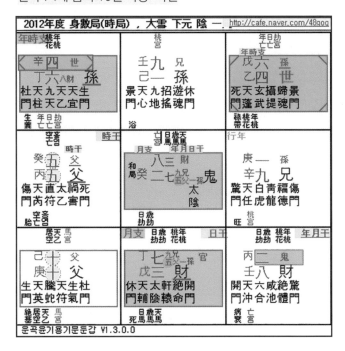

금년 남편의 사망은, 유금세기는 천반육수 생에서 육수는 중궁천반의 삼
팔목을 생함에서 먼저는 일간삼목을 생함에서는 일간삼목이 이화귀성를 생

하고 이화귀성은 삼합일수 상관인 암장구금을 합함에서 남편은 사망한다(이화귀성이 남편인 것은 세기유금과 합에서이며, 중궁천반의 일간삼목이 지반칠화가 됨에서는 칠화가 삼살육수로 돌아도 중궁천반 일간의 삼목이 됨에서 이화를 생함, 세기천반 육수가 팔목이 되어 팔목이 오토합에서는 오토의 삼합일수가 오토의 삼합칠화 관의 충극에서는 직장이나 명예의 흉함이 되고, 칠화에 깃든 삼목일간과 정재, 월지도 흉함).

- 음력 10월 남편 사망

신수의 체에서 남편의 사망이 이화귀성이 삼합일수인 구금을 합함에서였기에, 남편 사망의 달은 이화귀성이 삼합일수 상관인 구금을 합하는 음력 10월이 된다.

- 행년(行年)에서 남편 사망

일수상관이 십토를 합함에서 십토는 삼합팔목에서 남편인 이화귀성을 생함에서 또는 바로 일수가 팔목을 생함에서 이화귀성을 생하여 삼합일수 상관인 구금을 합하므로 남편인 귀성은 대흉함에서 남편 사망의 행년이 된다.

9) 단명의 원명국

(1) 男-戌月 36

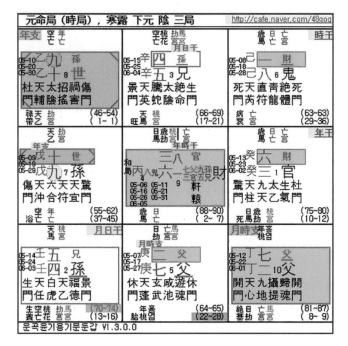

본 원명국이 단명인 것은, 세기가 왕하지만 상문, 겁궁에서 왕한 세기를 감하는데 상문에 겁궁은 반드시 몸에 상해를 당함에서 수술이나 사고로 몸의 손상이 있을 것인데, 년지 동궁이라 중첩에서 더욱 강하게 일어남이다. 이런 명국인이 그러한 상해가 없다면 한 번에 오는 사고는 대흉함이 된다.

이러한 세기십토는 삼합유금으로 일간이 된 것에서, 세기십토의 삼합팔목이 세기십토의 육합인 칠화를 생하여 세기가 화한 일간유금을 극하니, 내가 나를 극하는 것으로 단명의 자신이 된다(유금도 팔목도 칠화도 세기십토가 화한 것으로 팔목이 칠화를 생하고 칠화는 유금을 극함에서 내가 나를 극하는 흉한 명국으로 단명이 됨).

- 대운 22세 사고를 당하여 사망

원국의 단명이 나인 칠화가 나인 유금을 극함에서였기에 칠화가 오는 시기는 대흉함이라 대운 22세는 칠화로 유금을 극함에서 사망을 한다(유금은 세기가 일간유금과 삼합된 것으로 나가 되는데 이 세기, 일간의 유금을 십토세기가 화한 칠화가 극함에서 내가 나를 극하므로 단명이다. 대운칠화의 삼살육수에서 육수는 삼합팔목이 되어 팔목이 오토합으로 아닌, 대운 칠화 제자리를 생함에서 칠화는 유금을 극함).

- 원비 23세 음력 6월 사망

대운칠화에서 사망이었기에 사망의 나이는, 칠화의 27세가 된다. 하지만 칠화에 앞선 나이는 칠화와 하나되는 합생의 나이에서 삼목은 삼합칠화가 되기에 삼목의 23세는 사망의 나이가 된다.

- 음력 6월 사망

23세 사망이 칠화를 생함에서였기에 칠화를 생하는 달은 삼목의 음력 1월도 되지만, 나이에서 동함에서 칠화를 더욱 왕성하게 하는 달은 팔목의 음력 6월이 된다.

- 신비 23세 음력 6월 사망-戌月

```
1975年度 身數局(時局) , 霜降 上元 陰 五      http://cafe.naver.com/48goq
```

行年 劫宮	天桃馬宮 月日干	居日歲 劫馬空劫馬 宮宮
己十 世 己二 父 杜天太軒絶死 門輔陰轅命門 祿居日歲 劫馬 帶空劫馬 宮宮	癸五 兄 癸七 父 景天騰咸禍景 門英蛇池害門 旺	戊二 父 辛十 世 死天直天生休 門芮符符氣門 病 劫 衰 宮
年支 年桃 年支 桃宮	桃天歲桃 花乙宮宮 時干 月時支 劫干	月日干
庚一 財 庚一 財 傷天六招遊生 門沖合搖魂門 年 浴桃	沖六財四九孫 局戊二父八三七父 鬼 攝 提 日 年 馬焰 亡	丙七 父 丙五九孫 兄 驚天九天絶驚 門柱天乙體門 天 桃 死馬 宮
乙 日亡馬 宮宮宮	日 年劫 馬焰 亡宮	月時支 年 劫馬宮宮 宮干 年干
丁六 財 丁六 財 生天白太歸開 門任虎陰魂門 生天 日亡馬 裳乙 宮宮宮	壬三 官 壬九 孫 休天玄靑天杜 門蓬武龍宜門 歲 桃 胎劫 宮	乙八 鬼 乙四六財 孫 開天九太福傷 門心地乙德門 絶桃天 亡 墓花乙 宮

```
운곡운기용기문둔갑 V1.3.0.0
```

금년 신수에서 사망은, 세기십토가 왕하지만 삼합유금이 된 세기유금은 육수를 생하고, 육수는 삼합팔목이 되어 일간오토를 합하니, 오토육합의 유금이 오토의 삼합일수를 생하여 오토의 삼합칠화를 충극함에서 사망이다(칠화는 세기십토가 화한 것으로 세기가 되며, 일수는 일간오토가 삼합일수로 화한 일간으로, 일간일수가 세기칠화를 충극하는 내가 나를 충극함에서 사망의 신수가 됨).

- 음력 6월 사망

신수의 체에서 사망이 팔목이 오토를 합함에서였기에 사망의 달은 팔목의 음력 9월이다. 하지만 팔목의 앞선 달은 팔목과 하나 되는 삼합팔목인 육수가 되는데, 육수는 중궁의 암장에서 암장수는 달이 없기에 육수를 생하는 사구금의 달은 육수의 달이라 이의 사구금도 중궁에서 중궁은 달이 없기에 이를 합생하는 달로 왕성하게 하는 달은 이화의 음력 6월이 됨에서 사망 달이 된다(육수를 생하는 유금이 되는 달은 앞서 삼합유금이 되는 십토의 음력 3월과 진유합금이 되는 오토의 음력 5월이 되지 않음의 원리는 카페 게시판이나 동영상을 통해 확인할 수 있음).

• 행년(行年)에서 죽음

세기십토가 지반이화에서 중궁천반의 유금이 되어 육수를 생하고 육수는 지반의 팔목과 삼합팔목이 되어 일간오토를 합하니, 오토의 육합유금이 오토의 삼합일수를 생하여 오토의 삼합칠화를 충극함에서 사망이다.

이의 칠화는 세기십토가 화한 것으로 십토세기가 되며, 일수는 일간오토가 삼합일수로 화한 일간으로 일간이 세를 충극하는 내가 나를 충극함에서 사망으로 단명의 행년이 된다.

10) 의사, 약사의 원명국

(1) 男-寅月 5755

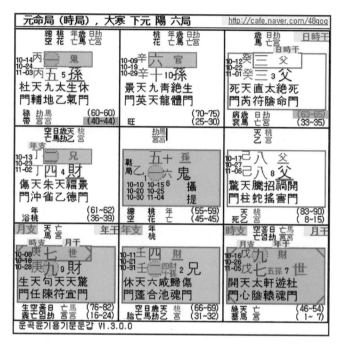

위 원명국의 남명은 세기칠화가 승왕이라 약하지만, 일간삼목이 겸왕, 승왕으로 힘 있는 일간인성이 세와 삼합으로 세기의 약함을 면하고, 팔목도 정인으로 준동에서 약세를 생함에서 길격으로 변한다. 하지만 자체 약함의 세기에서 오토손은 삼합칠화로 길하며, 십토는 용신인 팔목정인과 삼합된 것으로 진용이 됨에서 십토손은 의사나 약사가 길하므로 십토손을 진용하여 성형외과 의사가 된다(십토는 피부나 위장에 길함).

가정궁인 세궁을 보면, 세궁의 천지반이 칠구상전에서 사람이 소심하거나 세심한 사람이 된다.

그러나 삼목이 겸왕으로 일간에서 성질이 강하고 고집이 센데, 일간삼목이 삼합칠화에서 불같은 기질도 있으므로 일간의 겁궁을 더하면 더욱 그러하다.

세궁의 천지반이 화금상전에서 가정궁은 흉한 가운데, 칠화는 삼살육수로 중궁육수는 천반십토와 삼합팔목으로 태궁지반의 팔목정인이 되어 세기칠화를 생함에서 칠화세기는 사구금을 극함에서 유금정재와는 세궁과 더불어 이혼을 한다(일간삼목과 세기는 삼합칠화가 되어 나는 칠화로 사구금을 극하는 것에서 여자가 없는 명국으로 년간, 월지도 흉년이 되고 구금편재도 흉하므로 주식으로 돈을 탕진함).

부인인 정재는 뇌궁의 유금에서 칼 같은 기질에 천충, 주작이 함께함이라 거칠고 강하며 욱하는 기질로 말을 잘하거나 다변이 되며, 년도화살에서 인기는 있음에서 인기 얻는 일을 하거나 인물이 있을 것이며, 편재구금의 극함에서는 애인이나 여친은 있어도 오래가지 못함이다.

대운 31세 겁재는 도궁에서 여자를 만날 수 있음이며, 이화의 삼합유금 재성이 삼합칠화 세기인 오토를 합하므로 여자를 만나지만, 유금재성이 육수를 생하고(일수생은 십토합으로 삼합유금에서 육수생) 육수는 삼팔목을 생함에서는 양, 목기는 대운이화로 돌아오지만 재차 삼팔목은 세기화를 생함에서 유금재성을 칠화가 극함에서 여자는 이별이 된다(대운 33세도 동일함).

대운 36세는 유금재성이 삼합칠화 세기인 오토를 합하므로 여자를 만나지만, 유금재성은 육수를 생하고(일수생은 십토합으로 삼합유금에서 육수생) 육수는 삼팔목을 생함에서는 양, 목기는 세기칠화를 생함에서 유금재성을 칠화가 극함에서 여자는 이별이 된다(구금편재도 극됨에서 여자가 물론 주식도 손실을 봄).

• 대운 40세 결혼

   오토가 삼살육수로 가서는 육수는 삼팔목을 생하고 양, 목기는 삼합과 정인에서 세생칠화가 되어 옆의 암장오토 아닌, 대운오토를 생함에서 제자리 대운오토는 삼합칠화 세기와 합된 것으로 오토에서 암장유금 재성과 합된 것으로 세기오토가 유금재성과 합으로 결혼이 된다.

• 원비 41세 음력 9월(양력 10월 23일) 결혼

   대운 40세의 결혼이 세기오토가 암장유금의 재성과 합이었기에, 결혼의 나이는 오토의 45세가 된다. 하지만 오토의 45세는 대운미입으로 이를 생하는 이화는 42세로 결혼의 나이가 되지만, 약한 것에서 이를 생하는 삼목의 43세가 결혼이지만 43세에 앞선 나이는 삼목을 생하는 일수로 41세는 결혼 나이가 된다.

• 음력 9월 결혼

   41세 결혼에서 결혼 달은, 41세 일수를 생하는 유금의 음력 4월이나 반합일수인 구금의 음력 9월에서 유금의 일수생보다 구금이 일수와 반합됨이 더 일수를 드러냄에서 구금의 음력 9월에 결혼한다.

• 일진-양력 10월 23일 결혼

   결혼의 음력 9월이 나이일수를 생함에서였기에 결혼의 일진은, 음력 9월의 구금이 반합일수로 화한 것에서 음력 9월은 일수가 된다. 고로 음력 9월의 일수를 생하는 일진은 유금의 양력 10월 13일 甲辰일과 양력 10월 23일의 甲寅일, 양력 11월 2일의 甲子일인데, 이 가운데 월지구금의 일수와 상생되는 23일의 寅일은 결혼의 일진이 된다.

- 신비 41세 음력 9월 결혼-寅月

2000年度 身數局(時局) , 立春 中元 陽 五 http://cafe.naver.com/48goq

운곡윤기용기문둔갑 Vl.3.0.0

금년 신수국에서 결혼은 세기, 일간의 이화가 중궁의 년도화, 홍염살과 청룡의 유금편재를 반합에서 결혼이다. 또한 이화세기, 일간이 구금정재와 합에서 결혼이지만 세기일간의 이화가 합된 유금이 편재라도 세기와 반합으로 하나된 것에서 결혼녀가 된다.

- 음력 9월의 결혼

신수의 체에서 결혼이 이화의 세기, 일간이 유금편재와 합에서 결혼이었기에 결혼의 달은 이화의 세기, 일간이 유금편재와 반합되는 음력 9월에 한다.

- 행년(行年)에서의 결혼

육수귀성이 팔목과 반합에서 팔목이 암장오토를 합하므로 오토의 삼합일수가 오토의 삼합칠화 겁재를 극하고, 오토의 육합유금 재성을 합하니 결혼의 행년이다(유금재성은 일간세기 이화와 합된 것으로 유금재성은 일간과 함께함인데 이의 합은 결혼이 됨).

- 대운 46세 이혼

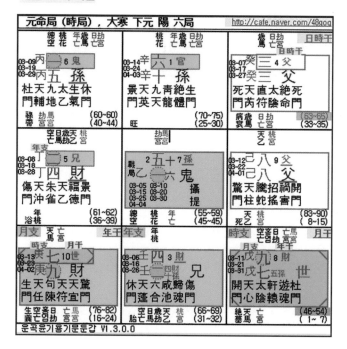

대운구금에서 이혼은, 구금이 반합일수에서 일수는 십토합으로 십토는 삼합팔목의 정인의 태궁천반에서 간궁칠화의 세기를 생하고, 칠화는 삼살육수로 삼팔목과 합생으로 재차 세생에서 칠화는 이제 사구금의 정편재를 극함에서 이혼과 주식으로 돈을 많이 잃는다.

- 원비 46세 음력 2월(양력 4월 1일) 이혼

원국에서의 이혼이 칠화가 사구금의 정편재를 극함에서이기에(구금편재도 흉함에서 주식 잃음) 이혼의 나이는 칠화의 47세가 된다. 하지만 칠화를 생하는 앞선 나이가 있다면 그 나이가 될 것이기에 육수는 삼팔목과 합된 것에서 일간삼목과 합되어 있고 삼목은 삼합칠화가 되어 있는 것에서 육수는 곧 칠화가 되기에 46세는 이혼의 나이가 된다.

• 음력 2월(양력 4월 1일) 이혼

이혼의 나이가 육수의 46세에서 이혼의 달은, 육수를 생하는 달이 될 것이지만 이혼이 유금정재를 극하는 칠화에 있었기에 칠화가 되는 가장 빠른 달은 삼합칠화가 되는 오토의 음력 2월이 된다.

• 일진-양력 4월 1일 이혼

이혼의 달이 오토가 삼합칠화가 되어 유금정재를 극함에 있었기에, 이혼의 일진은 칠화를 생하는 삼팔목에서 삼목은 육수나이에서 동한 것에서 칠화를 생하는 일진은 팔목이 되기에 양력 4월 1일은 이혼의 일진이 된다.

• 신비 46세 음력 2월 이혼-寅月

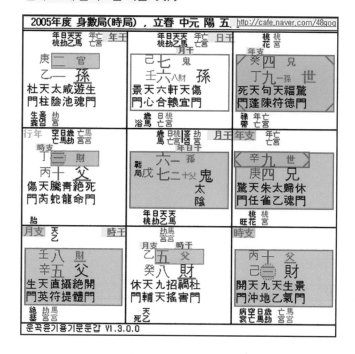

금년 신수국에서 이혼은, 세기구금이 삼합일수(일수는 세기가 됨)가 되어 십토에 합됨에서 십토는 이화와 삼합유금으로 육수일간을 생하고 육수일간은 삼합팔목으로 화하여 오토를 합하므로 오토의 삼합일수가 오토의 삼합칠화 귀성을 충극함에서 직장과 명예는 흉하며, 팔목정재가 유금겁재와 합된 오토합에서 정재가 겁재합이라 정재는 대흉함이니 부인과 이혼을 한다(일간육수가 삼목편재 합에서는 삼목편재가 삼형살의 충극을 받음에서 시지도 흉하지만 주식으로 돈을 잃게 됨).

• 음력 2월 이혼

신수의 체에서 이혼이, 팔목정재가 유금겁재과 합된 오토를 합함에서였기에, 이혼의 달은 팔목의 간궁달이 된다. 하지만 간궁팔목의 유금겁재와 합된 오토합은 전년도 음력 12월이 되기에 불용이 된다.

따라서 간궁팔목이 되는 오행은 팔목과 하나되는 육수가 됨에서 육수는 중궁이라 달이 없기에 육수를 생하는 달이 곧 이혼의 달이 되기에 가장 빠른 달은 삼목의 음력 2월이 되는 것은 삼목이 삼합칠화가 되어 칠화가 삼살 육수로 중궁에 닿는 삼목이 됨에서이다.

- 행년(行年)에서 이혼

음력 2월의 해단과 동일하다.

11) 스포츠인 원명국

(1) 男-丑月 5721

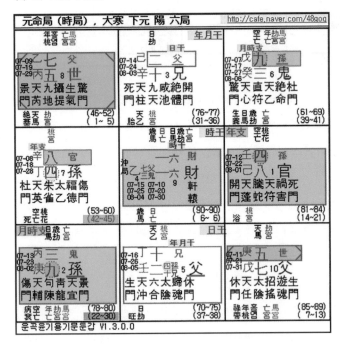

본 원국은 스포츠인의 명국인데, 세기오토는 왕성한 가운데 삼합일수 편

재에서 재물 복과 처복은 있음으로 보이는데, 편재가 나와 합됨이라 먼저 만난 깊은 인연은 이별이 된다.

오행의 흐름을 보면, 세기오토는 천반칠화에서 삼합칠화로 세기는 화기가 됨에서 겁살궁과 더불어 성격이 급하고 불같은 기질이 있음이다(세기칠화로 인물이 좋거나 피부가 좋음). 세기칠화는 삼살육수 정재를 생하고, 정재는 삼목귀성의 합에서는 삼목이 삼합칠화에서 칠화의 삼살육수는 제자리 삼목으로 오기에 삼목은 이화를 생하여 삼형살의 충극을 받음이니 삼목귀성과 삼목에 깃든 육수정재도 충극이라 직장도 깊은 인연의 여성도 이별이 된다(삼목의 목기 충극에서 신경 예민이나 신경성 질환 주의).

삼살육수의 팔목과 삼합에서 팔목관은 오토를 합하므로 오토의 삼합일수 편재가 오토의 삼합칠화 인성을 충극으로 공부나 배움의 장애가 있으며, 팔목관이 유금손과 합된 오토의 합에서는 직장의 흉함으로 직장과 인연 없음이다(일수편재는 오토세기가 화한 것으로 세기가 되고, 칠화도 세기오토가 화한 것으로 세기가 되어 일수편재의 칠화충극은 내가 나를 충극함이 되고, 여자가 나를 극함이 되고 투기, 투자가 나를 극함이 되고 소탐대실의 명국이 됨).

이 남명이 스포츠 도장을 운영하는 것은, 세왕에 용신은 중궁일수에서 이를 더욱 왕성하게 하는 유금의 손은 진용이 되는데, 상문에 유금의 손은 무술에 길함이니 무술 도장을 운영한다.

친구나 지인과의 관계는 오토의 삼합일수에서 세기는 일수도 되는 것으로 겁재십토를 합함에서 친구, 지인과 사이가 좋고 친구나 지인들이 하나같이 잘되어 있음은, 십토가 태왕함에서이며 이의 년간은 부친이며, 월간은 손위 형제에서 부친이나 손위 형제와도 사이가 좋다. 손위 형제가 없어 자신이 맏이라면 월간은 바로 아래 동생이 된다(도궁인 년간, 월간의 십토가 일수편재와 합에서 부친이나 손위 형제는 여자를 둘 수 있음이며, 나의 아내와 관계가 좋으나 경우에 따라서 사통도 날 수 있음이 된다. 달리 내 여자가 내 지인과 사통도 됨).

• 대운 22세 결혼

대운구금은 세기와 중궁의 일수재성에서 이의 구금대운이 일간이화와 합에서 결혼이다.

• 원비 28세 음력 3월 결혼

대운 22세의 결혼이 삼합일수 재성을 안은 구금이 일간이화와 합에서 결혼이었기에, 결혼의 나이는 구금의 29세에 앞서 일간이화가 삼합일수 재성인 구금합에서 결혼이 되기에 결혼은 22세가 된다.

하지만 이화가 약한 것에서 이를 생하는 삼목의 23세와 팔목의 28세 가운데, 삼목은 일육수 재성이 깃든 삼형살의 충극에서 결혼 나이가 못 되며, 팔목의 28세는 이화를 생함에서 결혼은 팔목의 28세가 된다.

• 음력 3월 결혼

28세의 결혼이 삼합일수 재성인 구금을 합하는 일간이화를 생하는 팔목의 28세에서 결혼 달은, 팔목을 왕성하게 하는 삼합팔목이 되는 십토의 음력 3월이 된다.

• 신비 28세 음력 3월 결혼-丑月

금년 신수국에서 결혼은, 이화세기가 중궁의 사구금의 재성을 합함에서이다. 그러나 구금의 정재 아닌 유금편재가 부인으로 결혼인 것은 이화세기가 유금과 삼합된 것에서 결혼녀가 된다(세기이화의 구금정재와 육합은 구금이 삼합일수로 이화세기가 흉하며. 이화가 년간에서 부친도 흉한 신수가 됨, 흉하다는 것은 금전 지출이나 손실, 건강이나 사고, 이별 등이 됨).

• 음력 3월 결혼

신수의 체에서 결혼이, 이화세기가 유금편재와 삼합된 것으로 결혼이었기에 결혼의 달은 유금편재와 삼합되는 이화세기의 음력 5월이 된다. 하지만 이에 앞서 세기이화가 되는 달은 결혼 달이 되는 것에서 세기이화를 생하는 삼팔목의 음력 1월~2월과 칠화의 음력 3월이 되는데, 음력 3월의 칠화는 삼살육수에서 육수가 삼합팔목으로 일간이 되어 세기이화를 생함에서 결혼 달은 음력 3월이 된다(육수의 삼목합생은 음력 4월이 됨, 삼팔목의 음력 1월~2월이 결혼 달이 못 됨의 해단은 카페 게시판이나 동영상을 통해 열람할 수 있음).

• 행년(行年)에서 결혼

십토가 삼합팔목 일간팔목이 된 것에서 유금편재와 삼합된 이화세기를 생함에서이다. 또는 일간팔목이 유금재성과 합된 오토를 합함에서 결혼의 행년이 된다.

• 대운 39세 이혼

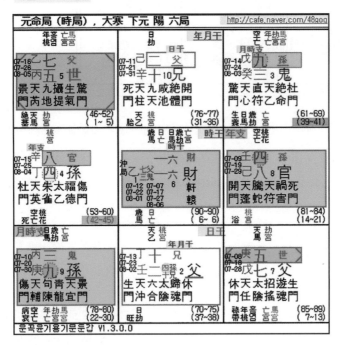

대운삼목에서 이혼은 육수정재가 깃든 삼목이 삼형살의 충극을 받음에서 부인과 이혼을 한다(삼목이 삼합칠화로 가서는 칠화는 삼살육수로 육수정재는 삼목대운 제자리 삼목이 됨).

• 원비 41세 음력 1월 이혼

대운의 이혼이 육수정재가 깃든 삼목의 충극에서이기에, 이혼의 나이는 삼목의 33세가 되거나 삼목을 생하는 나이는 이혼의 나이가 되기에 삼목의 33세는 대운미입으로 불용이며, 삼목을 생하는 일수의 41세는 삼목에 깃듦으로 이혼의 나이가 된다(구금의 39세와 십토의 40세 이혼이 못 됨은 카페 게시판이나 동영상을 통해서 원리를 알 수 있음).

• 음력 1월의 이혼

41세 이혼이 일수재성이 삼목에 깃듦에서였기에 이혼의 달은, 일수로 이를 왕성하게 하는 일수의 음력 1월에 한다(일수가 삼목생은 음력 11월이며, 음력 1월은 일수가 암장십토와 합에서 십토는 암장유금을 생하고 유금은 나이육수를 생하므로 육수재성이 삼목에 깃들게 함에서임).

• 신비 41세 음력 1월 이혼−丑月

금년 신수국에서 이혼은, 세기삼목이 암장칠화와 삼합칠화에서 삼살로 암장육수를 생함에서 육수는 정인으로 세생하니, 제자리 삼목의 삼합칠화의 세기는 오토편재가 합된 유금을 극함에서 오토편재도 극됨이라 처와 이혼을 한다(오토편재가 부인인 것은 세기삼목과 삼합칠화로 세기가 됨에서이다. 유금관의 극에서 직장인 있다면 직장도 흉함).

• 음력 1월 이혼

신수의 체에서 이혼이 세기칠화가 오토편재와 합된 유금을 극함에서였기에, 이혼의 달은 칠화의 음력 5월이 된다. 하지만 음력 5월의 칠화에 앞서 칠화가 되는 달은 이혼의 달이 되기에 팔목의 음력 1월은 재성에 흉한 겁재달로 칠화을 생함에서 유금과 합된 오토편재를 충극하므로 이혼의 달이 된다(칠화가 삼살육수에서 팔목에 이르고 팔목은 칠화를 생함에서 제자리 칠화는 유금과 합된 오토편재를 극함).

• 행년(行年)에서 이혼

유금이 지반육수를 생하므로 십토와 삼합팔목으로 중궁암장의 팔목겁재
가 됨에서 세기인 칠화를 생하고, 칠화는 오토편재가 합된 유금을 극함에서
오토편재도 극됨이라 이혼의 행년이 된다.

12) 무속인 명국

(1) 女-戌月 2917

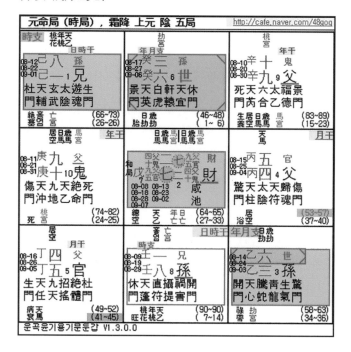

본 원국의 여명이 무속인으로 나아감은, 세기육수가 삼합팔목으로 일간이
된 것으로 일간이 자묘형살인 것으로 자묘형살의 면살은 왕성하게 하는 생

함이나 합되는 것으로 육신이 되기에 십토귀성은 삼합팔목으로 일간이 됨에서 자묘형살의 형살을 일간은 면함이 되기에 귀를 진용하여 무속인이 된다.

일간팔목의 화해살에서 신경이 예민한데 이는 신의 제자로서 예지력이 됨이며, 쌍도화살에서 인기 많음이 되는 것으로 이름이 남을 말한다.

오행의 흐름을 보면, 세기육수가 천반삼목이 되어 반합칠화를 생하고, 칠화는 삼살육수 세기로 건궁천반이 되어 제자리 삼목을 합생하여 이궁천반의 삼목은 이제 이화를 생함에서 이화는 동궁과 삼합유금으로 일수를 생함에서 감궁천반의 일수는 지반팔목의 일간에 깃들어 일간팔목은 세기육수가 함께하는 팔목이 된다.

팔목의 세기, 일간은 오토관을 합함에서 나와 남편은 사이가 좋은 가운데, 오토관은 중궁의 재성이 겸왕으로 오토를 생함에서 남편은 능력이 있음이다. 다만, 팔목의 오토합에서 오토육합의 유금이 오토의 삼합일수 겁재를 생하므로 지출이나 재물 손실이 있음이다.

• 대운 41세 신의 제자가 됨

대운오토는 삼살육수로 약세를 왕성하게 하는 것으로 길한 시기가 되는데, 삼살의 칠화에는 십토귀성이 깃든 것으로 세생에서 신받음의 길함이 되는데 신받음의 길함인 천마의 길신도 있음이다.

• 원비 41세 음력 3월경 신의 제자가 됨

대운에서 신의 제자가 됨이 오토가 삼살로 약세를 생함에서였기에, 신의 제자로 길한 나이는 삼살육수로 약세를 생하는 칠화에 있음에서 칠화의 47세는 대운미입이기에 이를 생하는 삼목의 43세는 반합칠화로 신의 제자로 길한 나이가 되는 것에서 삼목에 앞서 일수는 삼목생으로 41세에 신의 제자가 된다.

- 음력 3월

41세의 신받음이 일수가 칠화와 반합되는 삼목을 생함에서였기에, 신받음의 길달은 칠화에 반합되는 삼목의 음력 3월이 된다.

- 신비 41세 음력 3월경 신의 제자가 됨-戌月

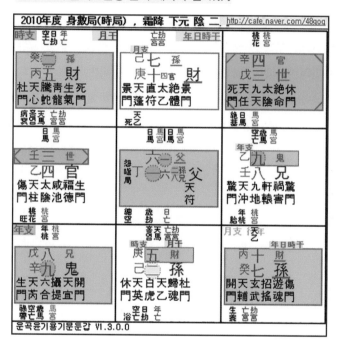

금년 신수에서 신을 받는 것으로 길한 해가 되는 것은, 태약한 세기삼목이 년지귀성의 귀인세생으로 성국에서 귀성과 중궁의 인성은 길함에서 귀성의 신받음은 길함이 된다. 여기에 오기유통까지 되니 신받음의 길함을 더한다.

- 음력 3월 신받음

신수의 체에서 신받음이 태약한 세기삼목을 생하는 중궁수기의 용신에서 년지귀성은 진용에서이다.

고로, 길달은 중궁인성을 생하는 달이 길달이 되기에 구금귀성의 음력 8월과 유금관의 음력 6월~7월은 길달이 되므로 앞선 달은 유금 달이다. 따라서 이의 유금이 되는 빠른 달은 음력 3월의 이화로 이화는 삼합유금이 되는 것에서 중궁인성을 생하여 관인세생으로 약세를 생하기에 음력 3월이 된다.

- 행년(行年)에서의 신의 제자가 됨

십토일간이 삼합팔목으로 화해살이 되는 것에서 오토를 합하므로 삼합칠화 손이 오토육합의 유금관을 극함에서 직장은 흉함이 되며, 팔목이 이화를 생함에서는 이화의 삼합유금이 중궁의 육수정인을 생하여 약세를 조하는 관인세생에서 길달이 되는 것에서, 앞서 이화가 반합일수 인성인 구금귀성을 합한 것으로 세약에서는 귀합이 인성에서 신받음에 길한 행년이 된다.

13) 변호사 원명국

(1) 男-寅月1465

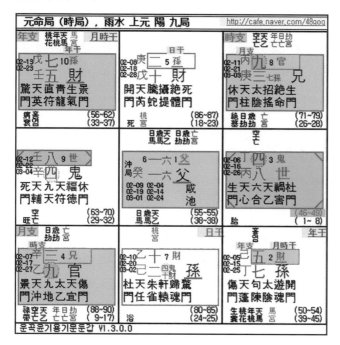

본 원명국의 남명이 변호사가 되는 것은, 세기팔목이 약한 것에서 중궁의 인성은 길하므로 삼합일수로 정인이 되기에 길명이 된다. 또한 일간이화도 삼합일수 인성인 구금을 합함에서 길함이며, 삼살구금이 중궁육수를 생함에서도 약세를 생하기에 길함을 더한다. 따라서 수기인성의 용신을 더욱 왕성하게 하는 것은, 삼살육수를 작용하게 하는 칠화손이 되기에 손은 귀성을 극하는 것으로 진용은 칠화손으로 변호사가 된다.

가정은 세의 천지반이 비록 충극이 되나, 년지오토 정재가 세기팔목과 합된 가운데 삼합일수로 인성이 되어 약세를 생함에서 부인은 길함이니, 가정을 이룸은 문제가 없다. 하지만 세기팔목의 화해살에서 신경이 예민한 것으로 천반의 유금은 직선적 성향이 강함에서 바른말을 잘함이니, 변호사로 의기가 넘친다.

처는 경문, 생기라 사치와 허영, 겉치레를 할 것이지만, 삼합일수로 변하는 것에서 수기는 물은 고이면 썩는 것처럼 역마 기질이 강한 것으로 매우 활동적인 삶을 사는 역마성을 가진 부인이 된다. 이는 자신도 수기 역마가 인성으로 길신에서 일생 분주하게 살며, 말을 잘하는 사람이 되는데 수기는 소리, 음성에서이다.

• 대운 29세 변호사가 됨
원국에서 약한 팔목세기를 생하는 길신은 중궁의 수기 인성이 됨에서, 이를 생하는 대운귀성은 귀인세생으로 길한 시기가 되는데 나아가 팔목세기가 삼합일수 인성인 오토를 합하므로 변호사 시험에 합격을 한다(대운의 휴문, 복덕도 길함을 더함).

• 원비 29세 음력 5월 변호사 시험 합격
대운유금의 시험 합격이 약세를 귀인세생에서 세기팔목이 삼합일수 인성인 오토를 합함에서 시험 합격인데, 시험에 길한 나이는 삼합일수 인성인 오토를 합하는 팔목의 28세가 된다. 하지만 28세는 대운미입에서 이의 팔목이 되는 홍국수가 합격의 나이가 되기에 육수는 삼합팔목이 되지만, 이도 대운미입으로 육수를 생하는 홍국수는 사구금에서 유금도 대운미입이며 구금이 육수생에서 팔목세기가 되어 삼합일수 인성을 합하므로 합격의 나이가 된다.

• 음력 5월 시험 합격
29세 구금의 시험 합격이 중궁육수를 생함에서였기에, 합격의 달은 육수를 생하는 달이 되기에 육수를 가장 왕성하게 생하는 달은 칠화의 삼살육수가 되므로 음력 5월의 삼목은 암장칠화가 되어 삼살육수가 된다. 고로 삼목의 음력 5월은 시험 합격의 달이 된다(시험은 인성을 생하거나 합하는 달이 길함).

- 신비 29세 음력 5월 변호사 시험 합격-寅月

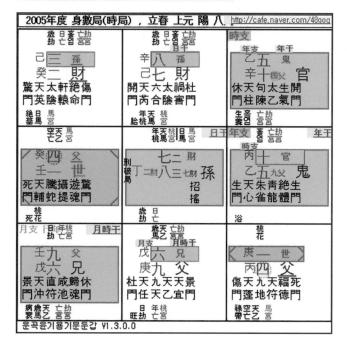

금년 신수에서 변호사 시험 합격은, 일수세기가 십토관을 합함에서 십토는 삼합팔목 일간이 된 것에서 오토귀성을 합한 것으로 합격이다. 이는 일간팔목이 오토를 합함은, 오토의 삼합일수가 오토의 삼합칠화 재성을 충극함에서는 지출이나 재물 손실 또는 여친과 등지는 일이 되지만, 유금정인과 합된 오토를 팔목일간이 합함에서는 일간팔목이 유금정인을 합한 것으로 시험에 합격함이다.

- 음력 5월의 시험 합격

  신수의 체에서 시험 합격이 일간팔목이 유금인성과 합된 오토를 합함이기에, 합격의 달은 팔목이 유금인성과 합된 오토를 합하는 음력 5월위 팔목이 된다(오토의 삼합일수가 오토의 삼합칠화 재성을 충극함에서는 지출이나 재물 손실 또는 여친과 등지는 일이 있음).

- 행년(行年)에서 합격

  구금인성이 오토귀성과 삼합일수 세기가 된 것에서 시험은 길한데, 일수 세기의 십토관과 합된 것에서 십토는 삼합팔목 일간으로 팔목은, 오토귀성을 합함에서 오토의 삼합일수가 오토의 삼합칠화 재성을 충극함에서는 지출이나 재물 손실 또는 여친과 등지는 일이 되며, 유금정인과 합된 오토를 팔목일간이 합함에서는 시험에 합격함이다.

14) 대통령 원명국

(1) 男-丑月 208

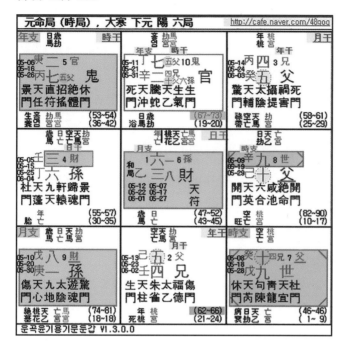

본 원명국은 대통령이 된 명국으로, 관운은 일반적으로 세기가 왕성한 가운데 관귀가 발달되어야 하는데, 이 원국는 세기구금이 왕성하고 귀성도 왕성한 것으로 일간삼목이 삼합칠화 귀성이 되어 있는 것에서 일간은 삼합칠화로 태왕한 귀성이 되어 지존의 원국이다. 특히 세기와 일간이 삼형살을 작함에서 큰 권세 대권을 잡을 수 있음이 된다(삼목의 삼형살에서 삼목은 편재로 투기, 투자 등에는 이익을 낼 수 없으며 애인을 두거나 재혼도 될 수 없음이며 일간으로 삼목은 보존됨).

삼형살은 살성으로 세약에서는 흉함이나 세왕에서는 힘 있는 이가 살성을 휘두를 수 있는 것처럼, 권한이나 권세가 된다. 더구나 귀성이 년지에 있음에서 관의 길함을 더한다. 자신인 세기에 청룡이 있음에서 사람들에게 인기가 많은 사람이 되는데, 청룡의 자리는 건궁이어야 하늘을 높이 날을 수 있는 승천하는 용으로서 자신을 세상에 드러내기 때문이다(구금은 가장 높은 양수로 건궁에 있음에서는 기상이 높은데, 청룡까지 좌함에서 그 기상에 큰 빛을 발함).

• 대운 62세 대통령이 됨

오토가 입하여 삼살을 작함에서 삼살육수은 삼합칠화 귀성인 일간삼목을 합함에서이다.

이는 세왕에 삼합칠화 귀성이 된 삼목일간의 합에서 더욱 관운에 길함이다(육수가 팔목합으로 오토의 삼합일수가 오토의 삼합칠화 귀성, 년지를 충극함에서 모친의 건강이 안 좋음인데, 관운은 흉하지 않는가에 대한 해단은 카페 게시판이나 동영상을 통해 열람).

• 원비 66세 음력 4월(양력 5월 9일) 당선

대운 62세에서 대권을 잡은 것은 삼살육수가 삼합칠화 귀성인 삼목일간을 합함에서였기에, 당선의 나이는 삼목일간을 합하는 육수의 66세가 된다.

• 음력 4월 당선

66세의 당선이 육수가 삼합칠화 귀성과 한 몸인 일간삼목을 합함에서였기에 당선의 달은, 삼합칠화 귀성인 삼목일간의 음력 4월이 된다(육수 달이 길달이 아님의 원리는 카페 게시판이나 동영상을 통해 열람할 수 있음).

• 일진-양력 5월 9일 당선

당선의 음력 4월이 일간삼목이 삼합칠화 귀성과 하나된 것으로, 당선의 일진은 음력 4월의 삼목, 일간을 생하는 육수의 일진이 됨에서 이의 약한 육수를 더욱 왕성하게 하는 구금이 대길함은 삼살육수에서 삼목일간을 생하는 일진으로 양력 5월 9일은 당선의 일진이 된다.

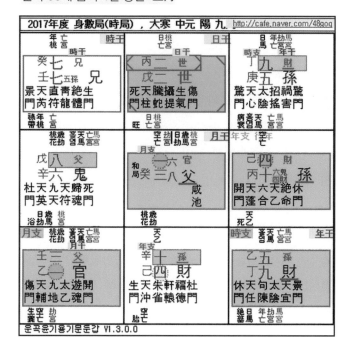

금년 신수에서 대통령에 당선이 됨은, 왕성한 세기가 성국에 오기유통으로 길한 신수인 가운데, 이화일간이 반합일수 관인 구금을 합함에서이다(삼목이 이화를 생함에서 이화가 구금합으로 삼형살의 충극을 삼목이 받지 않음에서 삼목에 깃든 일육수 관귀도 흉하지 않음의 원리는 카페 게시판이나 동영상을 통해서 열람).

• 음력 4월 당선

신수의 체에서 당선이 단독으로 일간이화가 반합일수 관인 구금을 합함에서 당선이었기에, 당선의 달은 이화일간의 음력 5월이다. 하지만 앞서 이화가 되는 홍국수는 삼목정인이 되나 이는 전년도 음력 12월이라 무용이기에, 삼목정인이 되는 홍국수는 중궁의 육수가 되는데 중궁이라 달이 없기에 이를 생하는 칠오구삼살에서 가장 빠른 달은 칠화의 음력 3월~4월로 음력 3

월은 삼살육수가 팔목으로 나아가며, 음력 4월은 삼살육수가 삼목이 되기에 일간이화를 생함이니 당선의 달은 음력 4월이 된다.

• 행년(行年)에서 당선

유금재성이 오토를 합함에서 오토의 삼합칠화 겁재를 합하는 것으로 지출이나 손실도 되겠지만, 겁재합에서 여러 동지를 만나는 선거가 되는 가운데 육수를 생함에서 육수는 삼목정인과 귀인세생으로 당선에 길한데 나아가 세기이자 일간인 이화는 반합일수 관인 구금합에서 당선의 행년이 된다.

• 대운 67세 모친 사망

대운이 칠화년지로 년지칠화는 삼살육수로 육수는 삼합칠화 귀성이 되어 있는 일간삼목을 합한 것에서 대통령직의 무탈인 가운데, 일간삼목은 대운의 칠화로 감이니 삼살육수는 이제 팔목에 닿아 오토를 합함에 오토삼합의 년지칠화를 오토삼합의 일수가 충극함에서 모친이 사망한다(대운 62세 오토에서도 삼살육수가 팔목합으로 작용도 대운칠화와 동일하지만 오토대운에 모친 사망이 없음은 오토편인의 모친이 팔목재성을 합함에서 팔목재성은 년지칠화를 생함에서임).

- 원비 68세 음력 9월(양력 10월 29일) 유시 모친 사망

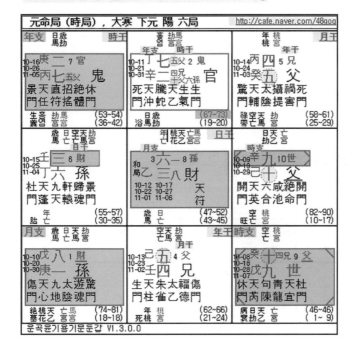

대운에서 모친 사망이 중궁팔목이 오토를 합함에서였기에, 모친 사망의
나이는 68세가 된다(팔목이 이궁천반의 암장오토를 합하므로 오토육합의 유금이 오토삼합의
일수를 생하여 오토삼합의 칠화년지를 충극함).

- 음력 9월 모친 사망

68세 모친 사망이 팔목이었기에 모친 사망의 달은, 십토의 음력 9월이 된
다(자체 팔목의 음력 1월은 나이에서 동했고, 중궁육수도 대운의 흐름에서 동했지만 십토의 음력 9
월은 삼합팔목이 됨).

- 일진-양력 10월 29일 유시 모친 사망

모친 사망의 달이 십토인 것은 십토가 삼합팔목의 나이가 되어 오토를 합

함에서였기에, 모친 사망의 일진은 팔목을 왕성하게 하는 팔목과 합생인 육수를 생하는 구금의 양력 10월 29일의 일진이 된다(팔목이 되는 일진은 다른 동처는 대운과 나이 달에서 동했기에 남은 홍국수는 일수라 이를 왕성하게 하는 구금은 삼합일수가 되니 구금의 양력 10월 29일 사망이 됨).

• 신비 68세 음력 9월 모친 사망

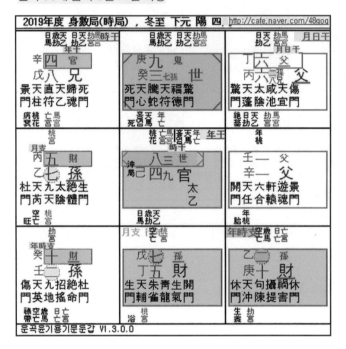

금년 신수에서 모친 사망은, 세기삼목이 반합칠화가 되고 칠화는 삼살육수로 육수는 정인으로 세생하기 제자리 세기삼목은 칠화세기로 이제는 유금을 극함에서 모친 사망이 된다(유금이 모친인 것은 년지가 십토로 천반이화에서 년지십토는 삼합유금이 되니 유금은 년지가 됨).

• 음력 9월 모친 사망

 신수의 체에서 모친 사망이 세기칠화가 년지인 유금을 극함에서였기에, 모친 사망의 달은 칠화의 음력 11월이 된다. 그러나 약한 데다 공망까지 있는 칠화를 더욱 왕성하게 하는 달은 삼목이나 중궁에 있음에서 삼목을 합생하는 육수의 정인달은 모친 사망의 달이 된다.

 하지만 육수는 자형살로 이를 생하는 앞선 달은 유금의 달이 되지만, 이도 약함에서 이의 유금을 더욱 왕성하게 하는 달은 삼합유금인 이화의 음력 9월이 된다(유금은 부친도 되지만 부친은 이미 사망한 것에서 모친이 됨, 길흉한 일의 결과를 강하게 하는 그것을 더욱 왕성하게 하는 홍국수가 되고, 자형살은 이를 생하는 달이 됨).

• 행년(行年)에서 모친 사망

 칠화손이 지반오토와 삼살육수로 곤궁지반의 정인에서 삼목세기를 생하고, 세기삼목은 칠화와 반합으로 제자리 칠화의 행년은 유금을 극함에서 모친이 사망하는 행년이 된다(유금이 모친인 것은 년지가 십토로 천반이화에서 년지십토는 삼합유금이 되니, 유금은 년지가 됨).

(2) 女-寅月 153

아래 명국은 박근혜 전 대통령의 원명국으로 본인과 모친, 부친의 운명적 해단이다.

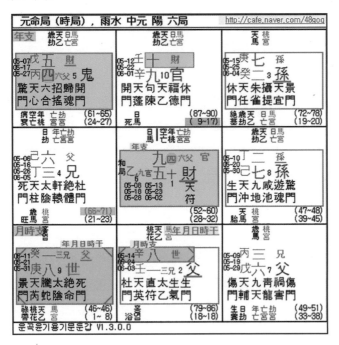

이 명국은 박근혜 전 대통령의 원명국이다.

다수의 국회의원과 대통령이 될 수 있는 원명국인 것은, 세기의 팔목이 태왕하고, 년지의 귀성도 수생에 중궁재성의 생을 받음에서 세기가 태왕하고, 귀성도 왕성한 것에서 큰 권세를 잡을 수 있는 원국이 된다.

다만 귀성에 귀혼과 망궁, 겁궁이 좌하여 그 권세가 지속되지 못하거나 장애 등이 있음인데 망신살과 겁살의 겹침으로 권력(명예)에 있어 파란도 없지 않을 것이다. 또한 년지는 모친에서 년지유금이 극을 받는 시기는 모친의 대흉함이 된다.

귀성의 배우자 운도 그러함이라 가정궁인 세궁의 사문, 절명에서 가정을 이루는 데 난제가 되지만, 이의 사문, 절명의 세궁으로 가정 불운의 전체는 아니므로 관귀가 왕성하면 문제가 안 되기 때문이다. 하지만 이 명국이 가정을 이루지 못함은, 가정궁인 세궁의 사문, 절명을 더하여 관은 무동으로 첫 남자(첫사랑)는 인연이 안 되는 가운데 귀성에 귀혼, 겁살궁, 망신살궁, 공망살이 있음에서 가정 불사의 원국이 된다.

명국의 원리는 귀성유금이 중궁재성의 생조를 받아 암장육수를 생하고, 육수는 삼합세기가 된 것에서 팔목 세기는 오토를 합함에서는 오토의 삼합 칠화 손을, 오토육합 유금이 오토의 삼합일수 정인을 생함에서 칠화손을 극함에서 관의 흉함은 면하지만, 팔목이 칠화생에서는 칠화가 삼살로 돌아도 제자리 칠화상관이 되어 년지귀성을 극함에서 귀성과 년지의 모친은 대길할 수 없음이 되기에 모친은 장수할 수 없고, 남자는 귀혼, 겁살, 망신살과 더불어 세궁의 사문, 절명에서 가정 불사가 되며, 자신의 권력은 삼목을 만나 칠화 상관이 치성하는 시기에는 귀성의 관록은 녹아내릴 것이다(큰 권력을 잡을 수 있음은, 태왕한 세기가 년지귀성과 합된 오토를 합함에서이다. 세궁과 년지가 산풍고의 운명이 됨에서 이는 귀성의 산풍고가 됨).

모친인 년지와 남자인 귀성은 육합에서 밖으로는 부드럽고 온화함을 보이지만, 안으론 욕심이 있으며, 유금에서 깔끔한 기질에 책임감이 강하지만, 양날의 칼 같은 단호한 기질도 있음이다. 또한 도화살에서 인물은 좋거나 인기가 있음이다.

부친은 일수로 거왕 하나라 약하게 보이나 생문, 생기의 생명력이 강한 건강 체질에 홍염살과 욕살이 깃든 수기로 주색을 좋아하는 것으로 이는 십토편재와 합으로 그 경향은 주색과 친근함이며, 부친의 년간일수는 중궁의 천지반 구금, 오토와 더불어 삼합일수가 되는 년간에서 유금생을 받는 것을 더하면, 매우 강한 기운을 갖춘 것으로 십토편재와 합으로 십토로 화함에서 년간의 부친은 십토가 된다.

• 십토편재로 화한 부친

삼합팔목 세기가 되는 것으로 십토부친은 대흉함이니, 부친은 편재를 취한 것으로 삼합팔목이 되어 대흉함으로 십토편재의 여자와 친근은 대흉을 부르는 것으로 부하들과 밤에 여가수와 가무를 즐기다가 부하(자묘형살의 팔목)의 손에 총을 맞고 서거한다.

부친이 대통령의 큰 권세를 가질 수 있음은, 앞서 언급한 것처럼 생문, 생기의 일수가 중궁의 천지반과 삼합된 일수로의 년간에서이다. 수기가 이렇듯 왕성한 것, 특히 감궁에 좌함은 바닷물과 같아 대담한 기질을 가지고 있는 것으로 겁이 없는 인물이 되는데, 수기는 오장의 신장으로 신장이 튼실한 사람은 일반적으로 잘 놀라지 않는 사람이다.

년간 부친은 십토편재를 취하지 않아야 길하지만, 편재(여자)를 취함에서 대흉한 부친이 되는데, 이는 일수년간이 십토편재로 합한 것으로 삼합팔목은 일수년간의 부친은 대흉함이 된다.

• 대운 9세 부친이 5.16 군사 정변을 일으켜 성공함과 대통령 당선

구금관이 이화손의 기운을 합함은 이화반합의 유금귀성을 합한 것이며, 구금관은 삼합일수 년간이 되는 것으로 구금관의 권력(명예)이 부친일수와 삼합으로 년간일수의 힘을 더하는 시기로 부친은 이 시기에 혁명을 성공시

키고 대통령에 당선된다(일수년간이 십토합에서는 십토는 대운구금을 생함에서 구금의 삼합 일수 년간의 길함은 동일함).

• 원비 10세 음력 4월(양력 5월 15일 저녁~18일 정오) 부친이 5.16 군사 정변을 일 으켜 성공함

대운 9세 부친의 5.16 군사 정변의 성공이 대운구금의 관이 삼합일수로 년간이 된 것에서였기에, 부친 군사 정변 성공의 나이는 대운구금의 9세가 된다. 하지만 구금관이 약한 것에서 이를 생하는 십토의 10세는 부친의 권 세에 길한 나이가 된다.

• 음력 4월 부친의 군사 정변 성공

나이십토가 대운구금을 생함에서 부친의 길함이었기에, 부친에게 길달은 십토의 달이 되는데, 십토의 구금생은 음력 11월이 되기에(음력 1월은 십토가 삼 합팔목이 됨) 앞선 달은 십토를 합하는 일수의 음력 2월, 십토를 생하는 이화의 음력 3월과 칠화의 음력 8월이 된다.

이 가운데 음력 2월은 일수년간이 자축합토로 길하지만 이미 대운에서 합 한 것으로 달이며, 음력 3월은 이화가 십토를 생함에서 길달이 되고, 칠화 의 음력 8월도 십토를 생하는 것으로 길달이 이화와 유사하지만, 음의 이화 보다는 양의 칠화가 십토를 더 왕하게 하는 것으로 길하기에 칠화의 음력 8 월이 십토부친에게 더한 길달이 된다.

따라서 칠화를 더욱 왕성하게 하는 삼목의 음력 4월은 삼합칠화로 부친십 토를 생하는 칠화를 더욱 왕성하게 하는 삼목으로 음력 4월이 부친에겐 더 한 길달이 된다.

- 일진-부친의 양력 5월 16일 군사 정변의 길함

　음력 4월과 동일한 이치로 길한 일진도, 달의 삼목자리가 됨이라 부친에게 대길한 일진이 된다.

- 신비 10세 음력 4월(양력 5월 15일 저녁~18일 정오) 부친이 5.16 군사 정변을 일으켜 성공함-卯月

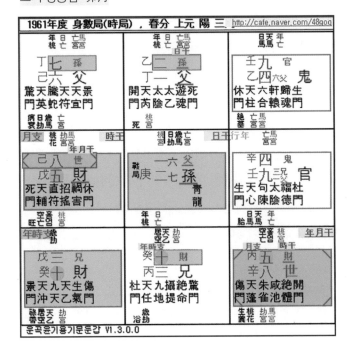

　금년 신수국에서 부친은 군사 정변으로 나라의 권세를 잡을 수 있음은, 세기와 년간이 동궁으로 개문은 길하지만 함지살에 주작 겁살궁이라 구설 시비 등 잡음이 있음이나 세기, 년간이 동궁으로 왕한 것에서 나와 부친은 길한 한 해가 되는데, 이 팔목은 오토를 합하므로 오토는 유금귀성과 합에서 팔목이 유금귀성을 합한 것으로 명예, 관운, 직장, 권력은 길함에서 부친의 군사 정변은 성공한다(오토의 삼합일수 인성은 오토의 삼합칠화 손을 극함에서 오토의 유금

귀성의 합은 온전한 가운데 오토의 삼합일수 정인을 유금이 생함에서 팔목의 년간은 일수정인의 생을 받으므로 길한 신수가 됨).

• 음력 4월 부친의 군사 정변 성공

신수의 체에서 부친의 길함이 팔목년간이 유금귀성과 합된 오토를 합함에 서였기에, 혁명 성공의 길달은 팔목의 음력 2월이 된다.

하지만 유금귀성은 겸왕거왕에 일간까지 삼합유금에서 상대적으로 약한 팔목에서 팔목년간을 합생하는 육수는 길달에서 달이 없는 중궁의 육수를 생하는 삼살육수가 되는 칠화의 음력 3월~4월은 길달이 됨에서 음력 4월은 삼살육수로 중궁육수를 생하여 팔목세기를 생하고, 팔목은 유금귀성과 합 된 오토를 합하므로 부친의 대길한 달이 된다(유금은 겸왕거왕에 삼합유금이며, 팔목 년간은 거왕승왕이다, 중궁 천반의 육수가 팔목합생은 음력 3월이 되고, 삼목합생은 음력 4월이 되지 만 여기서는 팔목이 음력 4월인 것의 이해는 카페 게시판이나 동영상을 통해서 알 수 있음).

• 행년(行年)에서 부친의 군사 정변 성공

일간이화가 삼합된 유금이 팔목년간(세기)과 합된 오토를 합함에서 왕성한 귀성이 년간팔목(세기)을 합한 것에서이다(오토의 삼합일수가 오토의 삼합칠화 상관을 극함에서 유금귀성은 무탈한 가운데 유금은 삼합일수 정인을 생함에서 귀인세생의 행년에서 부친이 길함이 됨).

```
元命局 (時局), 雨水 中元 陽 六局          http://cafe.naver.com/48qoq

年支  歲天日馬          歲天日馬              天桃
     劫乙亡宮          劫乙亡宮              馬宮
10-13 戊 五 財      10-18 壬 十 財        10-11 庚 七 孫
10-23              10-28                10-21
11-02 丙 四 六父 3 鬼 11-07 辛 九 8 官      10-31 癸 二 1 孫
  驚天六招歸開        開天句天福休          休天朱攝天景
  門心合搖魂門        門蓬陳乙德門          門任雀提宜門
病空年亡劫 (61~65)   日       (87~90)    絕歲天日馬 (72~78)
衰亡桃宮宮 (24~27)   死馬     ( 9~17)    基劫乙亡宮 (19~20)

日年劫              日空年亡劫            歲天日馬
劫宮宮              亡宮桃宮宮            劫乙亡宮
10-12 己 六 父       年支                10-16 丁 二 孫
10-22          和局   九 四六父 官
11-01 丁 三 2 兄    乙 九官 五 十 財      11-05 己 七 6 孫
  死天太軒絕杜      10-14 10-09
  門柱陰轅體門      10-24 10-19          生天九咸遊驚
                 11-03 10-29          門沖地池魂門
                       天符
歲桃馬宮 (66~71)           (52~60)    天桃宮 (47~48)
旺      (21~23)           (28~32)    胎   (39~45)

月時支              桃天 年月日時干       歲天
年月日時干         花乙 月時支          馬宮
10-17 癸 一 三兄 父  10-10 辛 八 世       10-15 丙 三 兄
10-27              10-30 壬 三兄 10 父
11-06 庚 八 7 世    杜天直太生生          11-04 戊 六 5 父
  景天騰太絕死      門英符乙氣門          傷天九青禍傷
  門芮蛇陰命門                          門輔天龍害門
祿桃天馬 (46~46)         (79~86)       生日 年亡劫 (49~51)
帶花宮宮 (1~8)     浴   (18~18)       養劫 亡宮宮 (33~38)

운곡윤기용기문둔갑 VI.3.0.0
```

대운 9세의 구금관이 삼합일수로 년간과 하나된 것에서 부친의 군사 정변 성공과 대통령 당선이었기에 이의 구금관을 생하거나 합하는 나이는 길함에서 구금관의 대운을 생하는 십토의 10세는 군사 정변을 부친이 성공했고, 구금관이 년간일수와 삼합으로 하나된 구금관을 합하는 이화의 12세는 대통령으로 부친이 당선된다.

• 음력 9월 부친의 당선

12세 부친의 당선이 이화가 구금관이 일수년간과 삼합으로 하나된 구금관을 합한 것에서 당선이었기에, 당선의 달은 이화의 음력 11월이 된다(음력 1월은 이화반합의 유금이 됨). 하지만 이화를 생하는 음력 11월보다 앞선 달이 있다면, 그달이 되기에 이화를 생하는 삼목의 음력 2월과 팔목의 음력 7월이 된다.

이 가운데 이화를 생하는 삼목의 음력 2월은 이화를 생하지만 삼형살의 충극으로 이화가 삼형살에 묶이는 것에서 흉달이며, 팔목의 음력 7월은 이화를 생함에서 길달이나 팔목에 앞선 홍국수의 육수는 삼합팔목이 되기에 음력 5월이 된다.

그러나 십토는 암장육수와 삼합팔목이 되어 이화를 생하는 동시에, 대운 구금의 관을 생하여 년간일수를 삼합하는 관에서 길함을 증폭시키는 것에서 십토의 음력 9월에 당선이 된다(십토는 년간일수가 합된 것으로 부친이 되는 십토에서 삼합팔목이 아닌, 나이 12세가 합하고 대운인 구금을 합함에서 십토의 부친이 구금관을 생하여 삼합 일수로 년간이 되어 당선의 음력 9월이 됨).

- 일진-양력 10월 15일 부친의 대통령 당선

부친이 당선된 십토의 음력 9월이 삼합팔목이 된 것으로 이화 나이를 생함에서였기에, 당선의 일진은 팔목이 되는 일진이 되기에 건궁의 육수는 삼합팔목이 되기에 양력 10월 15일은 부친 당선의 길한 일진이 된다.

금년 신수에서 부친이 대통령에 당선이 됨은, 년간육수가 관귀와 합된 것
에서이다.

오행의 흐름을 보면, 년지칠화가 성국의 길에서 중궁유금에 이르러 암장
육수 년간을 생하고, 년간육수는 삼팔목의 관귀와 합생에서 부친은 대통령
에 당선이 된다(제자리 칠화가 유금을 극하지 못함은 성국의 길에서 세기십토를 생함이며, 성국
에 오기유통으로 당사자 본인도 길한 신수가 됨, 성국에 오기유통에서 팔목은 이칠화을 생하지만, 삼
목은 칠오가 동궁에서 이화생 아닌, 삼합칠화로 감에서 삼형살의 작용은 없음인데, 이는 삼목이 세기
가 화한 칠화를 생함에서이며 또한 팔목도 세기십토가 화한 칠화를 생함).

- 음력 9월 부친의 대통령 당선

  신수의 체에서 부친 당선이 육수년간이 삼팔목 관귀와 합에서였기에, 당선의 달은 육수년간이 팔목귀성을 합생하는 음력 9월이 된다.

- 행년(行年)에서 부친의 당선

  왕성한 삼목관이 부친인 육수년간과 합된 가운데, 삼합칠화로 칠화는 삼살육수 년간이 되어 팔목귀성과 합에서이다.

- 대운 21세 모친의 사망

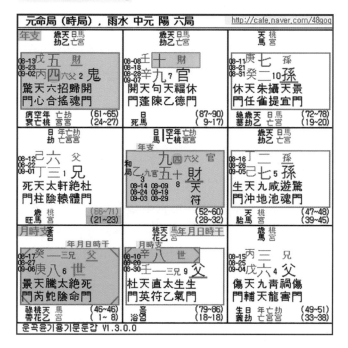

  삼목이 삼합칠화 상관이 된 것에서, 년지유금을 극함에서이다(대운삼목의 삼합칠화가 삼살육수에서 육수는 대운삼목에 깃들어 삼합칠화가 되어 유금을 극함, 대운삼목이 이화생에서는 이화가 반합유금에서 육수를 생하고, 육수는 대운삼목 제자리를 생함에서 삼목의 삼합칠화가

되어 유금년지를 극함은 동일함).

• 원비 23세 음력 7월(양력 8월 15일) 사시에 모친 피살로 유시에 숨을 거둠

대운삼목의 모친 사망이 삼합칠화가 유금년지를 극함에서였기에, 모친 사망의 나이는 칠화의 27세가 되지만 27세는 대운미입이라 칠화가 되는 삼목의 23세는 삼합칠화가 되기에 모친 사망은 삼목의 23세가 된다(대운삼목으로 가는 21세와 22세의 모친의 무탈 원리는 카페 게시판이나 영상을 통해 논리적 자세한 설명을 열람할 수 있음).

• 음력 7월 모친 사망

모친 사망의 나이가 23세 삼목이었기에, 모친 사망의 달은 삼목을 합생하는 육수나 일수가 되는 것에서 육수는 암장수에서 일수의 음력 9월이 된다. 하지만 일수의 9월에 앞서 일수가 되는 달은 구금의 삼합일수에서 음력 7월이 되기에 이달에 모친이 사망한다.

• 일진–양력 8월 15일 모친의 사망

모친 사망의 달이 구금이 화한 일수가 삼목을 생함에서였기에, 모친 사망의 일진은 삼목을 합생하는 육수가 된다. 이 육수 일진은 양력 8월 15일의 戊子일과 양력 8월 25일의 戊戌일 그리고 양력 9월 4일의 戊申일진이다.

• 모친 사망 시간에서 사시에 피살되어 유시에 사망

모친 사망의 시간에서 사시는 삼목을 생하는 일수가 되고, 유시는 오토가 되는데 실제 완전히 숨이 끊어진 시간은 삼목을 생하는 육수의 술시가 된다.

• 신비 23세 음력 7월, 모친 피살로 사망-寅月

금년 신수에서 모친이 피살되어 사망함은, 세기십토가 삼합유금으로 화하여 유금은 세기가 되어 왕성한 가운데 유금은 년지, 일간의 육수를 생하고 육수는 삼합팔목 년간이 되어 부친은 왕성함에서 무탈하지만 육수년지는 삼합팔목이 년간이 됨에서 육수년지는 삼목과 합으로 삼목은 년지가 된다.

삼목년지는 삼합칠화에서 삼살육수의 년지가 됨에서 제자리 년지육수의 삼목생은 이제 이화를 생하고 이화는 구금합으로 삼형살의 충극을 삼목이 받으므로 삼목에 깃든 육수년지도 충극됨에서 모친이 사망한다[년간팔목이 오토겁재 합에서 오토육합의 유금이 오토삼합의 일수재성을 생하여 오토의 삼합칠화 인성을 충극함에서 문서(집)은 흉하고, 부친은 무탈이 됨].

- 음력 7월 모친 사망

신수의 체에서 모친 사망이 년지육수가 삼목에 깃들어 삼형살의 충극에서 였기에, 모친 사망의 달은 육수년지가 삼목을 합하는 음력 10월이다. 하지만 앞선 달에서 육수을 생하는 달은 모친 사망의 달이 되기에 칠오구 삼살 육수에서 칠오구 삼살은 모두 중궁천반에 모여져 있음에서 이의 칠이 되는 십토의 음력 7월은 오미합화로 칠이 되어 칠오구 삼살육수가 되기에 모친 사망의 달이 된다(음력 9월~10월의 육수가 되는 음력 7월보다 앞선 달이 육수를 생하는 사구 금의 음력 1월~2월과 삼살육수가 되는 칠화가 되는 삼목의 음력 5월이 모친 사망의 달이 안 되는 것의 근거는 카페 게시판이나 동영상을 통해서 알 수 있음).

- 행년(行年)에서 모친 사망

유금이 중궁암장의 오토를 합함에서 오토의 삼합일수 재성이 오토의 삼합 칠화 정인을 극함에서 부친, 문서에는 흉함에서 모친을 사별한 부친의 괴로움과 본인의 공부도 장애가 됨이다.

그에 앞서 행년에서 모친의 길흉을 본다면, 유금은 지반의 년지육수를 생하고 육수는 삼목을 합한 것으로 모친은 삼목이 된다. 따라서 삼목은 삼형살의 충극을 받음에서 모친 사망이 된다.

• 대운 28세 부친 사망

```
元命局 (時局), 雨水 中元 陽 六局          http://cafe.naver.com/48gog
```

오토가 부모에게 흉한 재성의 육신에서 오토는 구금과 동궁으로 삼합일수 년간이 된 것에서 대운 28세는 일수년간이 되기에 따라서 일수년간의 부친 이 십토로 합생에서 십토는 삼합팔목이 되니 십토의 년간부친은 대흉함이 라 부친 사망의 시기가 되고, 십토의 칠화합에서는 칠화가 돌아도 제자리에 서 유금귀성을 극하니, 나의 권위도 떨어지게 된다.

• 원비 28세 음력 9월(양력 10월 26일 술시) 부친 서거

대운에서 부친 사망이 일수년간이 십토로 화함에서 십토년간이 삼합팔목 이 된 것으로 팔목으로 인한 사망이 되기에, 부친 사망의 나이는 팔목의 28 세가 된다(세기팔목은 오토합 아닌, 십토가 화한 칠화를 생하여 칠화는 돌아도 제자리에서 유금귀 성을 극하므로 나의 권위도 떨어짐).

- 음력 9월 부친 사망

　28세 부친 사망의 요인이 년간십토를 극하는 삼합팔목에서였기에, 부친 사망의 달은 팔목의 음력 1월이지만 팔목을 더욱 왕성하게 하는 육수에서 삼합팔목의 육수의 음력 9월은 부친 사망의 달이 된다.

　이 가운데 부친 사망의 달은, 팔목과 십토는 이미 동처로 작용한 것이기에 비동처가 동하는 육수의 음력 9월은 삼합팔목이 되어 십토년간의 부친은 대흉함이라 음력 9월의 육수가 청룡 달에서 사망하는데 청룡은 연회나 잔치, 오락 등 기쁜 일 가운데 화액이 되기에 연회 가운데 망신살과 겁살의 중중함을 더하여 사망하는 달이 된다.

- 일진-양력 10월 26일 술시에 부친 사망

　부친 사망의 달이 육수의 음력 9월에서 사망 일진은 육수를 생하는 일진이 되기에, 육수를 생하는 홍국수로 가장 강하게 생하는 홍국수는 칠화가 되므로 칠화는 삼살육수를 생함에서 칠화의 일진이 되는데 이의 칠화를 더욱 왕성하게 하는 삼목의 양력 10월 26일은 부친 사망의 일진이 된다.

　술시 사망은, 삼목을 자시로 순행으로 돌면 일진과 동일한 삼목의 시간은 술시로, 부친 사망의 일진이 된다.

• 신비 28세 음력 9월 부친 서거-寅月

1979年度 身數局(時局), 雨水 上元 陽九　http://cafe.naver.com/48gog

天馬	行年　歲馬日亡馬宮宮亡宮	年支馬劫桃宮宮宮時干
壬七 財壬二 財驚天九招絶杜門輔地搖命門	戊二 財戊七 財開天九天禍景門英天乙害門	庚九 父庚十 鬼休天直攝生休門芮符提氣門
絶歲日亡馬墓馬宮宮宮	天胎馬	生劫義宮
桃喜年劫馬花염亡宮宮	月時支月時支	空天劫乙宮宮　月日壬
辛八 孫辛一 兄死天朱軒遊開門冲雀轅魂門	和局癸八三 孫天符	丙四 父丙五兄 官生天騰咸絶傷門柱蛇池體門
年桃死桃	桃喜年花염亡宮	浴
月時支桃喜年劫馬花염亡宮宮	年支時干	年干
乙三 孫乙六 世景天句太歸生門任陳陰魂門	己十 鬼己九 父杜天六太天死門蓬合乙宜門	丁五 官丁四 父傷天太靑福驚門心陰龍德門
病日天亡衰劫乙宮	日歲桃旺馬劫宮	祿空天劫帶亡乙宮宮

운곡윤기용기문둔갑 V1.3.0.0

금년 부친 사망의 신수인 것은, 세기육수가 삼목과 육합으로 삼목이 된 것으로 삼목은 삼합칠화가 되어 사구금을 극함에서 부친이 사망하고, 유금인 성과 유금과 합된 오토의 월간도 극됨에서 흉함이다(칠화는 삼살육수로 중궁천반의 육수는 본래 삼목에 깃듦에서 삼목은 삼합칠화로 제자리 칠화는 사구금을 극하니 약한 년간구금은 사망하고 오토일간이 화한 것에서 유금일간도 삼합칠화의 극 받음에서 자신도 흉함이 됨, 명국에서 재성이 태왕이라 사구금의 흉함은 가중됨, 육수의 삼합팔목이 일간오토를 합함에서는 오토의 삼합일수 겁재가 오토의 삼합칠화 재성을 극함에서 십토귀성이 칠화된 것에서 관운, 명예도 잃음).

• 음력 9월 부친 사망

신수의 체에서 부친 사망이 구금을 극하는 칠화재성이었기에(유금도 흉함) 부친 사망의 달은 칠화의 음력 3월~4월이다. 하지만 앞선 달에서 삼합칠화가 된다면 그달이 부친 사망의 달이기에 삼목의 삼합칠화가 되는 음력 12월도 되지만 음력 12월은 전년도가 되기에 불용이다.

따라서 간궁삼목이 되는 중궁육수는 부친 사망의 달이 되기에 육수는 중궁에서 달이 없으므로 육수를 생하는 달은 칠오구 삼살이 되기에 칠화의 음력 3월이나 구금의 음력 7월도 되지만 이 두 달은 동처에서 오토일간은 순수일간으로 삼살육수가 되기에 오토일간이 삼합칠화가 되는 음력 9월은 부친 사망의 달이다.

• 행년(行年)에서 부친 사망
이화재성이 삼합일수 겁재인 구금을 합함에서 재물은 흉함이 되고, 다시 이화는 유금을 반합하여 태궁 지반의 오토를 합함에서 오토의 삼합칠화 재성을 오토의 삼합일수 겁재가 충극함에서 재물 손실이나 강탈됨이 있음이다.

유금이 중궁의 일육수를 생함에서는 일수는 십토합으로 십토의 삼합팔목이 십토의 육합칠화를 생함에서 칠화는 돌아도 제자리에서 년간구금을 극하여 부친이 사망하고, 일간유금 인성도 극함에서 나의 문서, 거처에 흉함이 있음이다.

```
元命局 (時局) , 雨水 中元 陽 六局          http://cafe.naver.com/48goq
```

年支 歲天日馬 劫乙亡宮	歲天日馬 劫乙亡宮	天桃 馬宮
03-07 戊五 3 財 03-17 丙四六 鬼 驚天六招歸開 門心合搖魂門 病空年亡劫桃 (61~65) 衰亡桃宮宮 (24~27)	03-12 壬十 8 財 03-22 辛九 官 開天旬天福休 門蓬陳乙德門 日死馬 (87~90) (9~17)	03-15 庚七 孫 03-25 癸二 孫 休天朱攝天景 門任雀提宜門 絶歲天日馬 (72~78) 蓋劫乙亡宮 (19~20)
日年亡劫 劫亡宮宮	日空年亡劫 馬亡桃宮宮	歲天日馬 劫乙亡宮
03-06 己六 2 父 03-16 丁三 兄 03-26 死天太軒絶杜 門柱陰轅體門 歲旺馬 (66~71) (21~23)	9 和己乙九五十財 局 03-13 03-08 03-23 03-18 天 04-02 03-28 符 (52~60) (28~32)	03-10 壬二 6 孫 03-20 己七 孫 03-30 生天九咸遊驚 門沖地池魂門 天胎宮 (47~48) (39~45)
月時支 年月日時干	桃天馬年月日時干 月暗支	歲馬 劫乙
03-11 癸一三 7 父 03-21 庚八 世 03-31 景天騰太絶死 門芮蛇陰命門 祿桃天馬 (46~46) 帶花乙 (1~ 8)	03-14 辛八 10 世 03-24 壬三 父 04-03 杜天直太生生 門英符乙氣門 浴宮 (79~86) (18~18)	03-09 丙三 兄 03-19 戊六 父 03-29 傷天九青禍傷 門輔天龍害門 生日年亡劫 (49~51) 蓋劫亡宮宮 (33~38)

```
운곡윤기용기문둔갑 V1.3.0.0
```

대운이화가 유금귀성의 반합에서 반합유금은 대운이 되고, 대운유금은 육수를 생하고 육수는 세기팔목과 삼합으로 감궁천반에서 팔목세기는 유금귀성과 합된 오토를 합함에서 당선이 된다(오토의 삼합일수는 오토의 삼합칠화 손을 극함, 대운이화가 삼합일수 인성인 구금관의 합도 길함이 됨).

대운이화에서 국회의원 당선이 세기팔목이 유금귀성과 합된 오토을 합함에서였기에, 당선의 나이는 팔목의 48세가 된다. 하지만 앞선 팔목에 앞서 팔목이 되는 홍국수는 육수이기에 육수는 대운미입이라 이의 육수를 생하는 칠화는 삼살육수가 됨에서 47세는 당선의 나이가 된다.

• 음력 2월의 당선

47세 당선이 팔목에서였기에, 당선의 달은 팔목의 음력 10월이 되는데 앞선 달이 육수의 음력 2월은 삼합팔목이 되기에 육수의 음력 2월은 새로이 동한 것으로 팔목에서 육수의 음력 2월은 당선의 달이 된다.

• 일진-양력 4월 2일 당선 일진

당선의 달이 육수의 음력 2월에서, 이의 육수를 생하는 일진은 당선의 일진이 되기에 구금의 관은 육수를 생함에서 양력 4월 2일은 당선의 일진이 된다(구금의 육수생은 곧 구금이 팔목이 되는 것에서 팔목에 닿아있는 일진이 됨).

• 신비 47세 음력 2월 15대 국회의원 당선-寅月

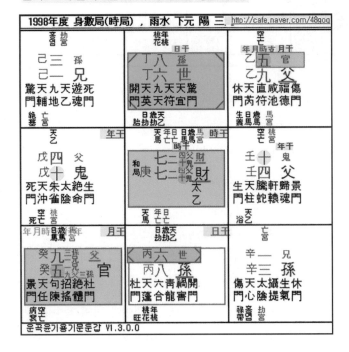

금년 신수에서 국회의원 당선이 되는 것은, 세기육수가 팔목 일간과 삼합

으로 나는 팔목이 된다.

이 팔목의 세기(일간)가 오토관을 합하므로 관은 길함인데, 더하여 오토관이 유금인성과 합된 것으로 약세의 육수를 생하므로 오토관의 도전은 나를 생하는 유금인성의 합됨에서 길함을 더한다(오토의 삼합일수는 오토의 삼합칠화를 충극에서 시간이 있다면 큰 자식의 흉함이며, 소유물의 흉함).

• 음력 2월 당선

신수의 체에서 당선이 팔목일간(세)이 오토관을 합함에서이기에, 당선의 달은 팔목일간의 음력 5월이 된다.

하지만, 팔목의 음력 5월에 앞서 팔목이 되는 달이 있다면 그달이 당선의 길달이 되는 것에서 육수의 음력 11월이 되는데 이는 육수가 삼합팔목이 됨에서이다.

따라서 음력 11월의 육수를 생하는 달은 곧, 음력 5월의 팔목이 되기에 구금의 음력 1월과 유금의 음력 2월이 감궁육수를 생함에서 구금의 육수세생도 길달이지만 이는 동처의 구금인 데 비해 유금은 비동처로 오면서 동했기에 육수세기를 생함에서 더욱 길한 달이 됨이라 유금의 음력 2월은 당선의 길달이 된다(유금의 음력 2월은 구금이 동처로 동하고 있는 가운데 더하여 육수세기를 생하기에 음력 2월이 더한 길달이 됨).

• 행년(行年)에서 당선

구금이 정인으로 세생육수에서 지반팔목 일간과 합된 것으로 세기팔목은 오토관을 합함에서 당선의 달이 된다.

• 대운 49세 국회의원 당선

元命局 (時局), 雨水 中元 陽 六局　http://cafe.naver.com/48goq

年支　歲天日馬 劫乙亡宮 04-06 戊 五 5 財 04-16 丙 四 六父 鬼 04-26 驚天六招歸開 門心合搖魂門 病空年亡劫 (61~65) 衰亡桃宮宮 (24~27)	歲天日馬 劫乙亡宮 04-11 壬 十 10 財 04-21 辛 九 官 05-01 開天旬天福休 門蓬陳乙德門 日 (87~90) 死馬 (9~17)	天馬桃宮 04-04 庚 七 3 孫 04-14 癸 二 孫 04-24 05-04 休天朱攝天景 門任雀提宜門 絶歲天日馬 (72~78) 蟄劫乙亡宮 (19~20)
日年乙劫 劫亡宮宮 04-05 己 六 4 父 04-15 丁 三 兄 04-25 死天太軒絶杜 門柱陰轅體門 歲桃 (66~71) 旺馬宮 (21~23)	年支 1 九四六父6官 和局 乙九五十財 天符 04-12 04-07 04-02 04-17 05-02 04-27 (52~60) (28~32)	歲天日馬 劫乙亡宮 04-09 丁 二 8 孫 04-19 己 七 孫 04-29 生天九咸遊驚 門沖地池魂門 胎馬宮 (47~48) (39~45)
月時支　年月日時干 04-10 癸 一三兄 9 父 04-20 庚 八 世 04-30 景天騰太絶死 門芮蛇陰命門 祿桃天馬 (46~46) 需花乙宮 (1~8)	桃天馬年日時干 花乙宮　月時支 04-13 辛 八 2 世 05-03 壬 一三兄 父 杜天直太生生 門英符乙氣門 需 (79~86) 浴宮 (18~18)	歲馬宮 04-08 丙 三 7 兄 04-18 戊 六 父 04-28 傷天九靑禍傷 門輔天龍害門 生日 年亡宮 (49~51) 襄劫 亡宮宮 (33~38)

운곡윤기용기문둔갑 V1.3.0.0

대운삼목에서 국회의원 당선은, 삼목이 삼합칠화에서 칠화의 삼살육수가 팔목세기를 합함에서 팔목세기가 유금귀성과 합된 오토를 합함에서이다(오토의 삼합일수는 오토의 삼합칠화 손을 극하여 유금귀성은 안녕이 됨).

• 원비 49세 음력 3월(양력 4월 13일) 16대 국회의원 당선

대운의 당선이 세기팔목이 유금귀성과 합된 오토를 합한 것에서 당선이었기에, 당선의 나이는 팔목의 48세가 된다. 하지만 48세는 대운미입이라 불용이며 48세가 되는 육수는 삼합팔목이 되기에 46세가 되지만 대운미입에 암장수는 나이가 없음에서 이의 육수를 생하는 구금의 49세는 육수를 생하고 육수는 삼합팔목이 됨에서 당선의 나이가 된다.

- 음력 3월의 당선

　49세 당선이 육수를 생함에서였기에, 당선의 달은 육수를 생하는 삼살육수가 되는 칠화의 음력 3월, 오토의 음력 5월, 구금의 음력 1월, 육수를 생하는 유금의 음력 6월 가운데 가장 빠른 달은 칠화의 음력 3월로 삼살육수가 되어 팔목이 됨에서이다(구금의 음력 1월은 삼합일수가 되고, 육수생은 음력 11월이 됨).

- 일진-양력 4월 13일 당선 일진

　당선의 달이 칠화가 삼살육수가 되어 세기팔목을 합생한 것에서 세기팔목의 귀성합이었기에, 당선의 일진은 팔목세기가 유금귀성과 합된 오토를 합하는 팔목의 양력 4월 13일이 된다.

- 신비 49세 음력 3월, 국회의원 당선-卯月

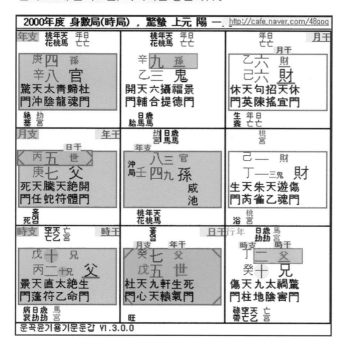

금년 신수에서 국회의원에 당선됨은, 세기(일간)오토가 칠화로 삼합된 것에서 칠화는 삼살육수로 육수는 삼합팔목 관이 된 것으로 오토세기(일간)을 합함이니, 당선의 해이다.

• 음력 3월 당선

신수의 체에서 당선이 삼합팔목 관이 오토세기(일간)을 합함에서였기에, 당선의 달은 팔목이라 이를 합생하는 육수의 음력 6월은 당선의 달이 되지만 육수를 생하는 앞선 달은, 유금의 음력 3월이 된다(육수는 자형살에서 이를 생하는 유금의 음력 3월이 되지만, 육수를 생하는 앞선 달에서도 유금의 음력 3월이 됨).

• 행년(行年)에서 당선

이화가 지반십토와 삼합유금으로 감에서, 중궁유금이 팔목관과 합된 감궁지반의 오토세기(일간)를 합한 것에서 당선의 해가 된다. 유금의 오토합에서 오토의 삼합일수가 오토의 삼합칠화 인성월지를 충극함에서 아래 동생의 흉함이 되나 삼합일수가 팔목을 생하여 칠화 충극은 없음이 된다. 그리고 행년이화의 삼합일수 재성인 구금을 합함에서는 재물에 길함이 된다.

元命局 (時局), 雨水 中元 陽 六局　http://cafe.naver.com/48gog

歲天日馬 劫乙亡宮	歲天日馬 劫乙亡宮	天桃 馬宮
04-10 戊 五 9 懟 04-20 04-30 丙 四 六父 鬼 驚天六招歸開 門心合搖魂門	04-05 壬 十 4 財 04-15 04-25 辛 九 官 開天句天福休 門蓬陳乙德門	04-08 庚 七 7 孫 04-18 04-28 癸 二 孫 休天朱攝天景 門任雀提宜門
病空年 亡劫　(61~65) 衰亡桃宮　(24~27)	日　　　(87~90) 死馬　　(9~17)	絶歲天日馬　(72~78) 基劫乙亡宮　(19~20)
日年亡劫 劫乙桃宮	日窆年亡劫 亡桃宮	歲天日馬 劫乙亡宮
04-09 己 六 8 父 04-19 04-29 丁 三 兄 死天太軒絶杜 門柱陰輳體門	年支 5 九 四 六父 10官 和局 乙九官 五 十 財 04-06 04-11　天 04-16 04-21 04-26 05-01　符	04-13 丁 二 2 孫 05-03 己 七 孫 生天九咸遊驚 門沖地池魂門
歲　桃宮　(66~71) 旺馬　(21~23)	(52~60) (28~32)	天桃宮　(47~48) 胎馬　(39~45)
月時支宮 年月日時干	桃天馬年月日時干 花乙月時支	歲天桃宮 馬宮
04-04 癸 一 三兄 3 父 04-14 05-04 庚 八 世 景天騰太絶死 門芮蛇陰命門	04-07 辛 八 6 世 04-17 04-27 壬 三兄 父 杜天直太生生 門英符乙氣門	04-12 丙 三 1 兄 04-22 05-02 戊 六 父 傷天九靑禍傷 門輔天龍害門
祿桃天　馬宮　(46~46) 帶花乙　(1~ 8)	麇　(79~86) 浴　(18~18)	生日　年亡劫　(49~51) 襄劫亡宮　(33~38)

운곡윤기용기문둔갑 V1.3.0.0

대운구금에서 극회의원 당선은, 구금이 삼합일수로 나아감에서 일수는 팔목 세기가 되어 유금귀성과 합된 오토를 합하므로 팔목세기가 유금귀성과 합된 것으로 당선의 대운이 된다.

• 원비 53세 음력 3월(양력 4월 15일) 17대 국회의원 당선

대운구금의 당선이 세기팔목이 유금귀성과 합된 오토를 합함에서 당선이 었기에, 당선의 나이는 58세가 된다. 하지만 팔목에 앞선 나이가 있다면 그 나이가 되기에 암장의 육수는 삼합팔목이 되기에 56세가 되지만 암장육수 는 나이가 없기에 이의 육수를 생하는 나이가 됨에서 칠오구는 삼살육수가 되기에 칠화의 57세가 되지만, 칠화가 되는 앞선 홍국의 삼목은 삼합칠화에 서 53세가 당선의 나이가 된다.

- 음력 3월 당선

당선의 나이가 삼목에서, 당선의 달은 삼목을 생하는 육수나 일수가 되는데, 육수는 암장수라 달을 말할 수 없음에서 일수의 음력 3월이 당선의 달이 된다.

- 일진-양력 4월 15일 당선 일진

당선의 음력 3월이 일수가 나이 삼목을 생함에서 팔목세기를 생하는 것으로 당선의 달이었기에, 당선의 일진은 팔목이 되는 십토의 양력 4월 15일은 당선의 일진이 된다.

- 신비 53세 음력 3월, 국회의원 당선-寅月

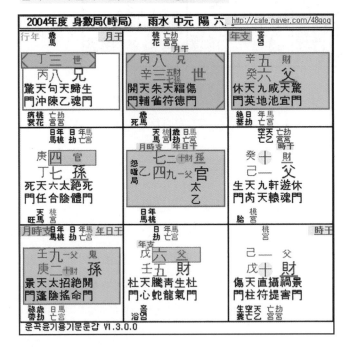

금년 신수에서 국회의원 당선은, 세기삼목이 일간의 이화를 생함에서 일

간이화는 삼합유금으로 화하여 일간과 유금관은 하나가 된 것에서 당선이 된다(성국에 오기유통이 되는 길한 신수이고, 세기삼목이 암장과 삼합칠화가 된 것으로 세기는 칠오구삼살육수에서 육수정인은 세생으로 삼목은 삼합칠화에서 사구금의 관귀를 극함에서 관운이 대흉해야 하지만 당선이 되는 것의 원리는 카페 게시판이나 동영상을 통해 열람).

• 음력 3월 당선

신수의 체에서 당선이 일간이화가 유금관과 삼합유금으로 하나가 된 것에서 당선이었기에, 당선의 달은 중궁천반의 이화일간의 달이 됨에서 이를 생하는 삼목세기의 음력 3월은 당선의 달이 된다(삼목의 삼합칠화가 음력 3월이고 삼목의 이화생이 음력 4월이 되지만, 삼목이 세기에서 일간생은 선달로 음력 3월이 된다. 이는 네 곳의 간궁에 정인은 중궁천반의 세기를 생하는 것에서 선달이 되는 것과 같음).

• 행년(行年)에서 당선

삼목세기가 삼합칠화의 세기가 되어 삼합유금의 관인 십토를 합하므로 당선의 행년이 된다.

대운구금에서 당선이 육수를 생함에서 육수가 삼합팔목 세기로 유금관과 합된 오토를 합하고 있었던 것에서였기에, 삼목의 53세는 삼살육수를 생하고 있는 칠화를 생하는 것에서 당선이었고, 칠화의 57세도 삼살육수에서 육수가 삼합팔목으로 연결되어 세기팔목이 유금귀성과 합된 오토를 합하고 있음에서 당선의 나이가 된다.

• 음력 3월의 당선

칠화의 57세의 당선에서 당선의 달은, 칠화의 음력 1월이 되지만 이의 칠화를 더욱 왕성하게 합생하는 삼목의 음력 5월과 십토의 음력 8월과 오토의 음력 3월에서 가장 빠른 달인 오토의 음력 3월에 당선이 된다.

당선의 달이 칠화를 왕성하게 하는 것에서였기에, 당선의 일진의 십토는 오미합화로 칠화가 되어 당선의 일진이 되지만, 삼합팔목으로 세기팔목에서 유금귀성과 합된 오토합으로 양력 4월 9일은 당선의 일진이 된다.

• 신비 57세 음력 3월 국회의원 당선-卯月

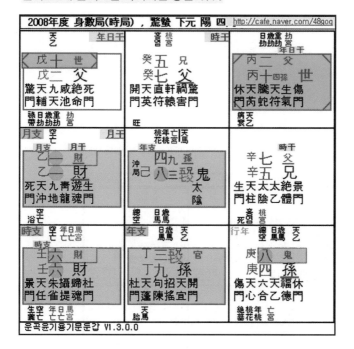

금년 신수에서 국회의원에 당선은, 세기십토가 삼합유금이 된 것에서 유금은 세기가 된다. 이 유금세기가 중궁암장의 겁재오토를 합함에서 오토의 삼합칠화 정인을 오토육합의 팔목귀성이 생함에서 귀인세생이 되는 것으로 당선의 해가 된다.

- 음력 3월 당선

　신수의 체에서 당선이 세기유금이 오토를 합함에서였기에, 당선의 달은 중궁유금의 달이 되기에 이의 삼합되는 십토의 음력 3월은 삼합유금이 되어 오토를 합하므로 당선의 달이 되는데, 오토는 삼합칠화 정인으로 오토육합의 팔목귀성이 귀인세생으로 당선의 달이 된다.

- 행년(行年)에서 당선

　팔목귀성이 암장오토 겁재를 합함에서 오토의 삼합칠화 정인이 오토육합의 팔목의 생을 받아 오토육합의 유금손을 극하는 동시 세생하는 것에서 귀인세생의 행년에서 당선이 된다.

- 대운 61세 국회의원과 대통령 당선의 길함과 탄핵을 당하는 불운

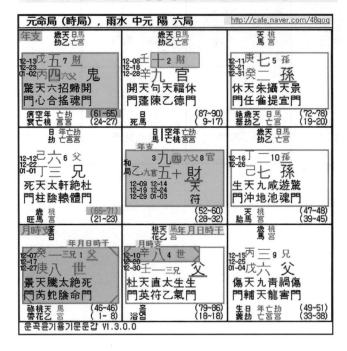

먼저 대운오토에서 국회의원과 대통령으로 당선은, 오토가 먼저는 삼합일수 간궁천반에서 감궁세기를 생함에서 세기팔목은 유금귀성과 합된 오토를 합함에서 권세를 잡으니 국회의원과 대통령에 당선이 된다.

하지만, 오토의 다음은 삼합칠화로 칠화가 삼살육수에서 삼팔목을 생하고 삼팔목은 제자리 칠화를 생함에서 오토육합의 유금귀성을 극함에서 세기팔목의 자신이 합했던 귀성은 극 받음에서 탄핵을 당한다.

- 원비 61세 음력 3월(양력 4월 11일) 국회의원과 음력 11월(양력 12월 19일) 대통령 당선

대운오토에서 당선이 오토가 삼합일수의 정인에서 팔목세기를 생하고, 팔목세기는 유금귀성과 합된 오토를 합함에서였기에 당선의 나이는 팔목의 68세가 된다.

하지만 68세는 대운미입이라 이의 팔목을 생하는 홍국수의 나이가 되기에 이는 일수와 육수가 되기에 육수도 대운미입이며, 일수의 61세는 팔목을 생함에서 유금귀성과 합된 오토합으로 당선의 나이가 된다(팔목세기가 오토합에서 유금귀성의 두합이 됨).

- 음력 3월 국회의원 당선

일수의 61세에 당선에서 당선의 달은, 일수를 생하는 구금의 음력 3월과 유금의 음력 8월 가운데 유금의 생보다 구금의 삼합일수가 더 일수를 드러내는 달이자 유금의 음력 8월보다 선달에서 음력 3월은 당선의 달이 된다.

- 일진-양력 4월 11일 국회의원 당선

당선의 달이 구금이 삼합일수로 나이 일수를 생함에서였기에, 음력 3월은

구금의 삼합일수로 일수는 음력 3월이 된다. 따라서 당선 일진은 달의 일수를 생하는 유금의 일진이 될 것인데 공망으로 약한 것에서 이를 반합으로 왕성하게 하는 음력 4월 11일의 일진 이화가 된다(구금은 달에서 생했기에 새로운 이화는 반합유금으로 양력 4월 11일의 일진은 유금으로 옮겨온 것에서 11일은 유금이 되는데 자체 유금보다 반합유금이 유금이 더 강하여 일수를 생하는 힘이 강함).

• 음력 11월 대통령 당선

일수가 정인으로 팔목 세기로 감에서, 팔목세기는 유금귀성과 합된 오토를 합함에서 대통령에 당선이 된다(음력 1월은 십토합으로 감).

• 일진-양력 12월 19일 대통령 당선

대통령 당선이 일수의 음력 11월에 된 것에서, 당선 일진은 이를 합생하는 구금이나 유금이 되는 것으로 구금의 양력 12월 19일은 삼합일수로 음력 11월 일수를 가장 왕성하게 합생하는 당선의 일진이 된다.

- 신비 61세 음력 3월 국회의원과 음력 11월 대통령 당선-寅月

2012年度 身數局(時局), 雨水 中元 陽六 http://cafe.naver.com/48qoq		
年支 行 歲日馬 劫亡宮 乙劫巳宮 **時干**	天歲日馬 乙劫亡宮	歲日馬 劫亡宮 **日干**
戊十 財 丙四六 鬼 驚天直太歸杜 門心符乙魂門	壬五 財 辛九 官 開天騰靑福景 門蓬蛇龍德門	庚二 孫 癸二 孫 休天太太休 門任陰宜門
病年 亡劫 衰桃 宮宮	日死馬	絕歲 日馬 墓劫 亡宮
居空 空 己一 父 丁三 兄 死天九天絕開 門柱天乙體門	喜天桃 年亡劫 和乙化五十 財 攝提	喜天桃 丁七 孫 己七 孫 生天六招遊傷 門沖合搖魂門
歲 桃 馬 旺 宮	天乙	喜天桃 空桃馬 胎劫 花宮
月時支 年亡劫 劫 亡宮宮	歲 桃 馬 年月干	空桃 馬 空 花宮 月時支
癸六 父 庚八 世 景天九天絕生 門芮地符命門	辛三 兄 壬一 父 杜天朱咸生死 門英雀池氣門	丙八 世 戊六 父 傷天句軒禍驚 門輔陳轅害門
祿空桃 馬 帶亡花 宮	居空 浴空	生日 年亡劫 襄劫 亡宮
운곡운기용기문둔갑 V1.3.0.0		

금년 신수에서 국회의원 당선과 대통령으로 당선은, 세기팔목이 태왕한 가운데 유금귀성과 합된 오토를 합하므로 관록이 길한데, 일간의 이화도 삼합유금으로 년지귀성도 왕성한 것으로 왕성한 세기와 일간은 각각 귀성를 합하고 귀성과 하나됨에서 대권을 잡는다(팔목의 이칠화를 생함에서는 팔목으로 돌아옴, 팔목세기가 오토합에서 양귀성을 합함).

- 음력 3월 국회의원 당선과 음력 11월의 대통령 당선

신수의 체에서 국회의원 당선과 대통령 당선이 태왕한 팔목세기가 태왕한 유금귀성과 합된 오토를 합함에서였기에, 팔목세기의 달에 국회의원에 당선이 되고 대통령에도 당선이 되는 것은 팔목세기가 양, 귀성과 합된 오토를 합함에서이다.

따라서 당선의 달은 세기팔목의 음력 9월~10월이 된다. 그러나 팔목에 이르는 앞선 홍국수가 있다면 그 홍국수의 달이 되기에 삼합팔목이 되는 육수와 십토의 달이 되는 것에서 앞선 달을 봐야 하기에 육수의 달이 된다.

하지만, 육수의 삼합팔목은 전년도 음력 12월이 되기에 이의 육수를 생하는 홍국수가 당선의 달이 됨에서 사구금과 삼살육수가 되는 칠화가 된다. 여기서 앞선 달은 사구금에서 구금은 삼합일수가 되기에 유금의 달이 되는데 유금은 중궁에 있음에서 이를 삼합하는 십토의 음력 3월은 국회의원 당선의 달이 되고, 그다음 육수를 생하는 홍국수는 삼살육수가 되는 칠화의 음력 8월이 되는데, 이의 형옥살의 칠화는 삼합칠화가 되는 삼목의 음력 11월이 됨에서 음력 11월은 대통령 당선의 달이 된다(팔목은 태왕함에서 면공이 됨).

• 행년(行年)에서 당선

십토가 삽함유금 귀성으로 팔목세기와 합된 오토를 합하므로 귀성이 세기와 합되는 달에서 관운에 길함을 보이는 행년이 된다.

元命局 (時局), 雨水 中元 陽 六局　　http://cafe.naver.com/48goq

年支	歲天日馬 劫乙亡宮		歲天日馬 劫乙亡宮		天馬桃宮	
12-07 戊 五 1 財 12-17 12-27 丙 四 六父 鬼		12-12 壬 十 6 財 12-22 01-01 辛 九 官		12-15 庚 七 9 孫 12-25 01-04 癸 二 孫	
驚天六招歸開 門心合搖魂門		開天句天福休 門蓬陳乙德門		休天朱攝天景 門任雀提宜門	
病空年亡劫　　(61~65) 衰亡桃宮宮　　(24~27)		日　　(87~90) 　　死馬　(9~17)		絶歲天日馬　(72~78) 墓劫乙亡宮　(19~20)	
	日年亡劫 亡桃宮宮	年支 馬年亡劫 亡桃宮宮		歲天日馬 劫乙亡宮	
12-18 己 六 10父 12-26 丁 三 兄		和 九 四六父 2 官 局 乙 九 官 五 十 財 12-13 12-08 12-23 12-18 01-02 12-28 天符		12-10 二 4 財 12-20 12-30 己 七 孫	
死天太軒絶杜 門柱陰轅體門				生天九咸遊驚 門沖地池魂門	
歲桃 馬　(66~71) 旺 宮　(21~23)		(52~60) (28~32)		歲天桃 馬　(47~48) 胎乙宮　(39~45)	
月時支	年月日時干	桃花馬年月日時 花乙宮 月時支		歲馬桃宮	
12-11 癸 三兄 5 父 12-21 12-31 庚 八 世		12-14 辛 八 8 世 01-04 01-03 壬 三兄 父		12-09 丙 三 3 兄 12-19 12-29 戊 六 父	
景天騰太絶死 門芮蛇陰命門		杜天直太生生 門英符乙氣門		傷天九青禍傷 門輔地龍害門	
祿桃天 馬　(46~46) 帶花乙宮　(1~ 8)		喜　　(79~86) 浴宮　(18~18)		生日 年亡劫　(49~51) 養劫 亡宮宮　(33~38)	

운곡윤기용기문둔갑 V1.3.0.0

대운 61세 관의 길함과 흉함이 함께하는 시기에서, 길함은 오토가 중궁과 삼합일수로 나아감에서였고 흉함은 오토가 삼합칠화로 감에서였기에, 오토의 65세는 대흉한 해가 된다. 이는 대운 61세~65세 가운데 길함의 나이가 많은 가운데 흉함의 마지막 65세의 오토는 분명 흉함이 되는 나이가 되기 때문이다.

오토 65세의 먼저는 중궁을 거처 삼합일수로 나아감에서 1년의 절반 이상을 대통령의 권한을 가졌지만, 오토의 삼합칠화 손에서는 상관에서 중궁 천반의 사구금 관귀를 극함에서 탄핵을 당한다(칠화가 삼살육수로 감궁천반의 팔목과 합에서 다시 칠화를 생함에서 제자리 칠화상관은 사구금의 관귀를 극함).

- 음력 11월 탄핵

오토의 65세 탄핵에서 탄핵의 달은 오토의 음력 1월은 중궁을 거친 삼합 일수로 나아가며, 오토의 음력 11월은 삼합칠화가 됨에서이다(칠화가 삼살육수로 팔목과 합에서 팔목은 제자리 칠화를 생함에서 칠화상관은 사구금의 관귀를 극함).

- 일진-양력 12월 9일 탄핵

탄핵의 달이 사구금의 관귀를 극하는 삼합칠화 상관에서였기에, 탄핵의 일진은 칠화를 합생하는 삼목의 일진인 양력 12월 9일이 된다.

- 신비 65세 음력 11월(양력 12월 9일) 탄핵으로 직무 정지-卯月

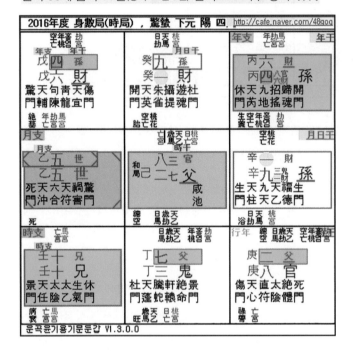

금년 신수에서 탄핵을 당함은, 세기오토가 삼합칠화가 된 것으로 칠화는 세기가 되어 삼살육수로 나아가고, 육수는 삼팔목을 합생하여 제자리 칠화

세기에 이른다. 따라서 세기칠화는 세기육합인 유금을 극하고, 일간구금을 극함에서 칠화인 세기가 세기유금과 일간구금을 극하여 대흉한 한 해가 된다.

아울러 육수가 삼목귀성에 깃든 것으로 삼목귀성은 세기오토와 삼합된 것으로 본인의 관록이 되기에 이의 삼목귀성이 삼형살의 충극을 받음에서 권력은 탄핵을 당하게 된다.

• 음력 11월 탄핵

신수의 체에서 탄핵이 세기칠화가 세기유금을 극하고, 일간구금을 극함에서 흉한 가운데 나의 권력인 삼목귀성도 삼형살의 충극에서 권력을 잃게 되니, 그 흉달은 세기유금과 일간구금을 극하고 삼목귀성이 충극되는 칠화의 음력 11월이 된다.

• 행년(行年)에서 대통령직의 탄핵

이화정인은 세생으로 오토는 삼합칠화로 화하여 삼살육수로 육수는 삼팔목을 합생하여 제자리 칠화세기에 이른다. 따라서 세기칠화는 세기육합인 유금을 극하고, 일간구금을 극함에서 칠화인 세기가 세기유금과 일간구금을 극하여 대흉한 한 해가 된다.

아울러 육수가 삼목귀성에 깃든 것으로 삼목귀성은 세기오토와 삼합된 것으로 본인의 관록이 되기에 이의 삼목귀성이 삼형살의 충극을 받음에서 권력은 탄핵을 당하는 행년이 된다.

• 대운 66세 대통령 파면과 구속 수감과 석방

이 대운의 대흉함은, 육수가 지반삼목과 육합에서 삼목은 삼합칠화 상관이 된 것으로, 년지유금의 귀성을 극하므로 대통령에서 파면이 되고 구속되는 일이 생긴다(삼목의 삼합칠화가 삼살육수에서도 삼목을 생하여 제자리 칠화가 됨, 파면 아닌 구속의 원리는 카페 게시판이나 동영상을 통해 열람할 수 있음).

• 대운 마지막 나이에 석방

대운육수의 청룡에서 감궁의 세기팔목과 합으로 나아감에서 팔목세기가 유금귀성과 합된 오토를 합함에서이다(일간과 세기가 동궁으로 자묘형살을 멸하는 유금을 팔목이 유금을 합하므로 복권이 됨).

- 원비 66세 음력 2월(양력 3월 10일) 헌법재판소 파면으로 퇴진과 음력 2월(양력 3월 31일 인시) 서울 구치소 구속 수감

대운육수에서의 파면과 구속이 지반삼목이 삼합칠화 손이 되어 유금을 극함에서였기에, 파면과 구속의 나이는 육수의 66세가 된다(파면은 유금귀성을 삼합칠화의 상관이 극함에서이며, 구속은…).

- 음력 2월의 파면과 구속

구속이 육세의 66세였기에, 구속의 달은 이 육수를 생하는 달이 됨에서 구금의 음력 8월과 유금의 음력 3월 그리고 삼살육수인 칠화의 음력 10월에서, 이 가운데 가장 빠른 달은 유금의 음력 3월이 되기에 이를 합생하는 오토의 음력 2월은 육수를 생하는 가장 빠른 달이 되기에 파면과 구속의 달이 된다.

- 일진-양력 3월 10일 파면과 양력 3월 31일에 구속

파면과 구속의 달이 육수를 생하는 오토유금에서, 파면과 구속의 일진은 육수를 생하는 삼살육수인 칠화, 십토, 구금에서 삼살육수가 되는 칠화를 더욱 드러나게 하는 십토의 양력 3월 10일은 파면이 되고, 육수를 생하는 또 하나의 홍국수는 구금에서 양력 3월 31일에 구속이 된다(육수를 생하는 홍국수에서 유금과 오토는 달에서 동했고, 구금과 칠화에서 칠화는 십토의 파면 일진으로 동했음에서 구속의 일진은 구금의 31일이 됨).

2017年度 身數局(時局) , 雨水 中元 陽 六. http://cafe.naver.com/48goq

금년 신수에서 파면과 구속이 됨은, 년지와 세기가 동궁에서 두문이라 신수의 장애나 흉함인 가운데, 오토세기가 삼합일수가 되어 팔목일간을 생함에서 팔목일간의 관이 오토세기를 합함에서 오토의 삼합일수가 오토의 삼합칠화 인성을 충극함에서 칠화에 깃든 삼목귀성도 충극됨이라 관록과 행정을 손 놓게 되고, 팔목관의 일간이 유금손과 합된 오토를 합함에서 관도 대흉이라 권세를 잃게 되어 파면이 된다(구속의 원리는 카페 게시판이나 동영상 통해 공부할 수 있음).

• 음력 2월의 파면과 구속

신수의 체에서 파면과 구속인 중궁일간의 팔목관이 유금상관과 합된 오토세기를 합함에서였기에, 파면과 구속의 달은 일간팔목의 관달인 음력 3월이다.

하지만 음력 3월의 팔목을 더 왕성하게 드러내는 홍국수는 삼합팔목인 육수의 음력 9월에서 음력 3월~4월보다 선달은 육수를 생하는 구금의 음력 2월에서 파면과 구속의 달이 된다.

• 행년(行年)에서의 파면과 구속

오토세기가 삼합일수가 되어 팔목일간을 생함에서 팔목일간의 관이 오토세기를 합함에서 오토의 삼합일수가 오토의 삼합칠화 인성을 충극함에서 칠화에 깃든 삼목귀성도 충극됨이라 관록과 행정을 손 놓게 되고, 팔목관의 일간이 유금손과 합된 오토를 합함에서 관도 대흉이라 권세를 잃게 되어 파면이 된다(구속의 원리는 카페 게시판이나 동영상 통해 공부할 수 있음).

• 원비 70세 음력 11월(양력 2022년 1월 1일 자시) 석방

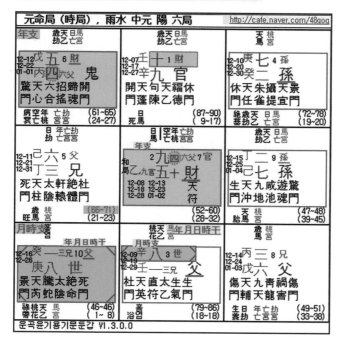

대운 66세의 석방이 육수의 청룡이 세기팔목과 삼합에서 유금귀성과 합된 오토를 팔목세기가 합함에서였기에, 석방의 나이는 유금귀성과 합된 오토를 합하는 팔목의 68세가 된다.

하지만, 68세의 팔목세기는 일간과 동궁으로 자묘형살이기에 이를 합생하는 것에서 형살은 풀리기에 팔목을 생하는 일수의 71세나 십토의 70세가 됨에서 빠른 나이는 삼합팔목인 십토의 70세가 된다(삼합팔목이 되는 육수의 66세는 지반삼목과 합으로 구속의 나이가 됨, 대운이 청룡이 있으면 흉대운이라도 그 대운 가운데 기쁜 일은 있음).

- 음력 11월 석방

70세의 석방이 십토가 삼합팔목의 세기가 됨에서였기에, 석방의 달은 십토가 되는 것에서 십토의 음력 1월은 나이에서 동했기에 동하고 있는 십토의 음력 1월에다 음력 11월의 십토는 칠화와 육합에서 칠화가 삼살육수로 대운육수는 세기팔목과 삼합된 것으로 팔목을 더욱 왕하게 하는 것으로 음력 11월에 석방이 된다.

- 일진-2022년 양력 1월 1일 자시 석방

음력 11월의 석방이 십토가 칠화로 감에서 칠화가 삼살육수로 인해 팔목세기를 삼합한 것으로 유금귀성과 합된 오토를 합함에서였기에, 음력 11월의 십토는 칠화가 된 것으로 석방이다. 따라서 석방의 일진은, 칠화가 되는 일진에서 삼합칠화가 되는 오토나 삼목의 일진 그리고 칠화가 되는 십토의 일진이 된다.

이 가운데 십토는 음력 11월에서 동했고, 삼목의 일진은 칠화로 가지만 칠화의 삼살육수에서 삼목 제자리에서 삼형살의 충극을 받으므로 친구 동료와 합되는 석방의 일진에서는 흉일진이 되기에 오토의 양력 1월 1일은 삼합칠화가 됨에서 석방의 일진이 된다(자시부터 온전한 사면 복권으로 석방의 시가 되는 것은, 자시는 오토가 삼합칠화가 되는 것으로 일진오토와 동일한 이치에서 석방의 시간이 됨).

• 신비 70세 음력 11월 사면 복권

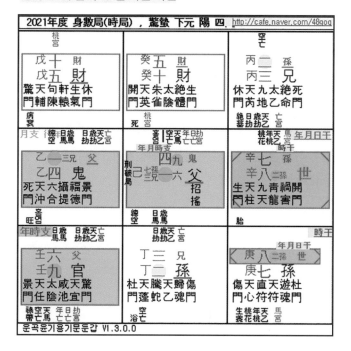

금년 신수에서 1년이 거의 다 지나간 음력 11월 사면 복권이 됨은, 성국에 오기유통은 되는 것에서 길한 신수가 된다. 하지만 년지관의 망신살의 중첩에 겁살궁과 공망에서 사면 복권은 난제가 있음인 가운데 세기팔목의 오토합에서는 오토의 삼합칠화 손이 오토육합의 유금귀성을 극함에서 명예회복의 석방은 어렵게 보인다. 하지만 석방이 되는 것은, 카페 게시판이나 동영상 통해 원리를 이해할 수 있음이다.

- 음력 11월 사면 복권

삼목이 칠화와 삼합에서 칠화손은 십토를 합함에서 십토는 삼합유금 귀성이 되어, 십토의 일수합인 정인을 생하여 석방의 길달이 되지만, 칠화 손의 제자리에서 사구금의 관귀를 극함에서 명예 회복의 사면은 어려운 것에서, 하지만 명예 회복의 사면이 되는 것은 카페 게시판이나 동영상 통해 원리를 알 수 있음이다.

- 행년(行年)에서의 사면 복권

일수정인이 건궁천반의 세기팔목을 생함에서 세기팔목의 오토합에서는 오토의 삼합칠화 손이 오토육합의 유금귀성을 극함에서 명예 회복의 석방은 어렵게 보인다. 하지만 석방이 되는 것은, 카페 게시판이나 동영상 통해 열람할 수 있음이다.

15) 대학 입시, 시험 운

(1) 男-午月 6173

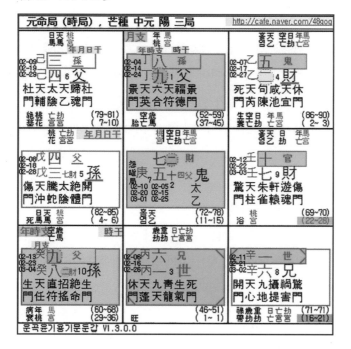

위 원명국은 대입에 있어 삼수와 사수로 학마 운기를 맞이하는 것으로 대입에 시련을 겪는 남명이다.

세기일수는 겸왕에 거왕으로 왕하고, 구금이 삼합일수로 왕하여 수명은 장수하며, 재물이 들어올 때는 큰 성취가 되는 것으로 직업은 세왕에서 삼합칠화인 편재가 되기에 이의 칠화를 더욱 왕성하게 하는 일간삼목의 손은 진용이 된다. 고로 의사를 원함에서 운에서 떨어지는 수모를 당한다(부친년간은 삼목손에서 의사).

부친의 년간삼목과 일간은 동궁으로 천충에서 부친과는 충돌이 되는 뇌궁에서 공히 천둥 번개 같은 성격에서 충돌의 정도는 강함이다(서로 간 장남의 자리에서도 서로 간 리더의 기질이 있으므로 흉함을 더함).

모친의 팔목은 토끼에서 순수하고 착하며 소심하고 겁이 많은 가운데, 소년 자리라 더욱 순수하고, 소심한 면이 있음인데, 년지팔목은 유금과 합된 오토를 합하므로 오토의 삼합일수가 오토의 삼합칠화를 충극하므로 아들과 남편은 서로 간 대립되는 관계를 만듦이다(팔목년지가 유금과 합되어 오토합에서 유금에 극을 팔목이 받지 않음은 오토의 삼합일수에서 유금은 일수를 생함).

• 대운 16세 삼수 만에 한의대 합격

육수겁재에 화해살과 겁살과 망신살의 중중함에서 이 시기는 친구와 쟁투나 언설, 대립, 갈등이 있음이며, 뜻하는 바의 성취에 장애와 망신당함이 있음인데, 육수가 먼저는 일간삼목을 합생함에서 삼목이 삼합칠화 재성이 되어 삼살육수로 돌아도 제자리에서 칠화는 사구금의 인성을 극함에서 학마운으로 시험에 떨어지는 수모를 당하므로 삼수까지 하게 된다.

그러나 삼수 만에 합격은, 육수가 삼합팔목이 된 것에서는 유금인성과 합된 오토를 합하므로 시험에 합격이라 삼수 만에 한의대에 합격한다(팔목의 오토합에서 오토의 삼합일수가 오토의 삼합칠화를 충극함에서 오토육합의 유금합은 무탈, 육수가 일간합의 작용이 선작용이며, 팔목작용은 후작용에서 삼수 합격).

• 원비 19세 대학 입시 낙방

19세 구금이 대운육수를 생함에서 육수가 먼저는 일간삼목을 합생함에서 일간삼목이 삼합칠화 재성으로 일간이 되어 삼살육수로 돌아도 제자리에서 일간칠화는 사구금의 인성을 극함에서 학마운으로 시험에 떨어지는 수모를

당한다(육수가 삼합팔목이 된 것에서는 유금인성과 합된 오토를 합하므로 시험에 합격이지만, 일간

작용이 강함에서 낙방이 됨).

• 신비 19세 대학 입시 낙방-午月

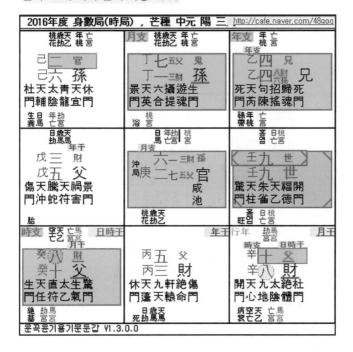

　금년 신수국에서 시험의 낙방은(시험이니 용신은 문서가 되기에 인성을 잘 봐야 함),

　세기구금이 삼합일수에서 일수는 암장삼목 생에서 삼목은 삼합칠화가 되

고, 칠화는 삼살육수로 암장팔목과 반합에서 팔목은 중궁암장의 오토편인

을 합하므로, 오토의 삼합일수가 오토의 삼합칠화를 충극하므로 입시 시험

에 낙방이 됨이라 이의 칠화는 일간인성이 오미합화로 칠화는 곧 일간인성

이 된다(팔목의 오토합에서 오토도 인성에서 시험에 길함이지만, 이 신수국에서 시험으로 문서는

일간과 동궁으로 있는 금년에 나인 일간과 함께하는 십토의 인성이 시험으로 문서가 됨).

- 행년(行年)에서의 대학 입시의 낙방

  십토의 삼합유금이 이궁암장의 오토를 합하므로 오토의 삼합일수가 오토
의 삼합칠화 귀성을 충극함에서 입시 낙방이 된다(칠화는 일간십토 인성이 화한 것
에서 일간인성이 됨, 유금이 육수생에서 팔목과 반합으로 팔목이 오토합에서도 오토의 삼합일수가 오
토의 삼합칠화를 극함, 칠화는 일간십토가 화한 것에서 일간인성이 됨).

- 원비 20세 대학 입시 낙방

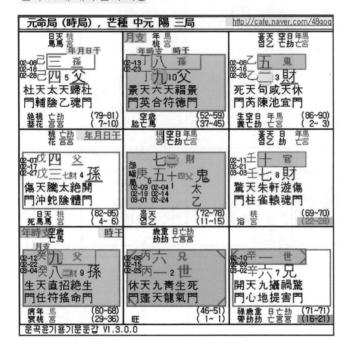

  십토가 옆의 유금에서 삼합유금 정인이 되어 일수세기를 생하므로 일수는
십토합으로 제자리 십토에서 십토는, 삼합팔목도 되고 칠화와 오미합화로
진궁암장의 칠화도 되는 것에서 가는 곳은 팔목이 칠화를 생하므로 칠화로
감인데 이는 칠화가 일감삼목이 화한 것에서 칠화는 일간이 됨에서이다. 고
로, 칠화일간은 삼살육수로 돌아도 삼목에 닿아 칠화일간이 되는 것에서 사

구금의 인성을 극함에서 입시 낙방이 된다.

• 신비 20세 대학 입시 낙방-午月

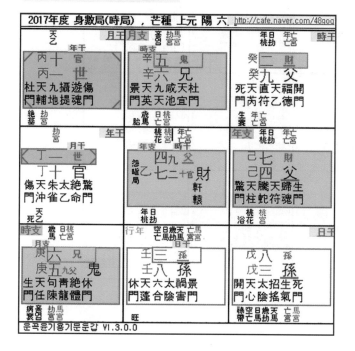

금년 신수에서 대학 입시의 낙방은, 일수세기가 일간삼목을 생함에서 일간삼목은 삼합칠화로 일간은 칠화재성이 되어, 칠화의 삼살육수는 일간삼목 생에서 일간삼목은 삼합칠화 재성으로 제자리 일간재성은 사구금의 인성을 극함에서 시험 낙방이 되는데, 유금년지도 흉한데 흉함은 재물이나 정신적 육체적 흉함으로 모친도 흉한 신수가 된다.

• 행년(行年)에서의 대학 입시의 낙방

일간삼목이 삼합칠화 재성으로 화한 것에서 유금인성을 극함에서이다(칠화가 삼살육수로 삼팔목의 합에서도 목기는 칠화에 닿아 제자리 칠화는 년지유금 인성을 극함).

• 원비 21세 대학 입시 합격

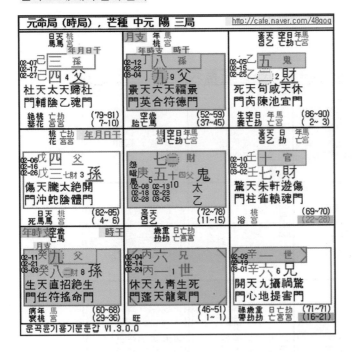

　일수세기가 삼목일간을 생함에서 삼목은 칠화가 되어 삼살육수는 삼목생
은 동일한 육수에 닿기에 팔목삼합으로 감에서 팔목은 유금인성과 합된 오
토를 합하므로 시험에 합격한다(오토의 삼합일수가 오토의 삼합칠화 편재의 충극에서 여
친은 없거나 이별이 됨).

• 신비 21세 대학 입시 합격-午月

```
2018年度 身數局(時局) , 夏至 下元 陰 六    http://cafe.naver.com/48gog
```

居空 月支	月支 日天 年官劫 劫乙 亡宮宮	歲馬 日時干
癸七 兄 庚二 世 杜天太咸絶驚 門蓬陰池命門	丙二 世 丁七 九財 十十一官 兄 景天螣攝禍死 門任蛇提害門	辛九 財 壬十 孫 死天直天生生 門沖符乙氣門
祿日天 年亡劫 帶劫乙 亡宮宮	居空 旺空	病居 馬宮 衰空 宮
日天天天 馬桃乙馬 宮 戊八 父 辛一 官 傷天六太遊傷 門心合陰魂門	歲桃 日馬 宮宮 亡宮 時支 和 一六 官 局己八三 父 青龍	桃花 亡劫 宮 亡宮宮 年官 年月干 庚四 財 乙五 孫 驚天九招絶開 門輔天搖體門
浴宮 桃宮	日年天天 馬桃乙馬 宮	死 桃宮
時支 日年天天 馬桃乙馬 宮 乙三 父 丙六 鬼 生天白軒歸休 門柱虎轅魂門	居空 日時干 壬十 孫 癸九 財 休天玄太天景 門芮武乙宜門	年支 桃宮 年月干 丁五 孫 戊四 財 開天九天福杜 門英地符德門
生歲 日馬 襄劫 亡宮	歲 胎馬	絶桃 亡劫 墓花 宮宮

```
운곡윤기용기문둔갑 VI.3.0.0
```

금년 대학 입시 합격은, 세기이화가 일간십토를 생함에서 일간십토는 삼합 팔목 인성이 되어 세기를 생함에서 합격이다(일간은 세기를, 세기를 일간을 먼저 생합, 팔목일간의 오토합은 오토의 삼합일수 관이 오토의 삼합칠화 겁재월지를 극함에서 아래 동생의 흉함이나 친구와는 등지거나 관계 소원의 해가 되며, 팔목의 칠화생은 칠화가 삼살육수에서 팔목 제자리가 됨).

• 행년(行年)에서의 대학 입시의 합격

삼목정인이 세생으로 입시는 합격함이 되는데, 나아가 이화세기는 삼합유금으로 중궁천반의 육수를 생함에서 육수는 지반팔목이 되므로(일수는 십토합에서 십토의 삼합유금으로 제자리 유금은 육수를 생함, 육수가 삼목 아닌 팔목인성을 합생함은 일간과 하나된 문서에서 나의 시험은 팔목이 됨) 팔목은 일간십토가 삼합으로 일간팔목의 인성으로 이의 세생함은 시험 합격이 된다.

• 대운 22세 한의대 자퇴를 하고는 의대 대학 입시 재응시에서 낙방

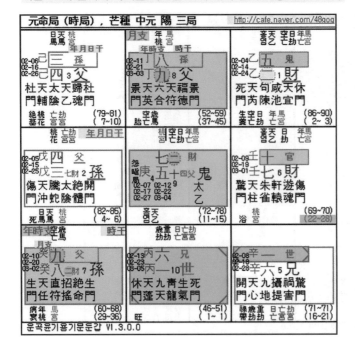

칠화재성이 암장유금의 인성을 극함에서 학생은 공부에 손을 놓는 일이 생기거나 자퇴나 퇴학 등 공부할 수 없는 일이 생기는 학마운의 시기에서 자퇴를 하고, 시험도 낙방하는 일이 생긴다(칠화가 삼살육수로 육수는 삼팔목으로 가더라도 삼팔목은 결국 대운칠화 제자리로 감에서 유금인성을 극함).

• 원비 22세 한의대를 중퇴하고 의대 입시에서 시험 낙방

이화재성이 중궁십토와 암장유금과 삼합유금 정인으로 세생일수는 일간 삼목으로 감에서 일간삼목은 삼합칠화 대운에 깃듦에서 칠화재성은 삼살육 수로 가서 삼팔목을 생해도 삼팔목은 제자리로 칠화재성이 되어 사구금 인 성을 극함에서 한의대 중퇴와 대학 입시의 낙방을 맞이한다.

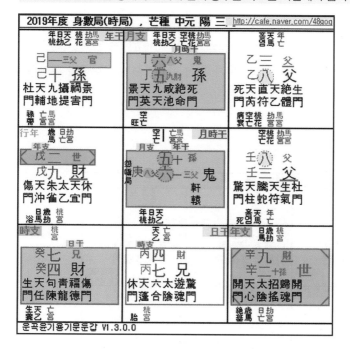

금년 신수에서 대학 중퇴와 대입의 낙방은 세기, 년지가 동궁으로 귀혼에서 귀혼은 하나만 있어도 장애가 있음인데 중첩이니 반드시 하는 일의 장애, 멈춤이 있는 해가 되고 겁살궁과 일망신살도 중첩에서 신수의 흉함은 가중된다.

세기이화가 십토와 삼합유금에서 유금은 중궁의 육수를 생함에서 육수는 삼목합과 팔목반합이 되는 것으로 삼목은 정인으로 세생이화가 되어 구금합으로 삼형살의 충극을 삼목정인이 받음에서 다니던 학교를 그만두는 자퇴를 하고, 팔목반합의 편인은 유금편재와 합된 오토을 합하므로 시험에 낙방하게 된다(팔목의 오토합에서 오토의 삼합일수가 오토의 삼합칠화 겁재, 일간을 충극함에서 나는 흉함이 되고 친구와도 불합이 됨, 삼목정인의 학교와 팔목편인의 시험에서 그 원리는 카페 게시판이나 동영상에서 열람).

- 행년(行年)에서의 대학 중퇴와 입시의 낙방

세기이화가 삼합유금으로 유금은 육수를 생하고 육수는 팔목인성과 반합으로 유금편재와 합된 오토를 합하므로 시험에 낙방하게 되고, 육수가 삼목합에서 삼목은 정인으로 세생이화가 되어 구금합으로 삼형살의 충극을 받음에서 다니던 학교를 그만두는 자퇴를 한다.

- 원비 23세 대학 의대 시험 낙방

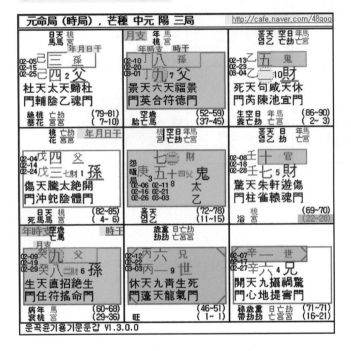

일간삼목이 삼합칠화 재성대운이 된 것에서, 칠화재성은 일간의 칠화재성으로 유금인성을 극함에서 입시에 낙방이 된다(칠화가 삼살육수로 육수가 나이 삼목으로 가서는 삼목삽함의 제자리 칠화는 유금인성을 극함).

2020年度 身數局(時局) , 小暑 上元 陰 八 http://cafe.naver.com/48qoq		
行年 空桃宮 丙七父 壬八鬼 杜天九咸歸休 門蓬地池魂門 磚桃亡劫 帶花宮宮	月干 月支 空歲日馬 時支 劫亡劫干 戊二父 乙三父 官 景天玄攝福開 門任武提德門 歲天旺馬宮	年年日年馬 馬桃亡宮 癸九孫 丁六財 死天白天天杜 門沖虎乙宜門 病日年馬 衰劫亡宮
桃亡劫 花宮宮 月干 庚八鬼 癸七父 傷天九太絶景 門心天陰體門 空桃 浴亡宮	刑 桃日年馬 破 宮劫亡宮 局 一六八鬼 財 辛八二財 四九一財 孫 青 龍 日年桃宮	日年年馬 馬桃劫亡宮 壬四孫 己一財 驚天六招遊生 門輔合搖魂門 桃宮 死宮
時支 歲天 月支 馬馬 乙三七父 官 戊二父 生天直軒絶傷 門柱符轅命門 生空歲日馬 襄亡劫亡宮	時干 年支 天劫 乙 宮宮 年日干 月支 丁十世 丙五兄 休天騰太生驚 門芮蛇乙氣門 宮 胎宮	年日干 乙五兄 庚十世 開天太天禍死 門英陰符害門 絶天亡劫 蠶乙宮宮
운곡윤기용기문둔갑 VI.3.0.0		

금년 대학 입시에서 낙방은, 이화와 칠화의 인성에서 세기일간의 십토와 합된 칠화가 나와 인연된 학문으로 시험이 된다(이화인성은 삼합유금 손으로 인성이 못됨). 이런 가운데 십토세기는 삼합유금이 되고, 유금은 오토를 합하므로 오토의 삼합일수 재성이 오토의 삼합칠화 인성을 충극함에서 시험에 낙방이다.

삼합유금이 암장육수를 생함에서도 육수가 삼합팔목으로 팔목이 오토를 합하므로 오토의 삼합일수가 오토의 삼합칠화 인성을 충극함에서 입시 낙방이 된다(삼합유금의 일수생은 일수가 십토세기 합으로 제자리 삼합유금이 됨).

• 행년(行年)에서의 대학 입시의 낙방
칠화가 삼살육수에서 중궁육수는 팔목삼합으로 팔목이 오토를 합하므로 오토의 삼합일수 재성이 오토의 삼합칠화 인성을 충극함에서 시험 낙방의 행년이 된다.

- 원비 24세 대학 의대 시험 낙방

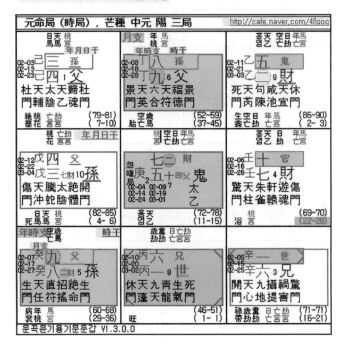

유금정인이 세생에서 시험에 길하게 보이나, 일수세기는 일간삼목을 생함에서 삼목은 삼합칠화로 대운재성이 되어 나이유금의 인성을 극함에서 시험에 낙방을 한다(칠화대운이 삼살육수로 가서는 육수는 세기일수가 일간삼목으로 갔기에 삼목 일간으로 감에서 삼합칠화 재성이 됨).

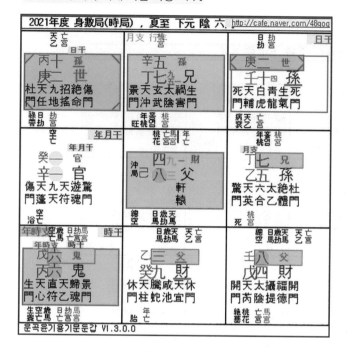

세기이화가 삼합유금의 일간에서 암장유금은 육수를 생하고, 육수는 팔목
생에서 성국으로 세생하여 이화세기는 삼합유금으로 일간유금이 되어 중궁
의 삼팔목 인성을 충극함에서 시험에 낙방이 된다(유금이 육수생에서 육수가 삼목정
인은 세생하여 돌아 제자리에서는 칠화를 삼합에서 칠화는 삼살육수가 되어 결국 이화세기는 일간과
하나된 유금재성으로 인성을 충극함).

• 행년(行年) 대학 입시의 낙방

오토가 지반과 삼살육수로 간궁육수에서 성국으로 세기이화는 일간십토
와 삼합유금으로 일간재성이 되어 중궁의 삼팔목 인성을 충극함에서 시험
에 낙방이 된다(유금이 육수생에서 육수가 삼목정인은 세생하여 돌아 제자리에서는 칠화를 삼합
에서 칠화는 삼살육수가 되어 결국 이화세기는 일간과 하나된 유금재성으로 인성을 충극함).

16) 유흥(매춘) 명국

(1) 女-午月 6036

```
元命局 (時局), 芒種 下元 陽 九局        http://cafe.naver.com/48goq
```

年支 桃花 桃宮		時王 月支 空歲亡 亡劫宮		時支 空天 亡亡 亡亡宮	
02-12 戊 七 10孫		時支		月支	
02-22		02-07 庚 二 5孫		02-10 丙 九 8官	
03-04 壬 四 六父	鬼	02-17		02-20 庚 二 孫	
		02-27 戊 九 官		03-02	
驚天直太歸杜		開天騰招福景		休天太靑天休	
門英符陰魂門		門芮蛇搖德門		門柱陰龍宜門	
病年 劫 (59~65)		空天 日桃 (89~90)		絶空歲 亡 (74~82)	
衰桃 宮 (24~27)		死亡乙 亡宮 (9~17)		甚劫 宮 (19~20)	
劫宮 宮宮	月王	天乙	年日 馬亡 馬亡宮 年桃 宮宮		年王
02-11 壬 八 9世		戰 6一六1父		02-05 丁 四 3鬼	
02-21		局 癸 五十 財		02-15	
03-03 辛 三 七孫	兄		天	02-25 丙 七 孫	
死天九咸絶開		02-08 02-03	乙	生天六攝遊傷	
門輔天池體門		02-18 02-13		門心合提魂門	
		02-28 02-23			
日歲天 (66~73)		喜 (58~58)		桃 (49~52)	
旺劫馬馬 (21~23)		宮宮 (28~32)		胎花 (39~45)	
日歲天 劫馬馬 月干		喜歲亡 宮劫宮	日王	喜 空歲亡 宮 亡劫宮	
02-06 辛 三 4兄		02-09 乙 十 7財		02-04 己 五 2財	
02-16		02-19		02-14	
02-26 乙 八 世		03-01 己 二 父		02-24 丁 六 父	
景天九軒絶生		杜天朱天生死		傷天句太禍驚	
門沖地轅命門		門任雀符氣門		門蓬陳乙害門	
孫 劫馬 (46~48)		天 (83~88)		生日 年亡馬 (53~57)	
帶 宮宮 (1~ 8)		浴乙 (18~18)		義馬 亡宮宮 (33~38)	

```
운곡윤기용기문둔갑 V1.3.0.0
```

위 원명국의 여명은 여러 남자를 상대로 음란 성행위와 음란 마사지를 하
는 직업을 저버리지 못한 채, 결혼과 동거를 하지만 하나같이 오래가지 못
하고는 이별하고 만다.

세기는 팔목으로 왕한 것에서 심성이 착하게 보이지만, 천충과 겁살궁에
서 급하고 욱하는 기질도 있는 가운데, 세기팔목은 삼합유금의 귀성과 합된
오토를 합하므로 세기는 귀성과 합되어 있고(오토의 삼합칠화는 오토의 삼합일수가
극함), 욕살의 일간일수도 삼합유금의 귀성인 십토를 합하므로 일간도 귀성
과 합되어 있는 것으로 나는 여러 남자에 해당하는 삼합된 태음, 년도화살
의 유금귀성과 합된 것으로 남자를 상대로 음란 행위의 일을 한다(또는 여러 남

자와 음란한 성생활을 하는 여성이 되는데, 유금의 귀성이 삼합된 것에서 여러 남자가 되고, 그 남자가 겁살궁과 년도화살에서 성격이 급하고 유금기질의 음란한 남자가 되는 것으로 유금귀성이 천반칠화의 극과 두문과 귀혼에서 삶에 장애와 굴곡이 많은 남성이 됨, 세기팔목이 유금과 합된 오토합에서 팔목의 어진 마음은 소실되어 까칠한 성격에 비열한 인품이 됨).

또한, 마궁에 겁살궁은 한곳에 오래 정착을 하지 못함을 말하거나 구설 시비나 언설이 늘 달고 다니는 자신이 되며, 남자를 상대로 돈을 버는 것은, 세기는 왕성하지만 일수일간은 그렇지 못한 것에서 삼합유금 귀성인 십토를 합하므로 삼합귀성은 유금으로 일수일간을 생하는 인성이 되는 것으로 남자를 상대로 재물을 취할 수 있음이나 십토의 육합칠화 상관이 유금을 극함에서 지속되지 않음이 된다.

남편 복은 없음인데, 만나는 남성은 유금귀성으로 천반칠화에 극을 받고 두문, 귀혼에서 오래가지 못함이며 여기에 삼목이 중궁과 삼합칠화 상관이 되어 유금을 극함에서 년지모친과 귀성유금의 남자와 직장, 시간의 자식은 흉한 것에서 모친을 일찍 사별하지 않으면 모친과 인연 없음에서 이별 아니면 모친은 불구자나 병자가 되고, 남자와 직장은 오래가지 못하며, 자식은 유산한 자식이 있거나 큰자식은 흉한 자식이 된다(시지도 화금상전에서 자식은 없거나 없는 것과 같은 병자나 장애자가 됨).

원국에 유금의 금기가 흉함에서 의리와 책임감이 없고, 정의감이 없는 것에서 곧바르지 않은 일을 잘하는 여명으로, 겁재와 월간도 삼합칠화로 귀성유금을 극함에서 남자와 직장은 흉하며, 나아가 의리와 책임감이 없고, 정의감이 없는 사람이 된다(대운 18세는 일수일간이 천반십토를 합함에서 남자를 만나게 보이지만, 십토의 육합칠화가 유금을 극함에서 만나도 이별이 됨).

• 대운 46세 동거남과 이별함

　원국에 남자복이 없는 것은 삼목의 삼합칠화 상관이 사구금의 관귀를 극함에서였기에, 남친과 이별은 칠화상관이 오는 시기가 된다. 고로 칠화상관이 되는 대운 46세는 남자와 이별의 시기가 된다.

　대운 46세는 삼목이 삼합칠화의 상관이 된 것에서 사구금의 관귀를 극함에서 동거남과 이별이다(칠화가 삼살육수로 대운삼목을 생함에서 삼목의 삼합칠화는 제자리가 됨, 사구금은 관귀로 년지모친도 되기에 직장과 모친도 흉함).

• 원비 46세 음력 6월 이별함

　대운 46세 동거남과 이별이 삼목이 삼합칠화 상관이 된 것에서였기에, 이별의 나이는 삼목의 43세가 되지만 대입미입이라 삼목이 되는 대운에서 가장 빠른 나이는 육수로 육수는 인해합목으로 삼목이 되기에 육수의 46세 동거남과 이별한다(육수의 삼목합은 곧 인오술 합화로 칠화상관).

• 음력 6월 이별

　46세 육수의 이별은 사구금의 관귀를 극하는 삼합칠화 상관인 삼목을 합함에서였기에, 이별의 달은 삼목을 생하는 육수나 일수가 되기에 육수는 나이에서 동한 것으로 일수의 음력 6월은 삼목을 생함에서 삼목이 삼합칠화 손에서 관귀를 극함에서이다.

2021年度 身數局(時局) , 夏至 上元 陰 九. http://cafe.naver.com/48goq

戌五 財 癸五 財 驚天騰攝生景 門英蛇提氣門 病居 衰空	壬十 財 戌十 財 開天直靑絶杜 門芮符龍體門 死宮	庚七 孫 丙三七孫 兄 休天九招絶開 門柱天搖命門 絶日歲天亡 蟄劫劫馬宮
癸六 父 丁四 鬼 死天太軒福休 門輔陰轅德門 天旺乙	九四官 壬一六 父 太乙 日歲天 馬驀乙	辛二 孫 庚八二孫 世 生天九太禍死 門心地陰害門 胎
丁一 父 己九 官 景天六咸天驚 門沖合池宜門 祿 年日劫 帶 亡亡宮	己八 世 乙二 孫 杜天白天歸傷 門任虎符魂門 浴	乙三 兄 辛七 孫 傷天玄天遊生 門蓬武乙魂門 生桃年 馬 養花桃 宮

운곡윤기용기문둔갑 V1.3.0.0

금년 신수에서 동거남과 이별은, 먼저 동거남은 일간과 동궁으로 있는 귀성이 동거남이 되는 가운데, 성국의 세기팔목은 오토합에 앞서 이화가 옆에 있어 이는 나무가 불 옆에 있으면 불이 되는 것처럼 이화가 되어 이화는 삼합유금 귀성일간이 되고, 유금귀성은 육수를 생하고 육수는 편인에서 겁재 삼목을 생하므로 삼목은 칠화와 삼합으로 상관이 되어 일간과 동궁으로 있는 동거남인 유금귀성을 극함에서 이별이다(중궁육수의 세기팔목과 합에서는 팔목이 이화로 가서는 삼합유금이 되어 다시 육수에서 삼목으로 감에서 칠화되어 일간유금을 극함).

• 음력 6월의 이별

신수의 체에서 동거남과 이별이 건궁지반의 칠화상관이 일간과 귀성이 동궁으로 있는 유금을 극한 것에서였기에, 이별의 달은 칠화상관이 있는 음력

6월~7월이 된다. 이 칠화는 삼합이든 육합이든 제자리에서 오직 중궁의 사구금을 극하는 것으로 음력 6월은 일간과 동궁으로 있는 유금귀성을 극함에서 이별이며, 음력 7월은 년지구금과 관을 극함에서 모친과 직장의 흉함이 된다(음력 6월 칠화손이 유금을 극함은 신수 체의 이별에서 선극).

- 행년(行年)에서 동거남과 이별

육수가 편인으로 삼목겁재를 생함에서, 삼목이 지반칠화 상관이 되어 일간과 동궁으로 있는 귀성유금의 동거남을 극함에서이다.

17) 예술인 명국

(1) 女-午月 6178

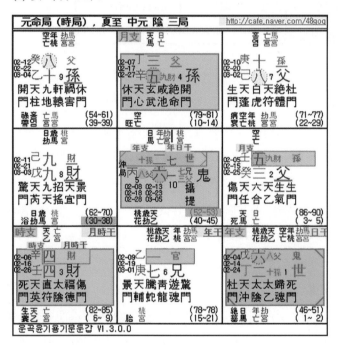

이 여명은 시립 예술인이다.

세기이화에 일간동궁으로 삼합유금으로 세와 일간은 유금의 되며 기질도 유금의 기질을 가지고 있는 가운데, 중궁의 육수귀성을 생하고 육수귀성은 삼목정인을 생하여 세기이화를 생하므로 용신은 삼목이며 진용은 육수귀성에서 직장인인데, 귀성이 쌍도화살에서 연극인으로 시립 예술인이 된다(중궁육수가 팔목반합에서 오토를 합함에서 오토의 삼합일수가 오토의 오토의 삼합칠화 겁재를 충극함에서 친구나 지인과 인연이 없어 잦은 쟁투나 친한 벗이 없으며, 년간부친과도 인연이 없어 부친이 조사하거나 무연이 됨).

하지만 귀성에 겁살궁과 세겁에서 직장에서 구설 시비는 있음이 된다(삼목정인이 세생에서 이화가 구금을 합하면, 삼형살이 되어 삼목과 육수가 대흉하지만, 이화는 삼합되어 있는 것에서 유금으로 화함).

세기와 일간이 동궁으로 이화에서 삼합유금이 되니, 유금이 자신의 기질과 성질이 됨에서 칼 같은 양단의 기질이 있으며, 의기가 강하고, 책임감이 강하며, 하고 싶은 말은 하는 편이다. 본인의 건강은 토기가 수극에 화해살에서 위장이 안 좋으며, 오토도 수극에 함지살에서 자궁 수술도 한다.

가정궁인 세궁의 천지반이 충극에 흉문괘로 세궁이 흉함인 것에서 중궁의 귀성도 두문, 백호, 겁살에서 남편과는 소통, 대화가 안 되고 성격도 강함이다. 그러나 가정을 이룰 수 있음은 세궁의 가정궁은 흉하지만, 육수귀성이 진용에서 직장과 남편은 있음이며, 세기와 일간의 삼합유금에서 유금이 시간, 시지로 동궁에서 나와 자식은 사이가 좋은 편이다(세궁의 건궁에서 자식에 대한 책임감이 강함).

년지와 자신인 세기(일간)가 동궁으로 천충에서 모친과는 충돌이 있음인데, 겁살궁까지 겹치니 모친과 나는 만나면 언설이 생긴다. 부친은 칠화로 자리와 천반의 수기로 약한데 더하여 중궁의 수기에 충극을 받음에서 부친은 장수하지 못함이다.

또한 부친은 칠화가 겁재에서 재물과 여자는 흉함이 되는데, 사업을 하다 망치는 일이 있으며, 모친과는 사이가 좋지 못함이다. 부친에게 도궁은 부친이 주색을 좋아했거나 인물은 있음이 된다(부친과 모친의 사이가 흉함은 년지이화는 삼합유금에서 유금이 되고, 년간은 칠화에서 화금상전에서임).

- 대운 30세 취직과 결혼, 부친 사망

원국에 취직과 결혼은 중궁귀성이 귀인세생함에서이기에, 취직과 결혼의 시기는 육수귀성을 생하는 사구금재성이 됨이라 대운 30세의 구금재성은 중궁육수 귀성을 생함에서 육수는 삼목의 합생과 팔목과 반합에서 삼목정인의 합생은 귀인세생으로 취직과 결혼의 시기가 되며, 반합팔목으로는 팔목이 오토를 합하므로 오토의 삼합칠화 년간을 오토의 삼합일수가 충극함에서 부친 사망의 시기가 된다(오토육합의 유금재성은 삼합일수를 생함).

- 원비 32세 음력 2월 입사

대운에서 취직이 구금이 삼살육수에서 삼목정인을 합생하여 세생이화는 삼합일수 관인 구금합에서 입사였기에, 입사의 나이는 이화세기가 삼합일수 관인 구금합에서 32세가 된다(일수관이 직장인 것은 삼합유금 재성과 삼합인 십토를 합한 것에서 일수관은 돈과 합이기에 직장이 됨).

- 음력 2월 입사

32세 입사에서 입사의 달은, 나이 이화를 생하는 삼목의 음력 2월이 된다.

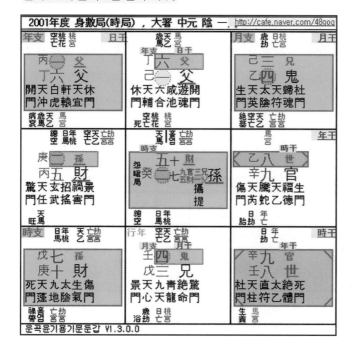

금년 신수에서 입사를 함은, 진급은 귀성이며 입사는 관이 되기에 신수가 성국으로 중궁의 이화에서 구금관을 합하므로 입사를 하는데, 구금이 반합일수 인성에서 약세에서는 더욱 길함이라 취직되는 해가 된다(년지육수 일간이 성국과 삼합으로 팔목세기가 된 것에서 팔목이 칠화를 생함에서는 칠화삼살이 육수생으로 세기팔목은 이화로 화하고 이화는 반합일수 인성인 구금의 관합에서 취직, 팔목세기의 오토합에서 오토의 삼합칠화가 오토육합의 유금귀성을 극함은 이직이나 승진, 두 번째 입사 원서와 회사는 흉함).

• 음력 2월 입사

신수의 체에서 입사가 이화가 구금관의 합에서였기에, 입사의 달은 이화의 음력 2월로 이화가 반합일수 인성인 구금관을 합하므로 입사의 달이다.

• 행년(行年)에서 입사

유금귀성이 오토합에서는 오토의 삼합칠화 손에 극됨이라 진급이나 이직에
는 흉함이며, 일간육수 생에서는 육수의 삼합팔목 세기가 이화를 생함에서 이
화가 반합일수 인성인 구금관을 합하므로 입사의 해가 된다(팔목의 오토합은 오토
의 삼합칠화 손이 오토육합의 유금귀성을 극함, 입사는 관을 보고, 승진이나 이직은 귀성을 봄).

• 원비 33세 음력 9월(양력 10월 12일) 결혼남의 만남

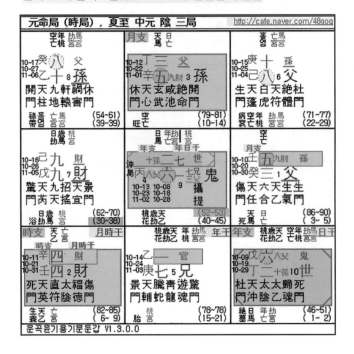

대운 30세 결혼남의 만남은, 육수귀성을 생하여 귀성이 삼목합생으로 귀
인세생에서였기에, 결혼남을 만나는 나이는 육수의 36세이다. 하지만 육수
를 더욱 왕성하게 하는 홍국수가 결혼남을 만나는 나이가 됨에서 그것은 삼
살육수가 되는 칠화의 37세가 되며, 칠화의 37세에 앞서 칠화가 되는 홍국
수는 삼합칠화가 되는 삼목으로 33세가 결혼남을 만나는 나이가 된다.

• 음력 9월 결혼남 만남

　결혼남의 만남이 33세 삼목이었기에, 만나는 달은 삼목을 생하는 육수나 일수에서 육수는 대운에서 동했기에 삼목을 생하는 일수의 음력 9월이 된다.

• 일진-양력 10월 12일 결혼남의 만남

　대운와 나이와 달에서 결혼남의 만남이 결국 육수귀성을 생하는 것에서 였기에, 결혼남을 만나는 일진은 육수귀성을 생하는 일진이 됨이라 삼살육수에서 칠오구 가운데 일진이 된다. 따라서 구금과 칠화는 대운과 나이에서 동했기에 이궁오토의 일진은 만남의 양력 10월 12일이 된다.

• 신비 33세 음력 9월 결혼남의 만남-未月

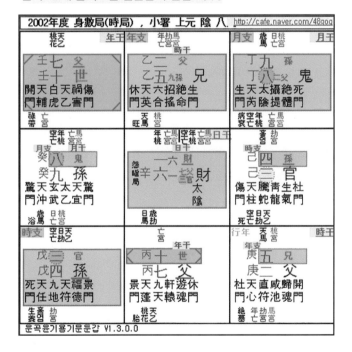

금년 신수에서 결혼남의 만남은, 십토세기가 삼목관이 깃든 칠화를 합하

므로 결혼남의 만남이다.

달리 일간육수가 삼목관을 합함에서도 결혼남의 만남이다.

• 음력 9월의 만남

신수의 체에서 결혼남의 만남이 십토였기에, 만나는 달은 십토의 음력 11
월이다.

하지만 앞선 십토가 되는 달이 있다면 그달이 되기에 그달은 십토와 합으
로 십토가 되는 중궁천반의 일수가 된다.

따라서 일수가 되는 달이 곧 십토가 되는 달로 결혼남을 만나는 달이 되기
에 그달은 삼합일수인 구금과 오토에서 구금 아닌 오토의 음력 9월이 된다
(음력 6월~7월에서 구금이 삼합일수로 나감은 음력 7월이며, 구금이 삼살구금으로 일간, 육수생으로
나아감은 음력 6월이 되는데, 음력 6월~7월은 공히 삼합유금 손인 암장이화를 합하는 것에서 이화는
삼합유금 손에서 남자를 만나는 삼목관에서는 흉달이 됨).

• 행년(行年)에서 결혼남의 만남

오토가 삼합일수로 중궁천반 일수에서 일수는 십토세기가 되고, 십토는
삼목관이 깃든 칠화를 합함에서이다.

• 원비 34세 음력 4월(양력 5월 11일) 결혼

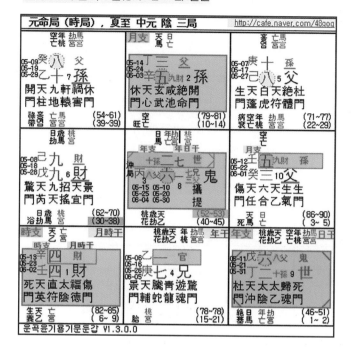

　대운 30세의 결혼남의 만남과 결혼이 구금이 삼살육수로 귀성을 생함에
서였기에, 결혼남을 만나는 나이나 결혼은 육수귀성을 생하거나 생하는 나
이가 됨에서 삼살육수인 칠화와 육수를 생하는 유금이 된다.

　이 가운데, 육수귀성을 생하는 칠화의 삼살육수에서 삼목의 33세는 결혼
남의 만남이었기에 결혼은, 육수귀성을 유금의 44세는 결혼의 나이가 된다
(삼살의 오토와 구금은 삼합일수로 나아감도 됨).

• 음력 4월 결혼

　결혼이 육수귀성을 생하는 유금의 44세에서 결혼 달은, 육수귀성을 생하
는 달이 될 것인데 유금은 나이에서 동했기에 칠오구 삼살육수가 되는 칠화

의 음력 4월은 무동에서 동처로 삼살육수가 되기에 결혼 달이 된다.

• 일진-양력 5월 11일 결혼

　결혼의 달이 육수귀성을 생하는 삼살육수가 되는 칠화의 음력 4월에서 결혼의 일진도 육수귀성을 생하는 일진이 될 것인데, 칠오구와 유금은 동한 것에서 유금이 육수를 생하는 이화는 십토암장과 삼합유금이 된 것으로 육수귀성을 생하기에 양력 5월 11일의 이화는 결혼의 일진이 된다.

• 신비 34세 음력 4월 결혼-午月

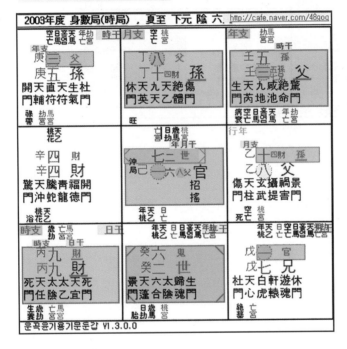

　금년 결혼은 세기이화가 일간과 반합일수 관인 구금일간을 합함에서 세기가 일수관의 합으로 결혼의 신수가 된다.

• 음력 4월 결혼

　신수의 체에서 결혼이 세기이화가 일간구금과 반합일수 관인 구금을 합함에서 결혼이었기에, 결혼 달은 이와 동일한 이치에서 중궁천반의 이화세기가 반합일수 관과 합된 구금일간을 합하는 달이 되는데, 중궁천반은 달이 없기에 이를 생하는 삼목정인의 달이 되는 것에서 음력 3월이 된다(결혼 전달로 관계의 길함).

　결혼은 음력 4월에 하는데, 삼목이 삼합칠화에서 삼살육수 귀성은 팔목반합으로 오토합도 되지만 약세이화를 생함에서 약한 세기를 왕성하게 하는 것으로 이화세기가 반합일수 관인 구금일간을 합하므로 결혼 달이 된다(팔목의 오토합에서 오토유금의 재성을 오토삼합의 칠화겁재가 극함은 결혼으로 지출이 됨).

• 행년(行年)에서 결혼

　십토가 삼합유금에서 육수귀성을 생하고, 귀성은 삼목정인과 합된 것으로 귀인세생에서 약세를 생하는 동시에 귀인세생으로 세기에 안기는 것으로 결혼의 행년이다(육수의 팔목반합에서 오토상관의 합은 오토의 삼합칠화 겁재가 오토상관을 생하는 것으로는 직장의 흉함이 되는데, 이는 일간구금이 반합으로 일수관과 합된 것에서 결혼이며 하나의 상관은 직장 흉함이 됨).

• 원비 36세 음력 6월 부친 사망

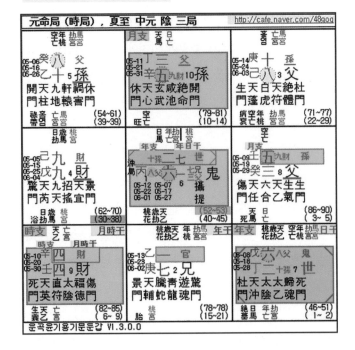

대운 30세 부친 사망이 중궁의 육수를 생함에서 육수가 팔목과 반합으로 팔목이 오토를 합하므로 오토의 삼합일수가 오토의 삼합칠화 년간을 충극 하는 것에서 부친 사망이었기에, 부친 사망의 나이는 팔목의 38세가 된다.

하지만, 팔목은 암장수에서 나이가 없기에 이를 생하는 홍국수가 나이가 됨이니, 육수는 반합팔목이 되는 것으로 36세에 부친은 사망한다.

• 음력 6월 부친 사망

36세 부친 사망이 육수가 팔목을 생함에서였기에, 부친 사망의 달은 팔목 을 생하는 육수나 일수가 될 것인데 육수는 나이에서 동했기에 일수의 음력 6월이 된다.

2005年度 身數局(時局), 小署 下元 陰 五 http://cafe.naver.com/48goq

금년 부친 사망은, 세기의 삼목이 삼합칠화 손이 되어 년간오토가 육합된 유금관과 구금귀성을 극함에서 삼합칠화는 년간오토가 삼합칠화된 것으로 부친이 부친을 극함에서 부친 사망이다(사구금의 관귀가 흉함에서 직장도 남자나 남편 도 흉함).

• 음력 6월 부친 사망

신수의 체에서 부친 사망이 삼목이 삼합칠화에서였기에, 부친 사망의 달은 삼목이 삼합칠화가 되는 음력 6월로 오토년간이 육합으로 깃든 유금을 극함에 서 오토년간도 극됨이니, 부친 사망의 달이 된다(삼목의 삼합칠화에서 칠화는 삼살육수 로 육수는 삼목에 깃듦에서 칠화는 제자리로 오토년간이 깃든 유금을 극함에서 삼목이 곧 칠화가 됨).

• 행년(行年)에서 부친 사망

육수가 삼목합생에서 중궁오토 년간과 삼목이 삼합칠화가 되어 년간오토
의 육합유금을 극하는 부친이 부친을 극하는 것으로 부친 사망의 행년이 된
다(육수가 지반팔목이 되어 칠화암장의 오토를 합하므로 오토의 삼합칠화는 오토육합의 유금관을 극
함에서 부친 사망의 행년이 됨).

• 대운 40세 아들 출산

육수귀성이 삼목합생으로 귀인세생에서 이화세기(일간)는 시지, 시간의 유
금과 삼합유금이 된 것으로 나와 자식이 합됨에서 출산의 대운이 된다.

• 원비 40세 음력 5월(양력 6월 11일) 아들 출산(독자로 아들은 폐가 약함)

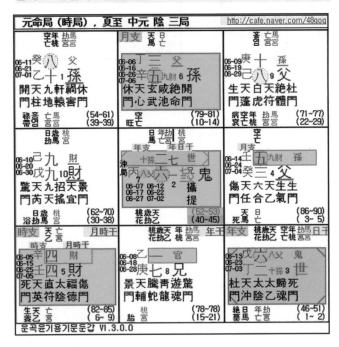

대운육수의 출산이 대운육수가 세기이화(일간)로 귀인세생에서 이화세기,

일간은 시지, 시간의 유금과 합으로 하나된 것에서였기에, 출산의 나이는 대운육수를 생하는 유금의 44세가 출산의 나이가 되지만 이보다 앞서 유금이 되는 앞선 홍국수는 삼합유금이 되는 이화의 22세와 십토의 40세가 있음에서 출산은 십토의 40세에 삼합유금으로 세기와 시간, 시지가 합되는 것에서 출산을 한다.

• 음력 5월 출산

40세 십토의 출산이 세기이화(일간)와 시지, 시간의 유금과 삼합유금으로 자식과 내가 하나된 것에서 출산이었기에 출산의 달은, 나와 자식이 함께하는 유금을 합생하는 홍국수가 되기에 십토와 이화는 대운과 나이에서 동했기에 유금 자체의 음력 5월은 동하지 않음에서 세(일간)의 이화와 시지, 시간의 유금이 함께하는 유금의 음력 5월에 출산한다.

• 일진-양력 6월 11일 출산

출산의 달이 유금에서 출산의 일진은 유금을 합생하는 것으로 가장 왕성한 일진인 십토는 삼합유금에서 양력 6월 11일은 출산의 일진이 된다(이화의 일진은 삼합일수인 암장구금을 합함도 되기에 이화세기가 흉함의 일진이 됨).

- 신비 40세 음력 5월, 아들 출산-未月

2009年度 身數局(時局) , 大署 中元 陰 一 http://cafe.naver.com/48goq

금년 출산의 신수국인 것은, 세기일수가 일간과 동궁인 시지를 합하므로 가능하다(세기는 암장의 어떤 합보다 일간을 생하거나 합하는 것으로 먼저 감).

- 음력 5월 출산

신수에 체에서 출산이 일수세기가 시지십토를 합하므로 출산이었기에, 출산의 달은 일수의 음력 8월이 된다.

하지만 일수가 되는 앞선 달이 있다면 그달이 출산의 달이 됨에서 일수와 신자진 합수되는 구금의 음력 5월은 출산의 달이 된다.

- 행년(行年)에서 출산

칠화가 지반삼목의 시간과 합에서 출산이며, 시지십토가 일간과 동궁으로 이를 칠화가 합한 것에서 출산의 행년이다.

- 대운 46세 교통사고와 직책의 강등 그리고 직장 동료로 인해 힘겨움

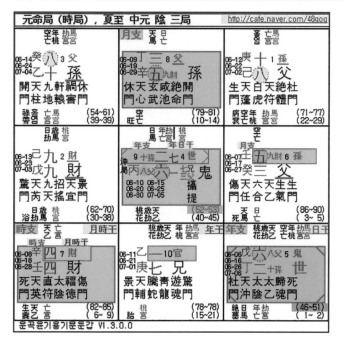

육수귀성에 마궁에 겁살중중으로 교통사고로 관재구설 시비가 있으며, 육수귀성이 팔목인성이 된 것으로 팔목에서는 귀성이 함께하고 있는 것에서 오토를 합하므로 오토의 삼합일수 관이 오토의 삼합칠화 겁재를 충극함에서 직장 동료와 강등이 심하게 일어나고, 유금과 합된 오토를 팔목이 합함에서 팔목은 흉함인데 목기의 흉함으로 신경 예민에 불쾌함이 지속되는 가운데, 팔목의 유금합은 팔목 가운데 육수귀성도 흉함에서 직장 직책의 강등을 당한다.

- 원비 50세 음력 5월 교통사고가 많이 발생하고 음력 6월 회사에서 직책 강등
  대운육수에서 교통사고와 직책 강등과 동료 간의 갈등이 대운육수에서 일

어났기에, 이와 같은 일이 일어나는 나이는 육수를 생하는 동처의 유금으로 44세가 되지만, 대운미입에서 이의 유금을 합생하는 십토는 오토의 육합에 비해 유금을 드러냄에 더함이라 십토의 50세가 된다(오토의 45세도 대운미입).

• 음력 5월의 교통사고

50세 교통사고가 일어나는 달은 마궁에 접궁과 세겹인 대운육수의 음력 5월에 발생한다(이 달에 여러 번 발생).

• 음력 7월 직책의 강등

육수귀성이 깃든 팔목이 유금과 합된 오토를 합함에서였기에, 이러함이 일어나는 달은 팔목이 되지만 팔목은 암장수에서 이의 팔목을 생하는 육수는 대운과 음력 5월에서 동했기에 육수를 생하는 유금의 음력 7월이 된다(구금도 육수를 생하지만 삼형살로 육수귀성과 삼목정인이 충극).

- 신비 50세 음력 5월 교통사고와 음력 6월 회사에서 직책의 강등-午月

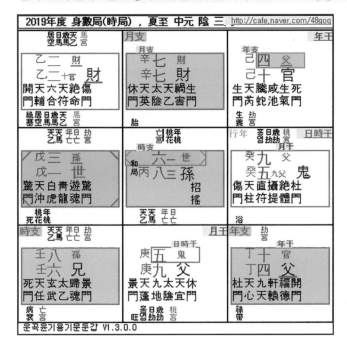

금년 신수에서 교통사고와 직책 강등 그리고 직장 동료와 갈등은, 신수에서 성국의 팔목은 칠화를 생하고 칠화는 삼살육수에서 중궁팔목으로 삼합된 것으로 십토관은 흉하니 직책의 강등을 당하고, 팔목이 오토를 합함에서 오토의 삼합일수가 오토의 삼합칠화를 충극함에서 칠화에 깃든 삼목과 오토귀성도 삼합칠화가 된 것에서 이들은 흉함이라 진급에서 진급이 되지 않음이다(관은 현재 직장이며 귀성은 진급이 됨, 또한 귀성은 일간과 동궁에서 남편이 되기에 남편과도 사이가 좋지 못함, 삼목은 손에서 소유물의 흉함이 있음).

그리고 팔목은 육수겁재가 함께하고 있음에서 팔목이 유금과 합된 오토합에서는 팔목의 흉함이라 팔목에 깃든 겁재도 흉하기에 직장 동료와 갈등이 있음이다.

한편, 칠화의 삼살육수에서 육수의 삼합팔목의 중궁은 칠화를 생함에서는 칠화가 제자리로 사구금을 극함에서 문서와 년지의 모친 그리고 유금에 깃든 이화의 쌍역마도 유금과 같이 극됨이라 교통사고를 당한다(세기가 태약한 것에서 유금정인은 길신인데 이를 칠화가 극함에서 용신이 극됨이며, 이화의 쌍역마가 극됨이라 교통사고를 금년에 여러 번을 당함).

• 음력 5월의 교통사고

신수의 체에서 교통사고가 칠화가 이화쌍역마가 깃든 길신인 유금정인을 극함에서였기에, 교통사고의 달은 칠화가 있는 음력 5월이 된다.

• 음력 7월의 직장에서 직책 강등

신수의 체에서 직장 강등이 육수가 삼합팔목이 된 것으로 십토관의 흉함에 서였기에, 직장 강등의 달은 중궁천반의 육수에서 육수를 생하는 사구금의 달이 되는데 앞선 유금의 음력 7월이 육수를 생함에서 강등의 달이 된다.

• 행년(行年)에서 교통사고와 직책 강등

구금이 지반 오토와 삼합일수 세기로 중궁천반에서 일수세기는 건궁천반의 십토관을 합함에서 십토관(년간)은 삼합팔목 상관이 되니, 직장에서의 흉함으로 직책 강등이 일어나며 부친도 흉함이다(또한 간궁 천반 팔목의 오토합에서 오토의 삼합일수가 오토의 삼합칠화 편재(월지)를 충극함에서 나의 재물 손실이나 아래 동생의 재물 손실 또는 아래 동생이 남자라면 아래 동생의 배우자나 여자 문제의 흉함이 있음).

교통사고는 구금의 삼합일수 세기가 십토합에서 십토는 칠화로 화하여 이화쌍역마가 깃든 유금을 칠화가 극함에서이다(칠화는 삼살육수로 중궁천반으로 삼팔목을 생함에서 목기는 칠화 제자리로 감).

元命局 (時局), 夏至 中元 陰 三局   http://cafe.naver.com/48qoq

空年 劫桃 亡桃 宮宮 04-06 癸 **八** 5父 04-16 乙 **十** 孫 04-26 開天九軒禍休 門柱地轅害門 祿喪 亡馬 (54~61) 帶염 宮宮 (39~39)	月支 天馬 巳 04-11 **三** 10父 04-21 辛 **五** 九財 孫 05-01 休天玄咸絶開 門心武池命門 空 旺亡 (79~81)(10~14)	空亡 亡桃 宮宮 04-01 庚 **十** 3孫 04-14 己 **八** 父 04-24 05-04 生天白天絶杜 門蓬虎符體門 病空年 劫馬 (71~77) 喪亡桃 宮宮 (22~29)
日歲 桃 劫馬 宮 劫宮 04-05 己 **九** 4財 04-15 戊 **九** 財 04-25 驚天九招天景 門芮天搖宜門 日歲 桃 (62~70) 浴劫馬 宮 (30~38)	日年劫 桃 馬支劫 宮 年支 年年干 沖 **一** 十孫 **二七** 6世 局 丙 **六一** 七兄 鬼 04-12 04-07 三父 04-22 04-17 05-02 04-27 攝 提 桃歲天 [52~53] 花劫乙 (40~45)	空亡 月支 04-09 壬 **三** 九財 8孫 04-19 父 04-29 癸 **三** 父 傷天六天生生 門任合乙氣門 天 劫亡 (86~90) 死馬 亡 (3~5)
時支 天 亡 富宮 月時王 時支 月時干 04-10 辛 **四** 9財 04-20 壬 **四** 財 04-30 死天直太福傷 門英符陰德門 生天 亡 (82~85) 囊乙 宮 (6~9)	桃歲乙 年劫 馬 花劫乙 亡桃 宮 04-13 乙 **一** 2官 04-23 庚 **七** 兄 05-03 景天騰靑遊驚 門輔蛇龍魂門 桃 胎宮 (78~78)(15~21)	桃歲乙 空年 劫桃 花劫乙 亡亡 亡桃 宮宮 日 04-08 戊 **六** 八父 7鬼 04-18 **二** 十孫 世 04-28 杜天太太歸死 門沖符乙魂門 絶天 年劫 (46~51) 蓬馬 亡宮 (1~2)

운곡윤기용기문둔갑 V1.3.0.0

중궁의 이화세기가 삼합유금의 시지, 시간에서 자식의 학생회장 출마에서 낙선은, 유금이 육수생에서 육수가 삼목과 팔목이 된 것으로 삼목으로 감에서는 삼목이 삼합칠화로 겁재가 되는데, 칠화가 삼살육수로 감에서도 삼목의 삼합칠화 겁재는 제자리가 되어 이화세기가 깃든 유금의 시지, 시간을 극함에서 자식과 나는 흉함이라 자식은 낙선하는 일이 있으며, 나도 자궁 수술 등 힘겨움이 있는 대운이 된다(유금이 일육수 생에서 일수생은 십토합으로 삼합유금 제자리가 됨).

육수의 팔목에서는 팔목이 오토상관을 합함에서는 오토의 삼합일수 관이 오토의 삼합칠화 겁재를 충극하므로 직장 동료와 갈등으로 동료와 힘겨운 시기가 된다.

- 원비 52세 음력 3월 자궁 수술, 음력 7월(양력 9월 1일) 아들이 학생회장 출마
  에서 낙선함, 음력 8월까지 직장에서 동료로 힘겨움

  대운 52세에 앞선 일들이 일어남에서 그러한 일들이 일어나는 시기의 나
  이는 대운의 이화에서 52세가 된다. 그리고 52세에 자궁 수술의 달은, 칠화
  가 이화세기가 깃든 유금을 극함에서였기에 칠화의 음력 6월이 된다.

  하지만, 칠화의 음력 6월에 앞선 칠화가 되는 달은 오미합화가 되는 십토
  의 음력 3월에서 이달에 자궁 수술을 한다(유금에 합된 오토는 자궁이 됨).

  또한 아들의 흉달도 칠화가 되는 것에서 칠화의 음력 6월도 되지만 칠화
  를 더욱 왕성하게 하는 달은 삼목의 음력 10월이며, 삼목이 되는 앞선 달은
  육수의 음력 7월에서 이달에 아들은 낙선한다(나이 52세 이화의 삼합유금이 육수생
  에서 팔목합에서는 오토의 삼합일수가 오토의 삼합칠화 겁재를 충극함에서 동료와 갈등은 이어짐).

• 신비 52세 음력 3월 자궁 수술, 음력 7월(양력 9월 1일) 아들이 학생회장 출마에서 낙선함, 음력 8월까지 직장에서 동료로 힘겨움-戌月

2021年度 身數局(時局), 小暑 下元 陰 五. http://cafe.naver.com/48gog

금년 신수에서 자궁 수술과 아들의 학생회장 출마에서 낙선, 음력 8월까지 직장에서 동료로 갈등은, 먼저 오행의 흐름이 세기칠화가 삼살육수로 관을 생함에서 직장의 무탈로 보이는 가운데, 육수관은 팔목반합과 삼목합에서 먼저는 팔목반합은 팔목이 정인에서 세기칠화를 생함에서 제자리 칠화는 유금정재를 극하니 재물 손실이나 지출이 있으며, 유금에 깃든 이화일간과 겁재도 흉함이라 자궁 수술과 직장 동료와 갈등이 있음이다(이화의 년간과 월지도 일간과 겁재처럼 흉하고, 유금이 깃든 오토는 자궁에서 유금과 오토는 같이 극됨).

육수관의 삼목합에서는 암장삼목이 삼형살의 충극에서 시간인 삼목은 흉함이라 외동아들이 학생회장 출마에서 낙선을 한다. 또한 육수관이 삼형살의 충극도 되기에 직장도 흉함이라 직장 동료와 갈등으로 직장 흉이 되지만 퇴사나 휴직 등이 없음은, 육수관이 삼살의 생을 받는 것과 아울러 일간이화가 삼합유금이 된 것에서 육수관은 겸왕거왕에 더하여 왕성함에서 일간이 관을 생함에서이다.

일간이화 겹재에서는 함지와 망신궁에 좌하여 나와 함께하는 직장 동료와는 구설, 잡음의 망신스러운 일이 일어나는 가운데, 이화겹재가 반합일수 귀성인 구금합에서도 겹재는 흉하니 동료 간 갈등이나 등지는 일이 있으며, 이화일간에서도 반합일수 귀성인 구금합에서 일간도 흉함이니, 수술 등 흉한 일간으로 신수가 된다.

• 음력 3월의 자궁 수술

신수의 체에서 유금에 깃든 이화일간을 극하는 것은 칠화에서 칠화의 달에 자궁 수술을 함이니 그달은, 중궁천반의 칠화가 됨에서 이의 달은 칠화가 되는 삼목의 음력 3월이 된다, 이는 삼목의 음력 3월은 삼합칠화에서 칠화가 삼살육수로 돌아 삼목 달을 생해도 동일한 칠화의 음력 3월은 유금과 유금에 깃든 이화겹재와 일간을 극함에서 자궁 수술을 하고, 동료 간 갈등도 있음이다.

• 음력 7월 아들의 전교회장 출마에서 낙선

신수의 체에서 아들의 흉함이 삼목시간이 삼형살의 충극을 맞음에서였기에, 그달은 건궁암장의 시간삼목이 삼형살의 충극을 받는 것에서 삼목은 암장수에서 달이 없기에 이를 합생하는 달이 됨이라 육수의 음력 11월은 암장삼목을 합생에서 음력 11월이 된다.

하지만, 약한 육수를 왕성하게 하는 달은 삼살육수에서 오토의 음력 6월 ~7월은 삼살육수가 됨이다(오토의 삼살육수에서 육수가 팔목합생으로 감은 음력 6월이 되고, 육수가 삼목합생으로 감은 음력 7월이 됨).

• 행년(行年)에서 자궁 수술과 아들의 전교회장 출마에서 낙선, 직장 동료와 대립

접궁의 팔목정인이 약세칠화를 생함에서 칠화는 삼살육수로 감궁천반의 육수관을 생함에서 육수는 시간 삼목을 생하므로 삼목시간은 삼형살의 충극을 받으니, 아들의 출마는 낙방의 운명이 되고, 앞서 삼목이 일간이화를 생함에서 일간이화의 겁재가 반합일수 귀성인 구금합에서 이화겁재는 흉함이니 동료와 갈등, 대립이 된다.

또한, 이화가 일간에서 일간이화가 반합일수인 구금합에서는 함지, 망신의 일간은 흉함이니 자궁 수술을 하는 일이 생긴다.

18) 재혼의 길흉

(1) 男-子月 6117

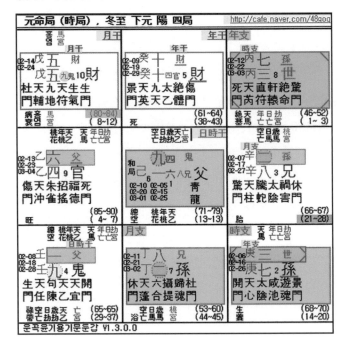

본 원명국은, 두 번의 이혼 후 세 번째 배우자를 만나서 가정을 화목하게 이루고 살아가는 남명이다. 이의 세 번째가 길연이 되고 첫째 부인과 둘째 부인은 이혼하는 운명이 된다.

원국을 보면, 중궁의 인성이 일간으로 세약의 삼목을 생함에 있어 일수일간은 삼합의 일수 인성으로 길하며, 육수정인도 천반삼살 구금의 생을 받는 것으로 세생하니 길함이다. 따라서 재물은 큰 어려움 없이 살아갈 수 있는 복이 있지만, 년지와 세궁이 동궁으로 망신살의 중첩과 겁살궁에서 길함을 감함에서 문서로 인한 아픔이나 배움의 장애, 수술이나 사고로 몸에 흉터가 있으며 삶에 구설, 잡음이 있음이다(부친의 유언이 잘못 전달된 것에서 땅문서가 동생한테 가는 일을 당함).

세기삼목은 칠화로 화함에서 칠화는 세기가 화한 것에서 세기가 되기에 세기의 겁살궁의 중첩에 세기가 칠화로 화함에서 불같은 기질로 성격이 급하다.

가정궁인 세궁이 망신살의 중첩에 겁궁의 중첩된 가운데 정재십토는 삼합유금에서 중궁의 일육수를 생하고 육수는 삼합팔목으로 겁재가 되어 십토는 흉함이라 정재부인과 이별하는데, 친정집에 지나치게 돈을 가져다주는 것에서 이혼의 화근이 되었으며, 재혼한 부인은 오토편재로 삼합일수 일간으로 나인 일간과 동궁으로 길하게 보이지만, 쌍도화살에 망신살의 중첩과 겁살궁에서 재혼녀는 술과 노름을 좋아하는 것에서 이혼의 화근이 되었다 (오토편재와 일간이 삼합일수로 동궁이 된 것으로 망신살의 중첩과 겁살궁의 중첩에서 나와 편재는 인연될 수 없음인데, 이도 일간으로 세생도 하지만 십토와 합됨으로 십토가 삼합팔목으로 일간과 함께 있는 편재일수도 삼합팔목으로 겁재에서 본처와 같은 운명으로 이별함).

그러나 셋째 부인은 나에게 귀인이 되는 것으로 나이 차이도 20세가 넘게 나고 이러한 부인을 만나는 것 또한 운명 노선에서의 만남이 된다(셋째 부인이 왜 귀인이 되는지, 나이 차이가 크게 아래로 나는 배우자를 만나는 운명에 대한 설명은 카페 게시판이나 동영상을 통해 열람할 수 있음).

본인은 형제 가운데 차남인데, 차남이 아니더라도 차남과 같은 기질을 가진 것으로 화합과 조율을 하려는 사람이 된다.

형제는 본인이 차남인데, 밑의 동생이 도움을 조금씩 주는 것으로 동생에게 도움을 받는데 이는 월지이화가 삼합유금에서 중궁의 육수정인을 생함에서이며, 이화월지 동생이 일간인 삼합일수 인성인 오토를 합함에서도 나와 합이 되며 도움도 된다(삼합유금의 일수생은 일수는 십토와 합되어 유금이 됨, 월지의 삽합유금이 진용으로 작용도 함).

자식은 첫째 부인에서 3명의 자식을 두고, 둘째 부인에서 자식 1명, 셋째 부인에서 아들 1명을 둔 것에서 3째와 5번째가 제일 잘나가는데, 첫째는 시간으로 일수로 망신살의 중첩과 겁궁으로 사는데 애로가 있음이며, 둘째는 시지에서 중궁의 충극을 받음에서 어렵게 살며, 셋째는 잘살며, 넷째는 도움을 주는 편이며, 다섯째는 도움을 제일 많이 주는 자식이 된다(5명의 자식 가운데 자식의 구별법과 도움 정도의 차별성에 대한 설명은 카페 게시판이나 동영상을 통해 열람할 수 있음).

• 대운 21세 첫 부인과 결혼
팔목이 오토재성을 합함에서 첫 부인을 만나는데, 오토재성이 일간과 삼합일수가 된 것에서 팔목의 오토재성의 합은 오토재성이 일간과 합된 것으로 이를 합한 것으로 팔목대운에서 결혼이다(팔목이 삼합일수 일간과 삼합된 오토재성을 합하므로 결혼).

• 원비 26세 음력 10월경에 첫 부인과 결혼
대운 21세 부인과의 만남에서 결혼이 팔목이 일간과 삼합일수로 하나된 오토재성을 합함에서였기에, 결혼의 나이는 팔목에서 28세가 된다. 하지만 팔목의 28세에 앞서 28세 팔목과 해묘미합목이 되는 육수의 26세는 결혼의 나이가 된다.

• 음력 10월 결혼
결혼의 나이가 육수의 26세에 결혼의 달은, 육수를 생하는 홍국수의 달이 되기에 칠오구와 유금의 달 가운데 오토의 음력 10월은 삼살육수가 됨에서 이달은 결혼 달이 된다(칠화의 음력 2월과 구금의 음력 4월, 유금의 음력 9월이 결혼 달이 되지 못하는 원리는 카페 게시판이나 동영상을 통해 알 수 있음).

- 신비 26세 음력 10월경에 첫 부인과 결혼-丑月

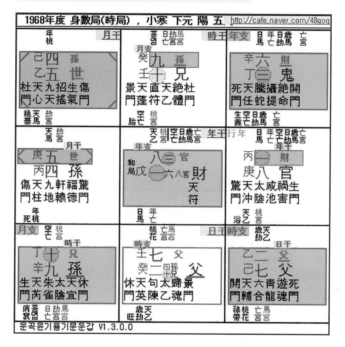

금년 신수에서 결혼은, 오토세기가 유금과 합됨에서 육수를 생하고(유금의 일수생은 일수가 십토합에서 십토의 삼합유금으로 제자리 유금이 됨), 육수는 삼목과 합에서 삼목은 삼합칠화에 앞서 일간이화를 생하고, 일간이화는 반합일수 재성인 구금합에서 결혼을 한다(일간이 정인에서 세생하여 돌면 제자리 일간이화는 반합일수 재성구금을 합함에서 구금합으로 삼목과 삼형살의 작용은 미약함인데 이는 이화가 일간으로 구금합으로 작용에서 결혼이 되고 육수는 정재지만 일수편재가 결혼녀인 것은 일간이화가 반합일수 편재인 구금합에서 일간이 일수편재와 합된 것에서임).

- 음력 10월 결혼

신수의 체에서 결혼이 일간이화가 반합일수 재성인 구금을 합함에서였기에, 결혼 달은 반합일수 재성인 구금을 합하는 이화일간의 음력 10월이다(음력 9월은 이화가 삼합유금으로 나아감).

- 행년(行年)에서 결혼

일수재성이 십토를 합함에서 십토는 삼합팔목의 육수재성과 삼합된 것으로 팔목은 육수재성이 되어 세기오토를 합하므로 결혼의 행년이다.

- 대운 29세 부인과 이별

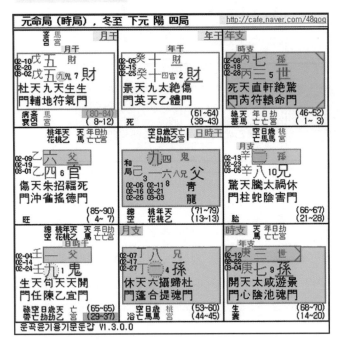

대운구금이 천반일수 일간과 삼합되어 십토정재와 합된 것에서 십토정재는 삼합유금으로 중궁유금이 되어 제자리 일수를 생함에서 간궁일수는 재차

십토에서는 삼합팔목으로 겁재가 되니, 십토정재는 대흉함에서 부인과는 이혼한다(십토가 년간에서 부친도 흉함, 원비와 신비 31세 음력 4월 이혼은 영상으로 확인할 수 있음).

- 대운 38세 재혼을 하지만 이혼

십토재성이 삼합유금이 되어 중궁의 일육수를 생함에서 일수일간은 십토정재를 합하므로 재혼을 하지만, 십토의 삼합유금의 육수생은 삼합팔목으로 겁재가 되어 십토정재는 흉함으로 이혼을 한다(십토가 년간에서 부친도 흉함, 원비와 신비 40세 음력 2월 이혼은 영상으로 확인할 수 있음).

- 대운 46세 셋째 부인을 만나 현 79세까지 아들 한 명을 낳고 잘 사는 것

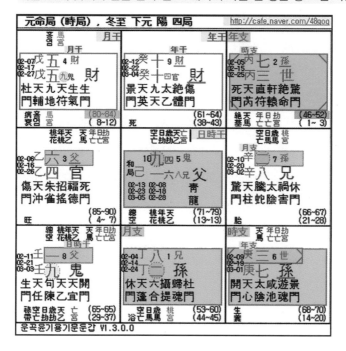

세기삼목이 천반칠화가 된 것으로 칠화는 세기가 되어 일간과 합된 십토정재를 합하므로 부인을 만난다(십토의 삼합팔목이 겁재이나 십토의 삼합유금 관이 겁재

를 극함에서 십토는 무탈). 아들의 출산은 일간, 시간이 동궁으로 일수가 십토와 합된 것에서 칠화가 십토를 합하므로 곧 세기칠화가 일간과 동궁으로 있는 시간일수를 합함에서이다.

- 원비 48세 8월경 셋째 부인의 만남

대운 46세 부인의 만남이 삼목세기가 화한 칠화세기가 십토정재를 합함에서였기에, 부인을 만나는 나이는 칠화의 47세이다. 하지만 칠화가 약한 것에서 이의 칠화를 왕성하게 하는 팔목의 48세에 부인을 만난다(칠화를 왕성하게 하는 홍국수는 삼합칠화가 되는 삼목의 53세가 되지만 대운미입이라 불용이며, 칠화와 오미합화로 칠화를 왕성하게 하는 십토의 50세도 되지만 앞선 팔목의 48세가 칠화를 생함에서 48세 부인을 만남, 칠화가 삼살육수로 육수는 삼팔목을 생하고 목기는 제자리 칠화를 생함에서도 칠화의 십토합은 동일하지만 사구금을 극함에서는 직장과 유금과 합된 오토편재와 월간은 흉함이 됨).

- 음력 8월 부인의 만남

48세 부인의 만남이 십토정재를 합하는 약한 칠화세기를 생함에서였기에, 부인 만남의 달은 팔목겁재를 합생하는 삼합팔목인 육수와 십토 그리고 일간일수가 되는데, 이 가운데 육수와 십토는 이미 삼합팔목인 것에서 이를 생하는 일간일수의 음력 8월이 된다.

• 신비 48세 8월경 셋째 부인의 만남-丑月

신수에서 부인의 만남은, 세기(일간)십토가 천반칠화로 화한 것에서 칠화는 삼살육수가 되고, 육수는 삼합팔목이 되어 오토를 합함에서 오토의 삼합일수 정재를 팔목이 합한 것으로 결혼의 해가 된다(팔목은 십토세기가 화한 것으로 세기, 일간이 됨에서 세기팔목이 일수재성의 합이 됨, 일수정재가 태왕함에서 좋은 배우자를 만남, 팔목의 오토합에서 오토의 삼합일수가 오토의 삼합칠화를 충극함에서 문서와 칠화에 깃든 삼목관도 흉함이 됨).

• 음력 8월

신수의 체에서 부인 만남이 팔목세기가 삼합일수 정재인 오토를 합함에서 였기에, 만남의 달은 중궁천반의 팔목의 달이 된다. 하지만 중궁은 달이 없으므로 이를 합생하는 육수의 음력 8월은 삼합팔목이 되어 삼합일수 정재인 오토를 합하므로 부인 만남의 달이 된다(중궁팔목이 되는 일수의 음력 7월도 되지만, 반합되는 육수가 팔목과는 더 왕성하게 하나가 됨).

• 행년(行年)에서의 부인 만남

유금이 삼합일수 정재인 지반암장의 오토를 합함에서 만남이며, 일육수를 생함에서 일수는 십토합에서 삼합팔목이 되고, 육수는 바로 삼합팔목이 된 것으로 공히 팔목은 삼합일수 정재인 오토를 합하므로 결혼의 행년이 된다.

• 원비 51세 음력 7월 아들의 득남

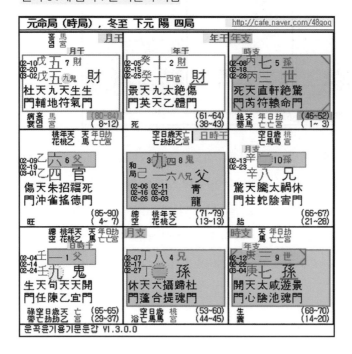

대운칠화에 아들의 득남이 세기칠화가 일간시간이 동궁된 일수와 합되어 있는 십토를 합함에서였기에, 득남의 나이는 칠화가 됨이다. 그러나 칠화는 대운에서 동하여 일간시간이 동궁으로 있는 일수와 합된 십토를 합함에서였

기에, 일수일간의 시간이 칠화세기와 합되어 있는 십토를 합하는 일수의 51
세가 득남의 나이가 된다(일간과 세기는 서로 간 합작용이 우선인 것은 자신이 됨에서임).

• 음력 7월 출산

　일수 51세의 출산에서 출산 달은 세기칠화와 합된 십토를 합하는 일수의 음
력 1월이 된다. 하지만 일수가 약한 것에서 이를 왕성하게 하는 달은 삼합일
수가 되기에 삼합일수가 되는 오토의 음력 7월이 가장 왕성하게 일수의 생함
이 된다(일수를 생하는 유금의 음력 8월보다 삼합일수가 되는 오토가 더 왕성하게 일수가 되며, 구금
은 지반과 중궁에서 이미 동처이기에 오토는 외궁의 준동에서 동하므로 작용이 완전한 삼합일수가 됨).

• 신비 51세 음력 7월 아들의 득남

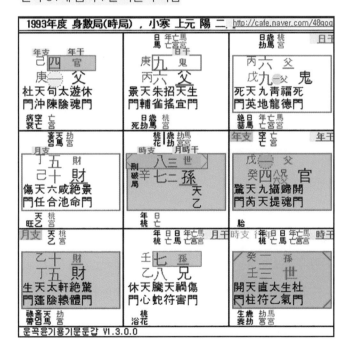

금년 신수에서 득남은, 세기삼목이 시간, 시지와 동궁인 것에서 출산에 길

함인 가운데 시지, 시간의 삼목세기는 삼합칠화가 되고 칠화는 일간구금과 삼살육수 정인으로 천반에서 삼목을 세생하니, 문서는 길함인 가운데 세생 삼목은 지반칠화와 삼합으로 재차 삼살육수는 이제 팔목과 합됨에서 팔목 이 삼합칠화인 오토를 합함은 득남이 된다(칠화에는 시지, 시간의 삼목이 깃든 것에서 칠화의 합은 시지, 시간의 합이 됨, 오토의 삼합칠화가 오토육합의 유금관을 극함에서 직장을 다니면 직장의 흉함과 년간, 년지의 유금에서 부모도 흉함이 됨).

• 음력 7월 출산

신수의 체에서 출산이 팔목이 오토를 합함에서였기에 출산의 달은, 중궁 팔목이 된다.

따라서 팔목이 되는 달은 곤궁의 육수가 삼합팔목에서 음력 7월이 된다(음 력 6월은 육수가 정인으로 세생으로 삼목을 합생함).

• 행년(行年)에서의 아들 득남

이화손이 삼합유금에서 일간구금이 반합일수된 지반일수를 생함에서 십 토를 합한 것으로 자식 출산이 된다. 이의 십토는 일수일간이 깃든 것으로 시지, 시간의 삼목세기가 화한 칠화와 합된 것에서 일간이 시지, 시간의 세 기를 합한 것에서이다.

• 대운 61세 부친 사망

십토년간이 삼합유금에서 유금이 육수를 생함에서(일수생은 십토합에서 삼합유 금은 제자리가 됨) 육수는 삼합팔목으로 십토년간은 대흉함이라 부친 사망이 된 다. 또한 유금이 오토를 합함에서도 오토의 삼합일수가 오토의 삼합칠화를 충극하므로 부친 사망이 되는 것은 칠화는 년간십토가 화한 것에서 부친이 된다(육수가 팔목과 삼합되기 전 육수는 정인으로 세생에서 삼목세기는 삼합칠화가 되고, 칠화는 삼살육수에서 팔목과 삼합으로 십토년간의 대흉으로 부친 사망, 세기삼목은 칠화와 삼합칠화에서 이화를 생하므로 가지 않음에서 삼형살의 충극을 받지 않는 삼목이 됨).

- 원비 62세 음력 7월 부친 사망

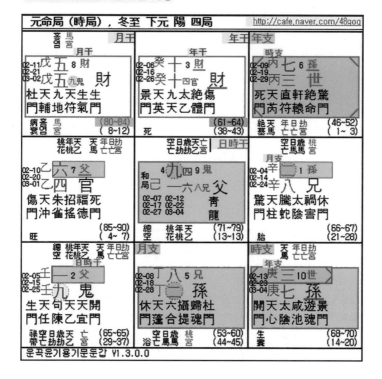

대운의 부친 사망이 육수의 삼합팔목에서였기에, 부친 사망의 나이는 육수의 56세가 된다.

하지만 이는 대운미입에서 불용의 나이라 육수가 되는 홍국수가 부친 사망의 나이가 된다(육수의 삼합팔목에서 십토년간은 대흉함에서 부친 사망).

육수의 66세는 대운미입이라 불용의 나이에서, 육수을 생하는 오행은 유금과 구금 그리고 삼살육수인 칠화가 되기에 이 가운데 구금과 칠화는 대운미입에서 유금의 64세는 육수생이라 64세는 부친 사망이 된다. 하지만 앞선 유금이 되는 홍국수는 이화가 삼합유금이 되니, 62세가 부친 사망의 나이가 된다.

• 음력 7월 부친 사망

62세 부친 사망이 육수가 삼합팔목에서 십토년간의 부친이 대흉함에서 이의 육수를 생하는 나이로 가장 빠른 이화의 62세가 삼합유금으로 육수를 생함에서였기에, 부친 사망의 달은 나이 이화를 생하는 삼팔목에서 이를 더욱 드러나게 하는 홍국수는 육수가 되기에 음력 7원은 부친 사망이 된다(육수의 음력 7월이 삼합팔목으로 십토년간이 대흉함에서 음력 7월도 됨).

• 신비 62세 음력 7월 부친 사망-丑月

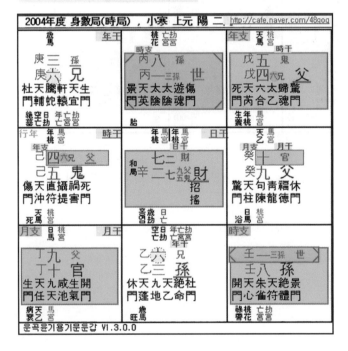

금년 부친 사망은, 일수세기가 암장삼목이 되어 삼목은 삼합칠화로 인해 칠화는 삼살육수로 곤궁육수는 삼목 제자리에서 이제는 이화를 생함에서 삼형살을 충극을 받으니, 삼목에 깃든 육수년간도 충극이라 부친 사망의 신수가 된다.

여기서 중요한 것은, 일간이화가 삼합유금이 되면 구금을 합하지 않기에 삼형살을 작하지 않지만, 일간이화와 동궁에 구금이 있으면 일간이화는 구금을 합하는 것으로 삼형살이 되어 삼목과 삼목에 깃든 육수년간도 충극에서 부친이 사망이 된다[곤궁의 암장육수가 삼합팔목에서는 팔목이 오토를 합함에서 오토의 삼합일수가 오토의 삼합칠화 편재를 충극함에서 재물 손실이나 지출 또는 애인의 흉함이 되고(또는 심장이나 눈, 소장이 안 좋음), 칠화에 깃든 삼목손도 흉함에서 소유물의 흉함이 된다. 또한 오토육합의 유금을 합한 것에서 팔목의 시지자식의 흉함이나 본인 신경 쓸 일 있음도 된다].

• 음력 7월 부친 사망

신수의 체에서 부친 사망이 년간육수가 삼목에 깃든 것에서였기에, 부친 사망의 달은 육수의 음력 11월이 된다. 하지만 음력 11월의 육수에 앞서 육수가 되는 홍국수가 있다면 그달이 부친 사망의 달이 되기에 육수를 가장 왕성하게 생하는 홍국수는 삼살육수인 칠오구와 사구금 가운데, 삼살육수인 칠화가 된다.

하지만, 칠화는 중궁에 있어 칠화를 합생하는 앞선 홍국수는 삼목이나 건궁천반의 삼목은 암장수라 달을 말할 수 없음에서 이를 생하는 일수의 음력 10월이 되지만, 일수로 앞서 되는 달의 홍국수는 오토의 음력 7월이 되는데 이는 오토가 삼합일수에서이다(오토의 음력 6월은 중궁의 삼합칠화가 됨).

• 행년(行年)에서 부친 사망

유금이 년간육수를 생하고, 년간육수는 삼목을 합생에서 삼목이 삼형살의 충극을 받으므로 부친 사망의 행년이 된다(삼목이 삼합칠화로 칠화는 삼살육수 제자리에서 삼목에 깃든 육수년간은 삼목의 삼형살의 충극을 같이 받음).

19) 진급의 길흉

(1) 男-丑月 55

본 원명국의 남명은 고관 공무원이다.

세기일수가 태약하지만, 용신의 유금이 태왕한 것으로 년지와 일간이 겹쳐 길함은 가중되며, 여기에 유금이 삼합유금에서 길함의 증폭은 가중되는 것으로 길격이며, 용신은 세기가 태약한 것에서 유금인성이며 이를 생하는 십토관은 진용으로 고관이 된다(진용이 충극을 받으면 진용은 사용할 수 없음).

• 대운 46세의 진급

삼목이 삼합칠화로 칠화는 삼살구금에서 간궁천반의 육수를 생하고, 육수
는 삼합팔목의 상관이나(육수가 삼목합생은 삼목의 삼합칠화에서 육수생으로 팔목이 됨) 중
궁 천반의 오토귀성을 합하므로 오토의 삼합일수는 오토의 삼합칠화 편재
를 충극하니, 재물 손실이나 지출이 있음이나(또는 애인과 이별도 됨) 오토귀성과
더불어 유금정인을 합한 것에서 승진이 된다.

• 원비 48세 음력 3월 진급

대운의 진급이 팔목이 오토귀성를 합하므로 진급이 되었기에, 진급의 나
이는 오토를 합하는 팔목의 48세가 된다(진급은 일반적으로 귀성이 됨).

• 음력 3월 진급

진급이 팔목의 48세에서 진급의 달은, 팔목과 삼합팔목이 되는 육수의 음
력 3월이 된다(삼합팔목이 되는 십토는 동처에다 음력 9월의 후달이 됨).

- 신비 48세 음력 3월 진급-丑月

1978年度 身數局(時局), 大寒 下元 陽 六		http://cafe.naver.com/48goq
日年天 馬 馬桃乙 宮	年支 伯年天 馬 馬桃乙 宮 月干	天 桃 馬 宮
戊三 父 丙二 世 景天六天絶傷 門心合符命門	壬八 父 辛七 兄 死天旬太禍杜 門蓬陳乙害門	庚五 孫 癸十四財 孫 驚天朱軒生開 門任雀轅氣門
祿日天 年亡劫 帶劫乙 亡宮	居 旺空	病居 馬 衰空 宮
桃亡宮天 花宮 年干	居日天年亡劫 月干 空劫乙 亡宮	居 馬 空 宮
己四 財 丁一 官 杜天太招遊驚 門柱陰搖魂門	刑 七二 世 破 乙八三 父 局 青 龍	丁十四財 孫 己五 孫 開天九太絶生 門沖地陰體門
沐桃 浴宮	日年天 馬桃乙	天 桃 死馬 宮
月時支 歲 日時干	歲亡劫日馬 劫亡宮宮 月時支 日時干	年干
癸九一官財 庚六 鬼 傷天騰天歸休 門芮蛇乙魂門	辛六 鬼 壬九一官 財 生天直攝天景 門英符提宜門	丙一 官 戊四 財 休天九咸福死 門輔天池德門
生歲 日馬 養劫 亡宮	歲 胎馬	絶桃 亡劫 墓花 宮宮
운곡윤기용기문둔갑 VI.3.0.0		

금년 신수에서 진급은, 이화세기가 삼합일수 관인 일간구금을 합함에서이다.

- 음력 3월 진급

  신수의 체에서 진급이 이화세기가 삼합일수 관인 일간의 구금을 합함에서 였기에, 진급의 달은 중궁의 이화세기의 달이 된다, 따라서 이화세기를 생하는 음력 3월은 진급의 달이 된다.

- 행년(行年)에서 진급

  팔목이 오토를 합하므로 오토육합의 유금이 오토의 삼합일수 관을 생함에 서이다.

20) 독신의 원명국

(1) 男-午月 1187

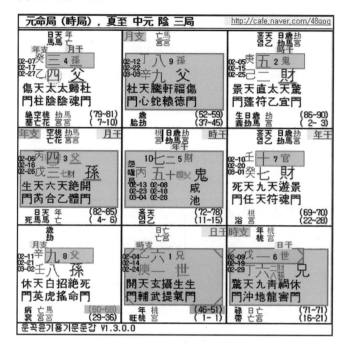

이 남명은 여자가 없는 원국으로 일생 혼자 살아야 할 독신의 원명국이다.

이는 가정궁인 세궁은 왕성한 가운데 생문, 생기에서 건강하고 생기가 있어 무탈한 가운데, 세기일수에 도화살의 중첩으로 주색을 좋아할 것인데 여자를 좋아한다.

하지만 여자가 없는 것에서 결혼이 어려운데 오행의 흐름을 보면, 일수세기가 십토를 합함에서 십토는 삼합팔목의 건궁암장에서 오토를 합하니 오토의 삼합일수가 오토의 삼합칠화 재성을 극함에서 여자가 없고, 십토가 칠화육합에서 칠화는 삼살육수로 삼목에서 칠화는 제자리가 되기에 유금을 극함에서 유금에 깃든 이화정재도 극됨이라 문서와 정재의 극됨으로 공부의 장애나 문서의 흉함 그리고 정재의 여자 본처가 없는 원국이 된다.

대운 46세 이후의 여자를 보더라도 흉한데, 육수겁재가 삼합팔목에서 오
토를 합함에서 오토의 삼합일수는 오토의 삼합칠화 재성을 극함에서 여자
가 없는 명국이 되기에 결혼을 해도 오래가지 못함이 된다.

21) 미용실 원장의 원명국

(1) 女-丑月 6169

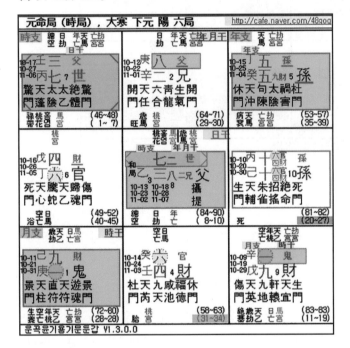

본 여명은 세궁의 손궁에서 미용실을 경영하는 것으로 장녀의 운명이다.

따라서 리드의 기질이 있으며 아부나 복종에는 약하지만, 자신이 원하는
것으로 이끌려는 속성이 있어 윗사람이나 상사를 내치려는 경향을 가지고

있음에서 부하나 심복으로서 아랫사람은 부적격이라 배신이나 모반의 성향이 짙으며 운기를 타면 주체적 자리에 안착하려 하거나 앉게 된다(그렇지 않으면 독립적 일, 주체가 되는 일을 함).

그러나 책임감이나 의무감은 강하며, 소속력도 강함에서 아랫사람을 챙기려는 속성과 자신을 드러내려는 선심도 있음에서 과감하고 무모한 짓도 잘하는 기질도 있음이다.

원국의 세기가 왕성하고 삼합칠화까지 더하니 태왕한 세기가 되는데, 일간의 인성이 다시 세생하니 재물은 있음이다. 하지만 대운 11세까지는 구금이 삼살육수로 태궁의 육수에서 삼합팔목은 정인으로 세생하여 세기칠화는 사구금 재성을 극함에서 재물에 곤궁하고, 유금에 깃든 이화부친도 유금과 같이 극받음으로 부친도 힘겨운 시기가 된다.

세기칠화가 태왕하니 불같은 기질이 있음인데, 미용실을 하는 것은 세왕에서 삼합유금인 도궁의 유금재성을 용한 것으로 도궁유금의 칼날은 미용실 경영의 길함이 된다.

관의 무동과 귀성의 남자에서 결혼까지의 남자와 이별이 있었고, 귀성이 간궁의 소남자리에서 있어 남자는 순수한 면이 있는데 간위산의 일수 물이라 산에 갇힌 물로 평온하여 소심하거나 점잖은 면이 있음이다. 일수귀성도 나와 합인 것은 칠화세기와 합된 십토를 일수가 합함에서 일수귀성이 세와 합된 것에서이다.

- 년간 부친의 단명

  세기칠화가 삼살육수로 태궁암장의 육수는 삼합팔목의 정인으로 세생에
서 제자리 칠화세기는 이화년간이 합되어 있는 유금을 극함에서 유금정재
와 더불어 부친이화는 극됨이라 부친은 단명이며 재물도 지출이 많거나 손
실되는 일이 있음이다.

- 대운 20세 부친 사망

  원국에서 부친 사망이 칠화가 이화년간이 깃든 유금을 극함에서였기에 칠
화가 되는 십토의 대운 20세 십토는 오미합화의 칠화가 되어 이화년간이 깃
든 유금을 극함에서 이화년간도 극됨이라 부친 사망의 시기가 된다.

- 원비 21세 음력 9월(양력 10월 29일) 부친 사망

  대운십토에서 부친 사망이 이화년간이 깃든 유금을 칠화가 극함에서 이의
칠화가 되는 대운십토는 오미합화로 칠화가 되어, 이화년간이 깃든 유금을
극함에서 부친 사망의 나이는 칠화의 27세가 된다.

  하지만 27세에 앞선 나이로 칠화가 되는 삼목은 삼합칠화가 되기에 23세가
부친 사망의 나이가 되지만, 대운 20세에서 23세보다 빠른 칠화가 되는 나이
는 일수의 21세가 됨에서 21세에 부친이 사망한다. 이는 일수가 십토와 자축
합토로 십토가 되고, 십토는 오미합화로 칠화가 되어 이화년간이 깃든 유금을
극함에서이다(십토의 20세도 되지만, 대운에서 동했기에 이를 합생으로 드러나게 하는 일수가 됨).

- 음력 9월 부친 사망

  부친 사망의 나이가 일수에서, 사망의 달은 일수가 되는 구금의 음력 9월
은 반합일수로 일수를 왕성하게 함이라 부친 사망의 달은 구금의 음력 9월

이 된다(유금의 음력 4월도 일수를 생하지만 반합일수의 구금보다 일수생함이 크지 못함).

• 일진-양력 10월 29일 부친 사망

부친 사망의 달이 재성구금이 일수를 반합한 것에서였기에, 부친 사망의
일진도 달과 동일한 구금의 양력 10월 29일이 된다.

• 신비 21세 음력 9월 부친 사망-丑月

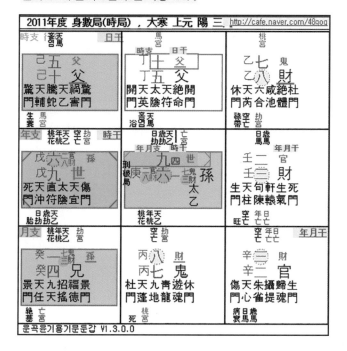

금년 부친 사망은, 세기구금이 삼합일수로 중궁에서 십토합은 정인으로
제자리 구금이니, 구금은 육수를 생하고 육수는 반합팔목으로 합되고 삼목
은 암장칠화로 감에서 칠화는 삼살육수로 돌아도 제자리에서 유금을 극하
니, 유금의 겁재와 유금에 깃든 이화년간도 극됨이라 부친 사망이 된다(이화
관도 월간도 동궁에서 직장, 남자, 손위 형제는 흉함, 육수는 반합팔목으로 오토를 합함에서 오토육합

의 유금이 오토의 삼합일수를 생하여 오토의 삼합칠화 귀성을 극함에서 애인, 재혼, 진급, 이직은 흉함이 됨).

• 음력 9월 부친 사망

신수의 체에서 부친 사망이 칠화가 이화년간이 깃든 유금을 극함에서였기에, 부친 사망의 달은 칠화의 음력 7월이 되는데 칠화가 약함에서 이를 더욱 왕성하게 하여 부친을 극하는 달은 삼목재성의 달로 삼목재성이 삼합칠화가 되는 음력 9월이 된다(음력 9월 삼목재성이 삼합칠화가 되는 간궁칠화와 삼합으로 이화년간이 깃든 중궁유금을 극함에서 부친상의 달이 됨).

• 행년(行年)에서의 부친 사망

오토가 삼합일수에서 암장삼목과 칠화에서 칠화는 유금을 극하니 유금의 겁재와 유금에 깃든 이화년간도 극됨이라 부친 사망이 된다.

• 대운 29세 동거남을 만나 동거를 하고는 미용실을 공동 운영함

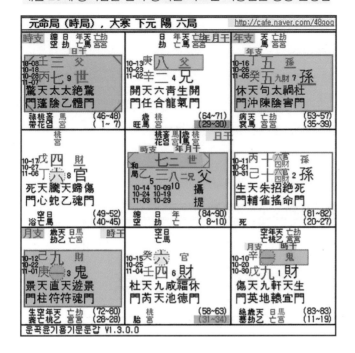

연애에 길한 육합, 도궁에서 이화겁재가 삼합유금으로 태궁암장의 육수관을 생하고, 육수관은 일간삼목과 합에서 동거남을 만나 동거를 한다(태궁암장의 육수가 먼저는 일간삼목을 합생함). 또한 길문괘의 겁재가 삼합유금 재성이 되어 세왕에서는 동업이나 공동 운영은 더욱 길함이 된다(유금이 오토합보다 동궁의 육수를 먼저 생함에서 육수의 삼팔목은 대운이화로 감에서 삼합유금 재성이 되어 겁재의 동업이나 공동투자는 길함).

• 원비 29세 음력 6월 동거남의 만남

대운 29세에서 동거남의 만남이 육수관이 일간삼목과 합에서였기에, 동거남을 만나는 나이는 육수관이 되지만 대운미입에 암장수에서 육수를 생하는 삼살육수인 칠화나 사구금이 될 것인데, 칠화의 27세는 대운미입이며

유금도 대운미입이나 구금의 29세는 육수관을 생함에서 동거를 한다.

• 음력 6월 동거남 만남

　동거남을 만난 나이가 육수관을 생하는 구금이었기에, 동거남을 만나는 달은 육수관을 생하는 유금의 음력 6월이 된다(육수관을 생하는 구금은 나이에서 동했기에 다음으로 육수를 생하는 홍국수는 유금으로 음력 6월이 됨).

• 신비 29세 음력 6월 동거남의 만남-丑月

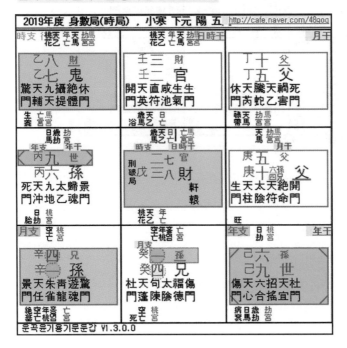

　금년 동거남의 만남은, 세기구금이 일간과 동궁인 이화관을 합함에서이다.

- 음력 6월 동거남의 만남

신수의 체에서 동거남 만남이 세기구금이 일간이화의 관을 합함에서였기에, 만나는 달은 구금세기가 이화를 만나는 음력 2월이 된다. 하지만 일간과 동궁인 이화관은 왕한 데 비해 세기구금은 약함에서 음력 2월 구금보다는 이를 생하여 왕하게 하는 음력 6월의 십토정인은 약세구금을 생한 것에서 구금세기가 일간이화의 관을 합함에서 동거남과 만나는 달이 된다.

- 행년(行年)에서의 동거남의 만남

팔목이 중궁이화를 생함에서 중궁이화는 관으로 일간과 동궁에서 구금세기를 합함에서이다.

- 원비 30세 음력 1월 동거를 하고는 미용실을 공동으로 운영함

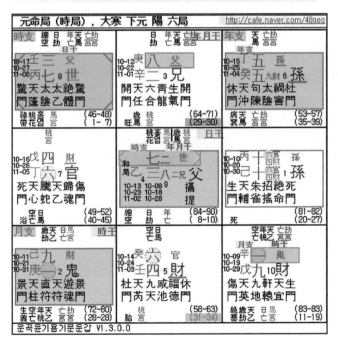

대운 29세 이화의 동거가 육수관이 일간삼목과 합에서였기에, 동거는 암장육수관을 생하는 유금의 34세가 되지만 34세는 대운미입이라 유금이 되는 홍국수가 육수관을 생하는 동거의 나이가 됨에서 십토의 30세는 삼합유금이 되어 육수관을 생하여 일간삼목과 합으로 동거를 한다(육수관을 생하는 구금은 동거남의 만남이었기에 육수관을 생하는 유금에서 십토는 동거가 됨).

• 음력 1월 동거

십토의 30세에 육수관을 생하는 삼합유금이 된 것에서 동거를 하였기에, 동거의 달은 십토가 삼합유금이 되는 음력 1월이 된다.

• 신비 30세 음력 1월 동거를 하고는 동거남과 공동으로 미용실을 운영함-寅月

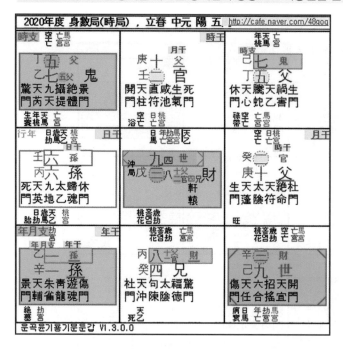

금년 신수에서 동거남과 동거는, 세기구금이 일수와 삼합으로 일수는 세

기가 된다.

이 세기일수가 칠화귀성과 합된 십토를 합하므로 일수세기가 귀성과 합된 것으로 동거가 된다(이화관은 남자가 되지만, 삼합일수인 구금합에서 이화는 수기에 극됨에서 동거남이 될 수 없음, 구금세기가 성국으로 삼합일수에서 중궁삼목으로 가지만 삼목이 칠화생에서 암장십토를 생하고, 십토는 정인으로 세생에서 구금삼합의 일수는 십토합으로 칠화귀성은 동거남이 됨).

• 음력 1월 동거

신수의 체에서 남친과 동거는 세기일수가 칠화귀성와 합된 십토정인을 합함에서였기에, 동거의 달은 세기일수의 달이 된다. 하지만 세기일수가 칠화귀성과 합된 십토의 합은 전년도 음력 12월인 것에서 일수의 음력 1월은 목기를 생하로 가는 것에서 될 수 없음이나 실제는 일수의 음력 1월에 동거남과 동거를 한다(이에 대한 원리는 카페 게시판이나 동영상을 통해 열람할 수 있음).

• 행년(行年)에서 동거와 동업

도궁의 육수일간이 삼합칠화 귀성인 삼목을 합함에서 동거를 하고, 재물의 길함은 일간육수가 삼팔목 재성과 삼합이나 육합에서 한 몸에서이다.

22) 시험관 아기

(1) 女-戌月 5978

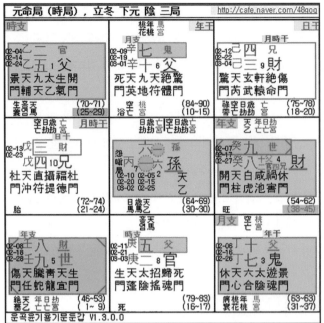

위 원명국의 여명은 자식이 흉한 것에서 자식이 없는 운명인 것은,

자식궁인 시간이나 시지가 흉하면 자식에 근심이 있음에서 대흉하면 조사하거나 불구자나 질병자가 될 것인데, 그렇지 않으면 입양이나 행방불명 등으로 자식에 대한 애환 있음이 된다.

먼저 오행의 흐름을 보면, 성국의 팔목이 삼합팔목에서 십토년간은 흉함이니 부친은 단명 아니면 삶의 액난을 면할 수 없음인 가운데, 팔목은 오토를 합하므로 오토의 삼합칠화가 오토육합의 유금시간을 극함에서 자식운이 대흉함이다(유금시간은 오토시지가 합으로 함께함에서 유금의 극됨은 시지오토도 극이 됨, 유금월간도 흉함, 성국의 팔목이 이화를 생함에서 이화는 삼합유금으로 오토합에서도 동일한 해단이며, 삼합유금이 일육수를 생함에서도 일수는 성국으로 팔목이 되고, 육수는 삼합팔목이 됨).

또한 건강은 금기가 흉하니 폐, 기관지, 대장 가운데 하나는 나쁜 것에서 대운 25세인 26세에 결핵으로 고생한다. 아울러 팔목의 화해살에서 신경이 예민한 것에서 신경성 질환이나 간의 손상을 조심해야 하고, 화해의 자리가 태궁으로 금기이며, 천반 구금은 금기에서 폐, 기관지, 대장 가운데 흉함이 있음이니 앞서 금기의 흉함을 더하면 금기 흉함이 크다.

• 대운 25세 결혼남의 만남과 결핵으로 고생

대운오토는 삼합칠화 귀성이 되고, 칠화귀성은 삼목일간과 합에서 결혼남을 만나고, 사구금을 극함에서 결핵으로 고생을 한다(사구금은 친구나 지인의 흉함과 월간의 손위 형제나 시간의 흉함도 있음).

• 원비 25세 음력 9월 결혼남의 만남

대운오토에서 결혼남의 만남이 삼합칠화 귀성에서 삼목일간과 합으로 만남이었기에, 만나는 나이는 오토의 25세가 된다.

그러나 여기서 대운과 동일하지만 결핵을 앓지 않음은 25세 오토의 쾌문 성장이 개문, 생기에서 건강의 흉액은 없는 것에서이며, 홍염의 오토는 귀성합에 길함이 된다. 또한 유금은 겁재로 친구나 지인의 흉함과 월간의 손위 형제나 시간의 큰자식의 흉함은 일어나지 않음도 오토는 인성에서 유금을 생하는 육신에서이며, 대운 25세 가운데 겁재의 흉한 나이는 유금을 극하는 칠화로 27세가 될 것이다.

• 음력 9월 결혼남 만남

25세 결혼남 만남이 칠화귀성이 삼목일간과 합에서였기에, 만나는 달은 칠화의 음력 3월이 된다.

하지만 칠화의 음력 3월은 약한 가운데 25세 나이가 화한 것에서 이를 생하는 삼목일간은 삼합칠화로 귀성이 됨에서 결혼남을 만나는 달은 삼목의 음력 9월이 된다.

- 신비 25세 음력 9월 결혼남의 만남-亥月

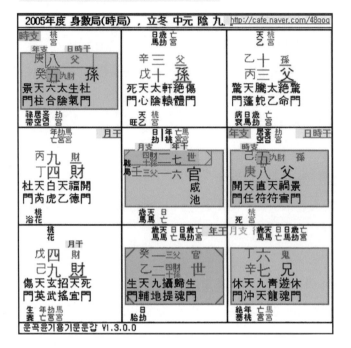

금년 결혼남의 만남은, 성국의 세기이화가 삼합유금에서 중궁육수 귀성을 생하고(일수생은 일수가 십토합으로 제자리 유금), 육수귀성은 팔목일간과 삼합된 것에서 결혼남을 만난다(팔목의 오토의 합은 오토육합의 유금이 오토의 삼합일수 관을 생함에서 일수는 오토의 삼합칠화 월지와 겁재를 극함에서 아래 동생과 친구나 동료는 흉함이나 일간팔목의 삼합일수 관은 일간팔목이 합이라 직장은 무탈이 됨, 육수귀성이 일간과 합에서 남자가 되고 일수관은 직장이 됨).

- 음력 9월 결혼남의 만남

  신수의 체에서 결혼남의 만남이 육수귀성이 일간팔목과 삼합에서였기에, 결혼남을 만나는 달은 육수귀성이 일간팔목과 삼합된 음력 9월이 된다(육수의 음력 9월에서 육수가 되는 앞선 칠화나 사구금의 달을 보지 않음의 해단은 카페 게시판이나 동영상에서 열람).

- 행년(行年)에서 결혼남의 만남

  육수귀성이 삼합으로 일간팔목이 되어 삼합일수 관인 오토를 합함에서이다.

- 원비 26세 결핵으로 고생

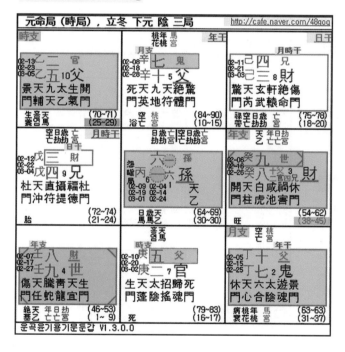

  대운 25세 결핵에 걸림은, 오토가 삼합칠화가 되어 사구금을 극함에서였기에, 결핵에 걸리는 나이는 칠화의 27세가 된다. 하지만 27세에 앞선 홍국

수가 있다면 그 나이가 됨에서 칠화가 되는 홍국수는 인오술합화인 삼목의 23세가 되지만, 대운미입의 나이에서 이의 삼목을 생하는 홍국수가 되기에 삼목과 하나되는 육수의 26세는 인해합목으로 삼목이 되어 삼합칠화로 사구금을 극함에서 결핵을 앓는 나이가 된다.

- 결핵에 걸린 달

26세 결핵 걸림이 사구금을 극하는 삼합칠화인 삼목을 합생한 것에서였기에, 걸리는 달은 삼목을 생하는 일수의 음력 6월이 된다(삼목을 합생하는 육수는 음력 11월로 후달이며, 구금이 성국에서 삼살인 칠오구의 달은 해당되지 않음).

- 신비 26세 음력 6월 결핵으로 고생-亥月

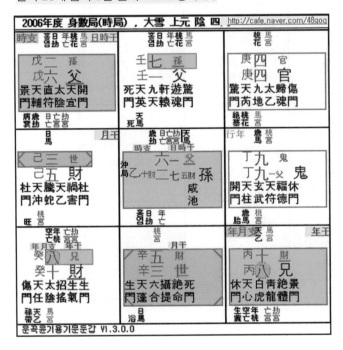

금년 신수에서 결핵으로 고생을 함은, 세기삼목이 약한 가운데 사문, 절명

까지 좌한 것에서 일간도 정인으로 세생으로 일간과 세기삼목이 동시 구금의 삼형살로 충극이니 흉한 신수가 된다.

이러한 세기삼목은 삼합칠화가 되어 사구금을 극함에서 폐의 흉함으로 결핵에 걸리는데, 사구금은 관귀이니 직장에 못 나가는 일도 생김이다(칠화가 삼살육수로 정인의 육수는 다시 삼목세기에 닿음에서 삼합칠화가 되어 사구금을 극함, 삼목의 이화생은 삼목세기가 삼형살의 충극이 됨).

• 음력 6월 결핵에 걸림
신수의 체에서 결핵에 걸림이 삼합칠화가 사구금을 극함에서였기에, 결핵에 걸리는 달은 칠화의 음력 5월이 된다.

하지만 칠화에 앞서 칠화가 되는 홍국수가 있다면 그달이 되기에, 삼목의 음력 2월은 삼합칠화가 되어 사구금을 극함이니 음력 2월이 되지만, 약한 삼목이 삼형살의 충극을 받음에서 이를 생하는 육수의 음력 6월이 된다(중궁 육수는 달이 없기에 유금의 음력 6월은 육수를 생함).

- 대운 31세 결혼

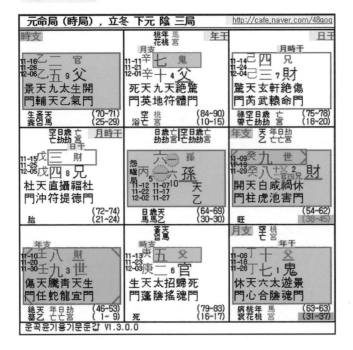

대운 31세 칠화에서 결혼은 육합, 쌍도화, 마궁의 칠화귀성이 삼목일간과 합에서 귀성이 일간과 합으로 결혼과 신혼여행에 길한데, 더하여 귀성이 십토정인을 생하여 귀인세생으로 약세를 생함에서 결혼에 길함을 더한다.

- 원비 37세 음력 10월(양력 11월 11일) 결혼

대운의 결혼이 칠화귀성이 일간삼목과 합된 것에서 결혼이었기에, 결혼의 나이는 칠화의 37세가 된다(칠화의 37세에 앞서 칠화가 되는 홍국수를 보지 않음의 원리는 카페 게시판이나 동영상을 통해 열람).

- 음력 10월 결혼

37세 결혼이 칠화귀성이 삼목일간과 합에서였기에, 결혼의 달은 칠화는

나이에서 동했기에 삼목의 음력 7월이 된다. 하지만 삼목일간이 약한 것에서 이를 합생하는 육수의 음력 10월은 인해합목의 일간이 되어 칠화를 합생함에서 음력 10월이 된다(칠화의 음력 1월은 칠화가 삼살육수로 육수가 팔목됨이며, 육수의 삼목됨은 음력 11월에서 앞선 삼목일간이 되는 육수의 음력 10월이 됨).

• 일진-양력 11월 11일 결혼

　대운과 나이와 달이 칠화귀성와 일간삼목이 합된 것에서였기에 결혼의 일진도 칠화귀성에 닿아 일간삼목과 합하거나 일간삼목이 칠화귀성과 합되는 홍국수가 되는 것으로, 비동처 십토는 오미합화로 칠화귀성이 되기에 양력 11월 11일은 결혼의 일진이 된다.

• 신비 37세 음력 10월 결혼-亥月

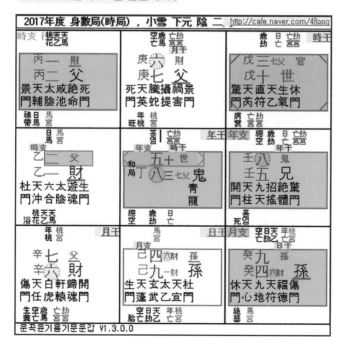

금년 신수에서 결혼은, 세기십토가 삼합유금이 된 것에서 유금은 세기가 된다. 세기유금은 암장육수를 생하고 육수는 팔목귀성과 반합된 것에서 유금세기와 합된 오토를 합하므로 결혼이다(팔목의 오토합에서 오토의 삼합일수가 오토의 삼합칠화를 극함에서 세기유금은 온전하므로, 팔목귀성이 세기유금과 합함에서이고, 육수가 삼목합생에서는 삼목이 삼합칠화로 칠화가 삼살육수가 되어 팔목반합이 됨).

- 음력 10월 결혼

신수의 체에서 결혼이 팔목귀성이 세기유금을 합한 것에서 결혼이었기에, 결혼 달은 팔목의 음력 8월이 된다. 하지만 팔목은 약하고 공망까지 있음에서 앞서 삼합팔목이 되는 육수의 음력 5월은 길달이 되지만 이의 육수도 공망에다 약한 것에서 불용이라 육수를 왕성하게 하는 홍국수에서 가장 길한 홍국수는 삼살육수가 되는 구금의 음력 10월이 된다(앞서 간궁의 칠화도 삼살로 감궁암장의 육수를 생하지만, 전년도 음력 12월과 음력 1월의 칠화는 삼살육수에서 육수가 반합팔목이 되는 것은 전년도 음력 12월이라 불용이며, 육수의 삼목합생은 음력 1월로 이도 무용이다. 삼살이 되는 중궁오토는 삼살에 앞서 삼합일수가 됨이라 육수를 생하는 달은 구금의 음력 10월밖에 없음이다. 구금의 음력 9월은 삼합일수가 됨).

- 행년(行年)에서 결혼

일수가 세기십토를 합함에서 십토는 삼합유금으로 화함에서 유금은 다시 일수행년을 생하여 제자리 일수는 팔목귀성을 생함에서 팔목귀성이 삼합유금의 세기와 합된 오토를 합하므로 결혼이 된다(일수의 삼목생도 삼목이 삼합칠화에 삼살육수로 팔목생에서 해단은 동일함).

• 대운 38세 유산과 시험관 아기 실패

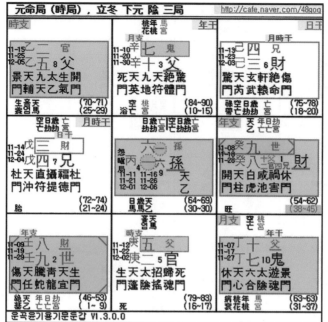

원국의 자식 흉함이 성국의 팔목이 오토를 합함에서 오토의 삼합칠화가 오토육합의 시간유금을 극함에서인데, 유금과 합된 시지오토도 같이 칠화의 극됨에서였기에, 대운 38세의 팔목은 자식의 대흉한 시기가 된다.

• 원비 38세 자연 임신이 되지만 유산

대운의 자식 흉함이 팔목에서였기에, 자식 흉함의 나이는 팔목의 38세가 된다(팔목이 시지오토를 합함에서 임신이 되지만, 오토의 삼합칠화가 오토육합의 유금을 극함에서 유산과 시험관 아기의 실패가 됨, 이는 오토시지가 유금시간으로 합된 것에서 유금은 시지시간이 함께한 것에서 삼합칠화의 극을 받음).

- 신비 38세 자연 임신이 되지만 유산-亥月

```
2018年度 身數局(時局), 小雪 中元 陰 八    http://cafe.naver.com/48goq

時支 日歲馬 日歲馬劫劫宮 │ 日歲馬 日歲馬劫劫宮 │ 天馬
壬九 財              │ 乙四 財            │ 丁一 官
壬八 父              │ 乙三 父            │ 丁六 鬼
景天九軒歸開          │ 死天玄咸福驚        │ 驚天白天天傷
門輔地轅魂門          │ 門英武池德門        │ 門芮虎符宜門
孫桃年亡             │              旺   │ 病日歲 馬
帶花桃宮             │                   │ 要劫劫宮
───────────────────┼──────────────────┼──────────────────
行年 天劫   月日干    │ 桃年亡            │ 日歲馬劫劫宮
癸十 孫              │ 花桃宮            │ 己六 鬼
癸七 兄 孫           │ 時支             │ 己一三父 官
杜天天招絕杜          │ 怨三八 父         │ 開天六天遊休
門沖天搖體門          │ 嗔辛四九 財        │ 門柱合乙魂門
喜桃                │ 暗局      攝      │ 天
浴宮                │           提      │ 死馬
───────────────────┼──────────────────┼──────────────────
年時干              │ 空年日 年時干      │ 年月文 桃宮  月日干
戊五 孫             │ 丙一 世           │ 庚七 兄
戊二 世             │ 丙五 孫           │ 庚十 孫
傷天直太絕生         │ 生天騰青生死       │ 休天太太禍景
門任符陰命門         │ 門蓬蛇龍氣門       │ 門心陰符害門
生空 年日           │ 空                │ 絕天 劫宮
襄亡 亡亡           │ 胎亡              │ 墓乙

운곡윤기용기문둔갑 Vl.3.0.0
```

금년 신수에서 유산은, 자식은 시지, 시간을 보는 것에서 이화시간은 세기와 더불어 삼합유금이 되고(이화시간은 삼합일수인 구금합으로 망신살의 중첩인 이화시간은 흉함), 유금은 육수를 생하고(일수생은 십토합으로 삼합유금 제자리가 됨), 육수는 삼합팔목 시지가 되어 암장오토를 합함에서 오토의 삼합칠화 일간를 오토의 삼합일수가 충극함에서 일간인 나는 흉하고, 시지팔목의 오토육합의 유금에서는 시지팔목은 대흉하다.

다시 시지팔목은 칠화를 생함에서 칠화는 삼살육수에서 팔목으로 화하고 팔목은 칠화일간의 제자리에서 세기, 시간이 화한 삼합유금을 극함에서 세기, 시간은 대흉함이라 시지, 시간이 공히 흉함에서 유산을 한다.

• 행년(行年)에서 유산

　십토가 지반칠화로 합됨에서 칠화의 삼살구금은 육수를 생하고, 육수는 삼합팔목의 시지가 되어 오토를 합하므로 오토의 삼합일수가 오토의 삼합 칠화 일간을 극함에서 나는 흉함이 되고, 시지팔목의 오토합으로 오토육합 의 유금에서는 시지팔목은 대흉함이라 시지는 유산이 된다.

　또한 일간칠화는 삼살육수에서 팔목으로 화하고 팔목은 칠화일간의 제자 리에서 세기, 시간이 화한 삼합유금을 극함에서 세기, 시간은 대흉함이라 시간도 흉함에서 시지, 시간은 다 흉하므로 유산이 된다.

• 원비 40세 음력 12월(양력 1월 24일) 시험관 아기로 자연 분만을 하지만 몇 시 간 살다가 사망함

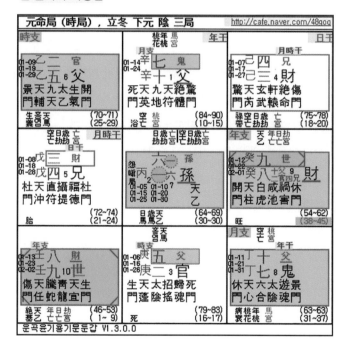

대운팔목이 자식의 대흉함에서 팔목이 되는 팔목의 38세와 십토의 40세
는 삼합팔목이 됨에서 자식 대흉의 나이가 된다(팔목이 오토를 합함에서, 오토의 삼
합칠화는 시간, 시지의 유금을 극함에서 시험관 아기의 실패가 됨, 시간, 시지가 유금인 것은 이 둘의
합된 것에서 시간도 시지도 유금이 됨, 또한 팔목이 칠화를 생함에서도 칠화는 삼합칠화로 시간, 시지
의 유금을 극함에서 시험관에서 태어난 아기는 사망함).

• 음력 12월에 아기 사망

40세의 십토가 삼합팔목으로 아기 사망의 나이가 된 것에서, 아기 사망의
달은 일수의 음력 12월이 된다. 이는 일수가 자식에 대흉한 팔목을 생함에
서인데, 일수의 음력 2월은 나이 십토를 합한 달인 데 비해 음력 12월의 일
수는 팔목을 바로 생함에서 자식 대흉의 달이 된다.

• 일진-양력 1월 24일 시험관 아기의 죽음

나이 십토와 동일한 것으로 일진에서 삼합팔목이 되어 오토를 합함에서
오토의 삼합칠화는 시간, 시지의 유금을 극함에서 시험관 아기의 실패가 된
다. 시간, 시지가 유금인 것은 이 둘의 합된 것에서 시간도 시지도 유금이
된다. 또한 팔목이 칠화를 생함에서도 칠화는 삼합칠화로 시간, 시지의 유
금을 극함에서 시험관에서 태어난 아기는 사망한다(대운팔목은 자식의 대흉한 것에
서 자식 사망의 흉한 일진은 팔목을 가장 왕성하게 하는 삼합팔목이 되는 십토의 나이와 일진에서 양
력 1월 24일은 아기 사망의 일진이 됨).

2020年度 身數局(時局) , 小雪 中元 陰 八 http://cafe.naver.com/48qog

금년 출산 후 바로 아이가 사망함은, 성국의 일수세기가 삼목일간을 생함에서 시지, 시간의 일간삼목은 삼합칠화가 되고 칠화는 년지십토를 생하므로 오기유통이 되어 길하게 보인다. 하지만 자식인 시간, 시지의 삼목은 일간과 동궁으로 함께함에서 출산은 길함에서 시험관으로 임신에 성공하여 자연 분만으로 출산을 하지만 출산 3시간 만에 사망을 한다.

이의 자식의 흉함은 시간, 시지의 삼목이 삼합칠화로 화한 것에서 시간, 시지는 칠화가 되기에 이 칠화의 시간, 시지는 제자리가 되어 유금정인 이모를 충극함에서 큰 이모와 문서는 흉함이며, 제자리 칠화에서는 겁살과 사문의 중첩인 가운데 왕성한 일육수의 수기에 충극을 받으므로 도리어 대흉함이라 출산 후 사망하는 일이 생긴다.

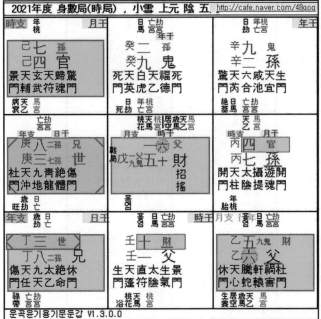

음력 12월은 다음 해인 2021년 간궁천반의 것으로 합을 보기에, 삼목세기
가 삼합칠화에서 시지유금을 극함에서 사망이 되는데, 시지유금은 일수시간
이 합된 십토가 유금된 것으로 시간도 함께함이라 삼합칠화의 극으로 대흉
함이 된다(칠화의 삼살육수 정인은 중궁천반에서 삼목에 깃들어 삼합칠화로 제자리 칠화가 됨).

• 행년(行年)에서 시험관 아기로 자연 분만한 아기의 죽음

　이화가 지반십토와 삼합유금의 정인에서 일수세기를 생하므로 일수는 시
지, 시간의 삼목을 생하는 것에서 삼목은 삼합칠화로 화하여 이모인 유금을
극함에서 문서와 큰 이모는 흉함이 되며 다시 칠화의 시간, 시지는 왕성한 일
육수기에 충극을 받으므로 도리어 대흉함이라 출산 후 사망하는 일이 생긴다.

23) 동일 사주

아래는 이미 『한겨레신문』을 통해 알려진 동일한 사주를 가진 두 분의 명국으로 그 운명의 삶도 동일한 삶을 살아온 것에서 이를 운곡기문학의 원리로 풀어 본 것으로, 명국과 살아온 운명의 노선이 정확히 일치하는 것에서 운명의 실제 그 명료함을 올린다.

- 아래 명국은 사주의 생년월일시가 동일한 두 분의 명국이다.

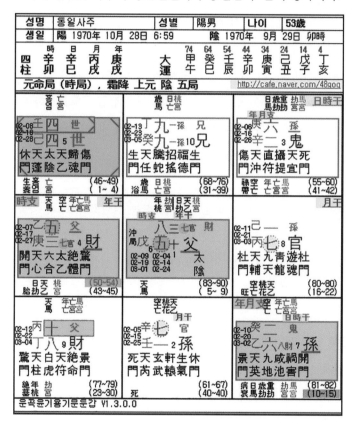

위 원명국은 동일한 두 분의 남명으로 사주의 태시까지 동일한 그들은 같은 순천의 경찰서에서 경찰로 근무하다 알게 된 것으로 언론을 통해 알려진

인물이다.

두 분은 같은 O형 혈액형에 식성도 기호도 비슷하며, 아내의 혈액형은 물론 다섯 살 연하 아내와 두 딸의 나이 차이도 같으며 결혼 날과 신혼여행지, 경찰 임용, 진급, 부친 사망의 나이와 달, 한때 같은 아파트에 거주하는 등 똑같은 인생을 마주하게 되는데 이들의 동일한 운명 노선을 운곡기문학의 원리는 이를 명료하게 설명할 수 있는 것에서 감동적인 실제를 운곡운명학의 논리로 한 치의 어긋남 없이 밝히고자 한다.

이 원명국은 자신인 이화일간과 세기유금이 삼합유금된 것에서 그의 기질은 유금의 기질에서 정확하고 명확한 사람이며, 일을 깔끔하게 처리하며 마무리를 잘하는 사람, 의리를 중히 여기는 기질로 예의 없는 사람을 싫어하고 예의를 잘 지키는 바른 사람이다.

하지만 까칠한 면이 있으며, 하고 싶은 말은 하는 성질로, 아부나 복종에는 약하며, 이해심과 수용하는 마음은 있지만, 옳지 않은 것에서는 "아니요."라고 말하는 장남이거나 장남 역할 또는 장남의 기질을 가지고 있는 사람이다.

그러나 삶에 있어 세기의 귀혼으로 게으른 면이 있거나 삶의 장애는 있음인데, 삼형살에서 과감한 기질도 가지고 있으며 년간삼목은 칠화로 화한 것에서 명국의 삼합일수가 왕성함에서 부친은 장수하지 못할 것이며, 자상하고 자애로운 면은 다소 부족함이 된다.

원명국은 성국에 오기유통이 되는 것에서 길명이 되지만, 관귀가 양공망에 충극에서 관은 다소 약하지만 세왕에 용신은 년지육수가 되기에 이를 삼살구금이 육수로 생하는 칠화관은 진용이 되기에 경찰은 길함이 된다. 다만, 일간동궁이 귀성으로 삼합일수 상관인 구금을 합함에서 야간 근무나 교대 근무는 길함이 된다.

어릴 때는 흉운으로 힘겨운 시절인 것은, 대운 1세의 유금세기는 상문, 귀혼에 망신살궁으로 오토를 합하므로 오토육합의 팔목재성을 오토의 삼합일수 손이 생함에서 팔목의 재성이 드러나는 것으로 재성은 부모에게 흉함이라 부모의 힘겨운 시기가 되고, 나는 아프거나 다치는 일이 있음이다(유금이 성국으로 돌면 유금 제자리가 됨).

대운 10세는 년, 월지의 손에서 화해살과 함지살, 겁살중중으로 일마, 마궁에서 교통사고(거리횡액)나 몸의 상해 또는 구설 시비가 있는 등 흉한 시기로 모친과 나, 형제인 월지와는 불합이 있거나 육수가 팔목삼합에서 팔목이 오토를 합함에서는 오토의 삼합일수를 오토육합의 유금이 생하는 것에서 일수손이 왕성함이라 이의 수기에 극되는 이칠화는 흉함에서 칠화월간을 충극함에서 손위 형제와 부친의 흉함도 있음이 된다.

성국의 육수가 삼목의 합생에서는 삼목이 반합칠화에서 칠화가 삼살육수로 삼목이 되어, 제자리 칠화는 유금세기를 극함에서 일간이화가 삼합일수인 구금을 합함에서 흉함과 더불어 나의 흉한 시기가 된다.

대운 16세 칠화관은 마궁의 십토를 합하므로 십토는 삼합유금의 세기에서 관이 세와 합으로 군 입대로 원거리 이동이 되며, 삼살육수로 육수는 삼합팔목으로 재성에서 공부나 배움은 흉한 가운데 오토를 합하므로 오토의 육합유금이 오토의 삼합일수 손을 생하고 일수는 오토육합의 팔목재성을 생함에서 이 또한 공부나 배움은 흉한 시기가 되고, 부모도 그러하다.

- 원비 22세(1991년 1월 4일, 음력 11월) 논산 훈련소 같이 입소

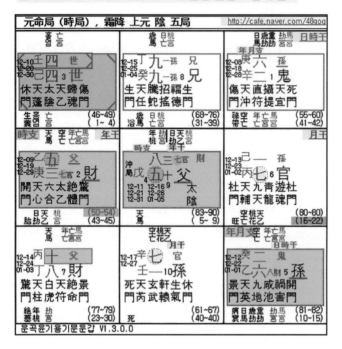

22세 훈련소 입소는 대운칠화가 삼합유금인 세기(일간)인 십토마궁을 합함에서였기에, 대운칠화를 합생하는 삼목이 훈련소 입소가 되지만, 23세는 대운미입에서 삼목이 되는 육수 또한 대운미입으로 육수를 생하는 칠화는 암장수이자 대운미입이 되기에 육수를 생하는 세기유금이 되지만 이도 대운미입에 자형살에서 이를 생하는 이화의 22세가 훈련소 입소가 된다(육수생의 구금은 대운미입).

- 음력 11월 훈련소 입소

이화의 22세에 입소가 이화일간의 귀성이 세기유금을 합생함에서였기에, 입소의 달은 유금을 합생하는 달이 됨에서 음력 1월의 이화는 삼합유금으로 이는 나이 22세에서 동한 것으로 오토정인을 생함에서 귀인세생의 유금 세기가 되는 음력 11월에 입소를 한다[세기유금은 성국으로 육수를 생하고 육수는 삼목합생에서 칠화가 되어 관이 삼합유금인 세기(일간)를 합하는 십토의 마궁합에서 훈련소 입소가 된다].

- 일진-양력 1월 4일 입소

음력 11월의 입소가 육수를 생하는 데 있었기에, 입소의 일진은 구금태백성 겁재가 육수를 생하는 양력 1월 4일에 입소를 한다.

- 신비 22세 음력 11월 논산 훈련소 입소-戌月

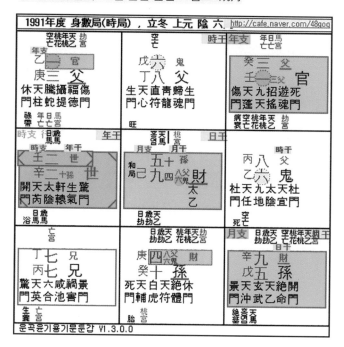

금년 훈련소 입소의 신수국인 것은, 세기이화는 왕한 것에서 대흉은 없는 해이지만, 세기이화는 삼합유금으로 화하여 유금은 세기가 되는데, 유금은 오토합으로 오토의 삼합칠화를 합한 것으로 유금세기는 흉함이니, 힘든 한 해가 된다(유금세기가 칠화겁재를 합한 것에서 재물의 흉함과 여친은 있다면 이별이 되지만, 유금 세기가 살성인 칠화의 겁재를 합하므로 살성전우들의 만남이 됨).

세기는 쌍역마로 원거리 이동이나 이사, 여행이 될 것인데 이화세기가 반합일수 관인 일간구금을 합함과 더불어 원거리 군 입대가 된다.

• 음력 11월 입소

신수의 체에서 입소가 유금이 오토를 합함에서였기에, 입소의 달은 유금의 음력 11월이 된다.

이는 유금세기가 오토를 합하므로 오토의 삼합칠화 형옥살, 겁재를 합한 것에서 유금세기는 흉달로 힘든 입소 달이 된다(천마오토를 합함에서 원거리 군 입대로 군 동료들과 합으로 군 입대이며, 유금이 육수생하여 삼합팔목이 오토합에서도 동일함).

• 행년(行年)에서 입대

세기이화는 삼합유금으로 화하여 유금은 세기가 되는데, 유금세기는 오토합으로 오토의 삼합칠화를 한 것으로 유금세기는 흉함이니, 힘든 한 해가 된다(유금세기가 칠화겁재를 합한 것에서 재물의 흉함과 여친은 이별이 됨). 세기는 쌍역마로 원거리 이동이나 이사, 여행이 될 것인데 이화세기가 반합일수 관인 일간구금을 합함과 더불어 원거리 군 입대가 된다.

- 대운 23세 경찰이 됨과 결혼

```
元命局 (時局), 霜降 上元 陰 五局        http://cafe.naver.com/48goq

宮亡咸              歲桃 日馬亡宮          日歲重 劫馬 馬劫劫 宮宮 日時干
07-09  壬四 世      07-14  九一孫 兄      07-07  庚六 孫
07-19  己四 8 世    07-24  癸九一孫 3 兄  07-17  辛二 6 鬼
07-29  休天太天歸傷 08-03  生天騰招福生  07-27  傷天直攝天死
       門蓬陰乙魂門         門任蛇搖德門  08-06  門沖符提宜門
生客亡宮   (46~49)   歲日桃      (68~76)  孫空年桃馬    (55~60)
義嗣      (1~ 4)    浴馬亡宮    (31~39)  帶亡亡宮宮    (41~42)

時支 天馬空 年亡馬 宮 年干   日劫桃 桃宮劫乙 年干          月干
07-08  乙五 父      沖局 戊八三七官 財   07-12  己一 孫
07-18  庚三七官 7 財     五十 父          07-22  丙七 7 官
07-28  開天六太絶驚  07-10 07-15 太       杜天九青遊杜
       門心合乙體門  07-30 08-04 陰       門輔天龍魂門
日天桃      (50~54)  天馬        (83~90)  空年天      (80~80)
胎劫乙宮    (43~45)              (5~ 9)   旺亡花乙    (16~22)

天馬 年亡馬 宮              空桃天 亡花乙 月干   年月空 年亡馬 宮宮 日時干
07-13  丙十 父      07-16  辛七 官      07-11  癸二 鬼
07-23  丁八 2 財    07-26  壬七 5 孫    07-21  乙六 財 10 孫
08-02  驚天白天絶景 08-05  死天玄軒生休         景天九咸禍開
       門柱虎符命門        門芮武轅氣門         門英地池害門
絶年劫      (77~79)              (61~67)  病日歲重 劫馬   (81~82)
基桃宮      (23~30)  死          (40~40)  衰馬劫劫 宮宮   (10~15)

운곡윤기용기문둔갑 V1.3.0.0
```

이 대운에서 경찰과 결혼은, 팔목재성이 세기유금과 합된 오토를 합함에서 경찰이 되고 결혼을 하는데, 경찰은 이화귀성이 일간과 동궁으로 삼합유금으로 세기가 된 것에서이며, 결혼은 팔목재성이 유금세기와 합된 오토를 합함에서이다.

- 원비 27세(1996년 7월 27일) 음력 6월 동시 경찰 임용

대운에서 경찰과 결혼은 팔목이 오토를 합함에서였기에, 경찰 임용은 팔목의 28세가 된다. 하지만 대운의 팔목에 앞선 홍국수는 육수의 26세가 되지만 이의 육수는 약한 것에서 이를 생하는 삼살육수가 되는 칠화의 27세가 경찰 임용의 나이가 된다.

- 음력 6월 임용

27세 칠화에 경찰 임용이 대운팔목이 이화귀성이 삼합유금된 것을 합한 오토를 합함에서였기에, 경찰 임용의 달은 나이 칠화를 생하는 삼목의 음력 7월이 된다. 하지만 7월에 앞서 삼목이 되는 육수를 생하는 삼합유금이 육수를 생하는 이화의 음력 6월의 일간귀성은 임용의 달이 된다(육수를 생하는 삼 살육수의 칠화는 나이에서 동했기에 구금의 육수생 아닌 유금의 육수생은 성국에서이며, 이의 유금은 자형살로 이를 합생하는 이화의 음력 6월은 삼목의 음력 7월에 앞선 달이 됨).

- 일진-양력 7월 27일 경찰 임용

달과 동일한 일간귀성이 세기유금과 삼합된 것에서 임용의 일진이 된다(일간은 세기와 합생이 우선이며, 이화일간이 살성인 태백성 구금겁재와 합은 살성인 경찰 동료들과의 합이 됨).

- 신비 27세 음력 6월 경찰 임용-亥月

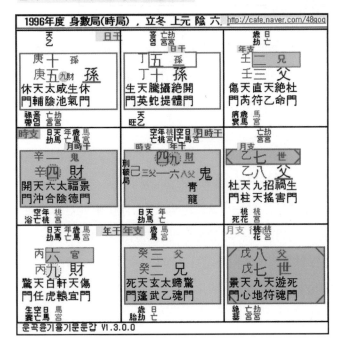

금년 신수에서 경찰 임용이 되는 것은, 세기칠화가 일간오토를 생함에서 일간오토는 삼합일수 귀성으로 칠화세기와 합된 십토를 합하므로 일수귀성이 세와 합으로 임용이 된다(임용의 용신은 관귀를 봐야 하기에 일육수 가운데, 일수귀성이 일간과 하나된 삼합일수에서 귀성은 관과 같은 임용의 육신이 되고, 육수관은 귀성과 같은 작용이 됨).

• 음력 6월의 임용

신수의 체에서 경찰 임용이, 일간일수의 귀성이 세기칠화와 합된 십토를 합함에서였기에, 임용의 달은 일수귀성이 칠화세기와 합된 십토를 합하는 음력 2월이 된다. 하지만 일수귀성이 약한 것에서 이를 더욱 왕성하게 하는 달은, 오토의 음력 5월로 삼합일수가 됨에서이다.

하지만 음력 5월은 삼합일수도 되지만 순수일간의 오토는 삼살육수를 생함에서 삼팔목으로 흘러가기에, 중궁유금을 반합하여 일수귀성을 생하는 이화의 음력 6월에 임용이 된다(중궁의 구금을 생하는 십토의 음력 3월~4월에서 음력 3월은 삼합팔목의 정인이 되어 칠화세기를 생함에서 중궁의 사구금을 극하고, 음력 4월은 육합칠화 세기에서 중궁의 사구금을 극함).

• 행년(行年)에서 임용

팔목정인이 지반칠화로 세기에서 일수귀성과 합된 십토를 합함에서 임용의 행년이 된다.

- 원비 30세 음력 3월(양력 4월 5일) 두 분 공히, 5세 연하 여성인 A형을 만나 결혼식에서 같은 비행기를 타고 같은 제주도에 신혼여행을 감

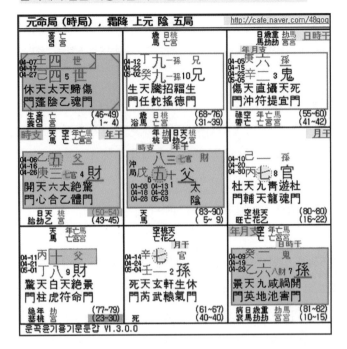

이 두 남명의 부인은 공히 토끼띠 태생을 만나는 것으로, 이 해에 결혼은 대운 23세 결혼이 팔목재성이 유금세기와 합된 오토를 합함에서였기에, 결혼 나이는 팔목재성이 세기유금을 합하는 28세이다.

하지만 팔목재성이 세기에 비해 약한 것에서 이를 왕성하게 하는 합생되는 홍국수는 결혼 나이가 되기에, 해묘반합은 약한 것에서 육수의 26세보다는 삼합팔목이 되는 십토의 30세는 삼합팔목 재성이 되기에 결혼을 한다.

- 음력 3월의 결혼
  결혼의 나이가 십토에서 결혼의 달은, 이를 합생하는 일수나 이칠화가 되

기에 이 가운데 음력 3월의 이화는 일간에서 십토를 생하여 일수나 칠화에 비해 십토의 생함이 왕성한 것으로 십토의 삼합팔목 재성에서 유금세기와 합된 오토를 합하므로 결혼의 달이 된다.

• 일진-결혼식 4월 5일

결혼식의 일진은 결혼 달의 음력 3월의 이화와 동일한 날로 결혼식과 마궁에서 신혼여행을 가는 일진이 된다.

• 신비 30세 음력 3월 두 분 다 5세 연하 여성인 A형을 만나 결혼식 올림에서 같은 비행기를 타고 같은 제주도에 신혼여행을 감-戌月

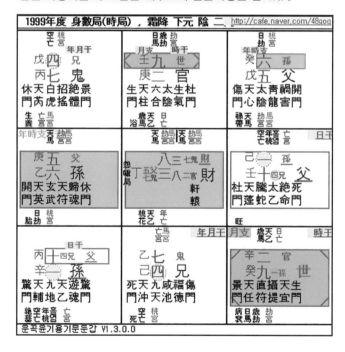

금년 신수국에서 결혼은, 세기구금이 반합일수에서 세기는 일수가 된다. 이 일수세기가 일간십토를 합하므로 결혼인데 이의 십토는 일간십토와 삼

합팔목 재성에서 일수세기는 일간의 팔목재성과 합됨에서이다(일간십토의 합에서 십토는 육합칠화 귀성에서 일간의 삼합팔목 재성이 생함에서 직장은 무탈함).

- 음력 3월의 결혼

  신수의 체에서 결혼이 세기일수가 삼합팔목 재성인 일간십토를 합함에서 결혼이었기에, 결혼 달은 십토를 합하는 세기일수의 음력 8월이 된다. 하지만 일수는 공망에다 약한 것에서 이를 합생하는 사구금의 달이 일수세기의 달이 되기에 구금에 앞서 유금의 음력 3월에 결혼한다(유금의 음력 3월~4월에서 유금이 오토와 합된 제자리에서 유금은 음양이 다른 일수생함은 음력 3월이 되고, 음양이 같은 육수는 음력 4월이 됨).

- 행년(行年)에서 결혼

  오토행년이 일간십토와 삼합팔목 재성인 오토를 합함에서 결혼의 행년이 된다(오토의 육합유금은 오토의 삼합칠화 귀성이 극함).

• 대운 43세 부친의 사망

元命局 (時局), 霜降 上元 陰 五局   http://cafe.naver.com/48qoq

歲亡宮 04-12 壬四世 04-22 / 05-02 己四10世 休天太天歸傷 門蓬陰乙魂門 生壹亡宮 (46~49)(1~4)	馬亡宮 04-07 / 04-17 九孫兄 04-27 癸 九孫5兄 生天騰招福生 門任蛇搖德門 歲日桃亡宮 浴馬 (68~76)(31~39)	年歲重 劫馬 日時干 馬劫劫 宮宮 04-10 庚六孫 04-20 / 04-30 辛二8鬼 傷天直攝天死 門沖符提宜門 孫空年亡馬 (55~60)(41~42)
時支 天亡宮空亡馬 年王 04-11 乙五父 05-01 庚三七9財 開天六太絶驚 門心合乙體門 日天桃宮 胎劫乙 (50~54)(43~45)	年劫日桃 桃乙宮 沖局戊 八三七官財 五十父 04-13 / 04-08 太 05-03 / 04-18 / 04-28 陰 天馬 (83~90)(5~9)	月王 04-05 己孫 04-15 / 04-25 丙七3官 杜天九青遊杜 門輔天龍魂門 空桃天 旺花乙 (80~80)(16~22)
天亡馬 宮宮 04-06 丙十父 04-16 / 04-26 丁八4財 驚天白天絶景 門柱虎符命門 絶年劫 基桃宮 (77~79)(23~30)	空桃天花 月干 04-09 辛七官 04-19 / 04-29 壬一7孫 死天玄軒生休 門芮武轅氣門 死 (61~67)(40~40)	年月 宮宮亡 日時干 04-14 癸二鬼 04-24 / 05-04 乙六財2孫 景天九威禍開 門英地池害門 廣日歲重 劫馬 衰鳥劫劫 宮宮 (81~82)(10~15)

운곡윤기용기문둔갑 VI.3.0.0

삼목재성이 년간으로 일간이화를 생함에서 일간이화는 삼합유금의 세기가 되어 성국으로 유금은 육수를 생하고, 육수는 암장팔목에 앞서 대운삼목에 깃듦에서 삼목년간은 이제 암장칠화와 반합되어 삼살육수에서 육수는 암장팔목도 되지만, 대운삼목에 재차 깃듦에서 일간이화를 생함에서는 일간이화는 이제 구금을 합하여 년간삼목은 삼형살의 충극을 받음에서 부친이 사망한다(건궁육수의 팔목에서는 팔목이 오토합으로 오토의 삼합일수를 오토육합의 유금이 생하는 것에서 년간삼목이 화한 칠화를 충극함에서 부친의 흉함이 됨).

• 원비 45세 동일 부친 사망

대운 43세 부친 사망이 년간삼목이 삼형살의 충극을 받음에서였기에, 부친 사망의 나이는 삼목의 43세가 된다. 하지만 삼목이 약한 것에서 이를 왕성하게 하는 삼목이 되는 나이는 삼목을 합생하는 육수의 46세나 대운미 입이며, 삼목을 생하는 일수의 41세도 대운미입이며, 일수가 되는 구금의 49세도 대운미입이며, 오토의 45세는 삼합일수가 되어 삼목을 생하여 삼목 이 되는 나이가 되기에 45세는 부친 사망의 나이가 된다.

• 음력 12월 부친 사망

　삼목년간을 생하는 45세 오토가 삼합일수로 삼형살이 되는 삼목년간을 생함에서 부친 사망이었기에, 부친 사망의 달은 오토를 생하는 이화일간의 음력 8월이나 오토의 삼합일수인 음력 11월로 보인다.

• 신비 45세 두 분 부친의 사망-戌月

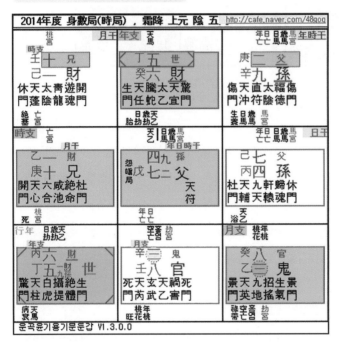

　금년 신수국에서 부친 사망은, 오토세기가 일간유금을 먼저 합생에서 일

간유금은 육수를 생하고(유금의 일수생은 일수가 십토합으로 유금을 생함) 육수는 먼저 삼목을 합생하여 삼목은 삼합칠화가 되어 사구금을 극함에서 년간구금의 부친은 사망하고, 시간의 자식도 흉함이며, 일간유금도 흉함이 된다(육수의 삼합팔목은 중궁칠화를 생함과 오토합에서 오토삼합의 일수가 오토삼합의 칠화를 충극함에서 문서, 시험, 삼목귀성, 월지는 흉함이 됨).

• 부친 사망의 달이 음력 8월이나 음력 11월로 보임

신수의 체에서 부친 사망이 칠화가 년간구금을 극함에서였기에, 부친 사망의 달은 칠화의 음력 8월이 되며, 칠화를 더욱 왕성하게 하는 삼합칠화인 삼목의 음력 11월도 된다.

• 행년(行年)에서 부친 사망

육수재성이 삼목으로 감에서 삼목은 삼합칠화가 되어 돌아도 제자리의 칠화은 년간구금을 극함에서이다.

• 대운 46세 진급

```
元命局 (時局), 霜降 上元 陰 五局          http://cafe.naver.com/48goq
```

喜宮	歲 馬亡宮	日歲重 劫馬 馬劫劫 宮宮 日時干 年月干
04-05 壬四 3世 04-15 04-25 己四 4世 05-05 休天太天歸傷 門蓬陰乙魂門	04-10 九 孫8兄 04-20 04-30 癸九 兄 生天騰天福生 門任蛇搖德門	04-13 庚二 一1孫 04-23 05-03 辛二 鬼 傷天直攝天死 門沖符提宜門
生喜 亡宮 (46~49) 義宮 (1~4)	歲 日桃 (68~76) 浴馬 亡宮 (31~39)	祿空 年亡馬 (55~60) 帶亡 亡宮宮 (41~42)
時支 天 空 年亡馬 年干 馬 亡宮宮	劫日天桃 桃宮劫宮宮 時支	月干
04-14 乙五 2父 04-24 05-04 庚三 七官 財 開天六太絕驚 門心合乙體門	沖 9 八三 七官4財 局 戊 五十 父 太 04-11 04-06 陰 04-21 04-16 05-01 04-26	04-08 己 一 6孫 04-18 04-28 丙七 官 杜天九青遊杜 門輔天龍魂門
日天 桃 (50~54) 胎劫乙 宮 (43~45)	天 (83~90) 馬 (5~9)	空桃天 (80~80) 旺亡花乙 (16~22)
天 年亡馬 馬 亡宮宮	空桃天 亡花乙 月干	年月窒 年亡馬 亡宮宮 日時干
04-09 丙十 7父 04-19 04-29 丁八 財 驚天白天絕景 門柱虎符命門	04-12 辛七 10官 04-22 05-02 壬一 孫 死天玄軒生休 門芮武轅氣門	04-07 癸二 5鬼 04-17 04-27 乙六 八財 孫 景天九咸禍開 門英地池害門
絕年 劫 (77~79) 墓桃 宮 (23~30)	死 (61~67) (40~40)	病日歲重 劫馬 (81~82) 衰馬劫劫 宮宮 (10~15)

```
운곡윤기용기문둔갑 V1.3.0.0
```

유금세기가 일간귀성인 이화를 합에서 진급은 길함이 된다(유금의 오토합에서
는 오토의 삼합일수가 오토육합의 팔목재성을 생함에서 부인이나 재물은 안녕임).

• 원비 46세 경위로 진급

대운에서 진급이 세기유금이 일간귀성의 이화를 합함에서였기에, 진급의
나이는 유금의 44세가 되지만 대운미입이라 이의 나이는 유금이 되는 나이
가 되기에, 삼합유금이 되는 이화일간의 42세가 되나 이 역시 대운미입이라
이화일간을 생하는 삼팔목이 되는데 이도 대운미입과 늦음에서 이의 목기
를 생하는 가장 빠른 육수의 46세는 진급의 나이가 된다(육수의 46세는 삼팔목이
된 것으로 세기유금과 합된 이화귀성의 일간을 생함에서이며, 진급의 달은 육수가 삼합팔목이 되는
음력 1월이나 유금세기가 일간인 이화귀성을 합하는 음력 3월로 보임).

• 신비 46세 경위로 진급-亥月

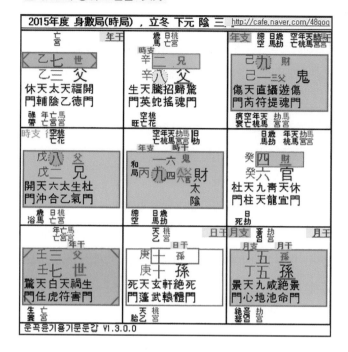

금년 신수에서 진급은, 세기칠화가 일수귀성이 합된 일간십토를 합함에서
이다(귀성은 진급을 봄).

칠화의 삼살육수의 관은 암장팔목과 반합에서 팔목은 정인으로 세생하여
문서의 길함도 되며, 진급의 달은 세기가 일수귀성과 합된 일간십토를 합함
에서 음력 3월이나 앞선 팔목이 칠화를 생하는 음력 2월이 된다.

• 행년(行年)에서 진급

팔목정인의 세생에서, 칠화세기는 일수귀성과 합된 십토일간을 합함에서
진급의 행년이 된다.

24) 동영상에서의 해단

동영상에서는 미처 전달하지 못한 내용과 색다른 깊이가 있는 또 다른 다양한 해단과 더불어 개운법도 함께 담겨 있습니다.

- 아들과 딸을 구별할 수 있는 법칙이 담겨 있습니다.
- 배우자 복 없는 명국에서 재혼, 삼혼, 사혼… 가운데 인연을 아는 법이 담겨 있습니다.
- 이사방위, 길방 등 길방을 알 수 있는 법이 담겨 있습니다.
- 원국에서 장남, 장녀, 차남, 차녀, 소남, 소녀를 알 수 있는 법을 담았습니다.
- 남녀 궁합만이 아닌 나와 상대에 대한 궁합을 쉽게 간파하는 새 궁합 보는법과 원명국과 신수국에서 나와 길흉한 태생은 어떤 띠인지 태생의 띠 가운데 그의 직업은 어떻게 가늠하는지 등을 담았습니다.
- 환자에게 명의를 만나고 약을 구하는 길한 시기를 아는 법을 담았습니다.
- 세궁(世宮)이나 일간(日干)이 좌한 궁을 통한 기질을 담았습니다.
- 인사신 삼형살에 있어 삼목이 삼형살의 충극을 받는 경우와 받지 않는 경우의 수들을 담았습니다.
- 그 외 동일한 홍국수에서 달리 일어나는 일들을 담았으며, 별도로 모아놓은 난해한 해단을 쉽게 찾을 수 있는 법칙을 담았습니다.

(1) 男〉卯月生 6228

```
2020年度 身數局(時局), 春分 中元 陽 九.  http://cafe.naver.com/48goq
```

行年 日歲 亡宮 劫馬 丞宮年干	天乙桃宮	劫宮 年干
丁三 兄 壬五 財 景天太靑生休 門心陰龍氣門 病 劫 衰 宮	己八 世 戊十 財 死天六攝絶生 門蓬合提體門 死 桃 死 宮	乙五 財 庚三 兄 驚天句招絶死 門任陳搖命門 絶日歲 亡宮 墓劫馬 宮
月時支 桃宮 年 月時支	空桃亡宮歲天 亡花宮宮劫乙 年干 月干	桃宮
丙四 鬼 辛四 鬼 杜天騰天福景 門柱蛇符德門 年 桃 旺	九官七二 孫 癸九官七孫 五財三孫 中 局 六父 咸池 日 年 馬 亡	辛十 財 丙八 世 開天朱天禍開 門沖雀乙害門 天 桃 胎乙 宮
歲天 日劫馬 喜宮 時宮 時干	時干 年支	馬 年日歲亡 亡 亡劫馬宮 月干
癸九 官 乙九 官 傷天直太天驚 門芮符乙宜門 祿喜天 日劫馬 帶宮馬 亡宮	戊六 父 己二 十財 孫 生天九軒歸傷 門英天轅魂門 歲天 日劫馬 浴亡花 亡宮乙	壬三兄 父 丁七 孫 休天九太遊杜 門輔地陰魂門 生空桃 亡馬 養亡花 宮宮

```
운곡윤기용기문둔갑 V1.3.0.0
```

본 신수국 해단도 보다 상세히 담길 것인데, 신수가 성국으로 년지이화는 삼합유금이 되어 중궁의 일간일수의 정인을 생함에서 신수가 길하다. 하지만 교통사고를 당하여 크게 다치는 이유와 사고의 달이 왜 음력 11월인가, 동영상에는 명쾌한 원리로 이 같은 다소 난해한 해단들이 담겨 있다.

(2) 女〉戌月生

2000年度 身數局(時局) , 寒露 下元 陰 三		http://cafe.naver.com/48goq
年支 乙九-孫 兄 乙四 世 生天太招歸傷 門輔陰搖魂門 生桃 劫 養花桃 宮	桃年 劫 花桃 宮 年支 辛四 世 辛九三財 孫七官 兄 傷天騰太福生 門英蛇陰德門 浴	時干 年干 己一 孫 己二 鬼 杜天直靑天死 門芮符龍宜門 祿日歲 帶劫劫
天天 日歲 乙馬 劫劫 戊十 父 戊三 財 休天六天絕驚 門沖合符體門 空日歲 胎亡馬馬	空歲空 馬 馬亡 富 日干 和局丙 三八二鬼 財 五十 父 軒 轅 天天 乙馬	年干亡宮 月時支 癸六 孫 癸七 官 景天九太遊杜 門柱天乙魂門 塞 桃 旺劫 宮
天天 日歲 乙馬 劫劫 月干 壬五 父 壬八二鬼 財 開天白天絕景 門任虎乙命門 絕空 馬 墓亡 宮	日歲 劫劫 時干 庚二 鬼 庚一 孫 驚天玄咸生休 門蓬武池氣門 死	年壬月時支 壻 丁七 官 丁六 孫 死天九攝禍開 門心地提害門 病 年亡宮 衰 亡亡宮
운곡윤기용기문문갑 V1.3.0.0		

금년 신수에서 투기, 투자나 재물의 이익 여부에서 일간의 팔목편재가 되는데, 일간은 오토합에서 오토의 삼합이수가 오토의 삼합칠화 관을 충극하니, 남편이나 남자는 흉하며 취업에서는 안 되지만 이직은 길함이다.

이런 가운데, 오토는 유금비견과 합에서 팔목편재의 오토합은 유금비견과 합이라 재물은 흉함이니, 오토가 독이라. 오토의 용띠나 개띠는 흉연으로 재물의 손실을 보이는 인연에서 내궁의 유금비견합에서 오토는 용띠가 되며, 오토는 토기에서 신앙이나 스님이나 목사 등 종교인이나 영적, 정신계에 심취한 이들도 금년 재물 손실의 인연이 되기에 띠로는 용띠를 주의해야 하고, 직업으로는 앞서 말한 이들을 조심해야 한다.

또한 용띠와 직업 가운데 덧붙여 말하면 그는 손궁의 장녀유금과 합에서 장녀가 되고 장남이 되는데 아니라면 장녀, 장남 노릇을 하는 이가 된다.

(3) 男〉戌月生

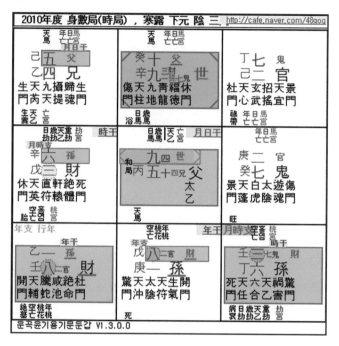

금년 신수는 나에게 변화나 활력을 주며 숨통을 트이게 하는 인연의 태생을 아는 것이다. 세기구금이 왕한 것에서 용신은 삼살육수인 상관의 육수가 됨에서 이의 육수가 거왕 하나로 약한 것에서 왕성하게 하는 홍국수의 12지지는 길한 인연의 태생이 된다.

고로, 나에게 변화의 물꼬를 트이게 하는 태생은 육수상관을 왕성하게 하는 삼합유금으로 소띠, 닭띠, 뱀띠에서 십토와 유금은 중궁에서 함께함이라 이화만 함께하면 삼합유금으로 용신인 육수상관을 생함에서 길함이라 뱀띠가 나에게 살길을 열어 주는 인연이 된다.

운곡의 체험기

아래의 글은 운곡이 예전 2005년경에 다음 카페 '나무아미타불'에 올렸던 글과 이후의 대략적인 삶을 요약한 것으로, 이와 같이 보고 체험한 부분들을 글로 옮겨 본다.

이 글은 오로지 필자의 체험을 토대로 쓴 더함이 없이 사실 그대로임을 밝히며 특별히 필자가 별다른 것이 있어서가 아니라 그냥 우연히 체험한 것일 뿐이다. 그 이상도 이하도 아니니 달리 생각하시는 분이 없길 바라며 필자 또한 과거의 체험을 상기함으로써 순수함을 간직했던 당시의 신앙 모습으로 회귀의 마음을 가지려 한다.

19세에 잠이 안 오는 약을 먹어 가며 대학 시험을 치르고 병으로 대구 가톨릭 병원에 입원하게 되었다. 이듬해 초 어떤 이유로 나는 삶을 포기하고자 약을 먹었는데 내 기억에 힘겨웠던 한 해로 졸업식을 앞두고 이런 일이 발생했다.

담당 의사는 병이 나날이 심해져 간다고 하였으며, 나의 이상한 느낌은 병원에서 약으로 고칠 수 없다는 생각이 들어서 병원에서 주는 내복약도 침대 속에 감춰 놓은 채 먹지 않았다. 잠을 자면 하늘에서 선녀들이 허공을 날아다니는가 하면 하늘에 떠다니는 전투기들도 보였다.

다음 해 20세 봄쯤 병원에서 차도가 없자 집으로 돌아온 나는 모친의 외숙모가 신을 모시고 있다는 얘기를 듣고 물에 빠진 사람이 지푸라기라도 잡는 심정으로 그분을 알현하게 되었다. 그분은 욕심이 없고 인자한 분으로 다른 무속인들처럼 굿도 안 하며 금전에는 아예 욕심이 없는 분으로 영험함이 특별하다고 하였다.

그분이 모신 신이 내게 심성이 착하다고 하면서 꼭 낫게 해 주겠다고 하였다. 난 그 말을 찰떡같이 믿고 진심으로 갈 때마다 삼배(三拜)의 정성을 지극히 드렸다(갈 때마다 자두 맛 사탕 한 봉지 정도를 사 가지고 갔는데 그곳에 가면 묘한 느낌이 들었으며 마음이 아주 편했음).

모친의 외숙모는 자신이 모시는 신이 나를 양자로 삼아야 한다고 알려 주었다고 했다. 그래서 나는 그분을 어머니라고 부르고, 그분은 나를 아들로 생각하여 이름을 팔았다고 해서 '팔근'이라고 지어 주신 이후에 난 팔근이가 되었다.

이분이 모신 신은 굿하는 것을 싫어하는 신으로 굿을 일절 하지 않고, 집에서 개운으로 해결했으며, 누가 돈을 신당에 올려놓고 가면 맨발 버선발로 달려가 돈을 도로 가져다주시는 분으로 알려져 있을 정도로 욕심이 없는 분이셨다.

그래서 그런지 몰라도 얼마나 지났을까? 꿈속에서 현관문을 노크하기에 문을 여는 순간 하얀 도복을 입은 노인이 얼굴에 윤기가 주르륵 흐르는 인상이 참 인자한 모습으로 마잘리 같은 큰 포대에 약을 가득 올려 메고선 싱긋이 웃으며 나를 바라보는 선몽(先夢)을 꾸었다.

또 얼마 후에는 꿈에서 등에 담뱃대를 꽂고 내 방에 들어온 증조할아버지 (꿈에서 보자마자 알았으며, 나중에 빛바랜 옛 사진을 통해 확인)께서 지압을 해 주셨는데 아프기가 실로 엄청나서 꿈을 깨고서도 실제인 양 그 느낌이 이어졌다. 그리곤 말없이 뒤돌아 문을 나가셨는데, 발이 보이지 않으셨다.

그래서인지 내 몸은 차도가 있었다. 그 시점에 부친은 노가다를 하시고 모친은 시장 노점상에서 야채와 과일 등을 팔았으며 겨울엔 호떡 장사로 생계를 이어 가야만 했다. 혼자 집에 남겨진 나는 가스레인지에 올려진 약탕기를 향해 기도를 올리기도 했다.

되돌아보면 중학교 1~2학년 때부터 집안의 어려운 형편으로 방과 후에는 신문을 돌렸고 남는 시간에는 신문과 껌을 가지고 다방을 전전하며 팔기도 했다. 중학교 2학년 때는 부친의 교통사고로 모친은 생계를 덮고 부친을 수발하였으며 형제들은 한동안 라면으로 끼니를 해결할 수밖에 없었다.

고교 시절에는 생활보호대상자로 야간 고등학교에 다니면서 새벽에 신문을 돌렸고 시시때때로 오전 시간에 알바를 하며 어려운 생활을 이어 갔다. 그 당시 한겨울의 새벽 신문 배달은 참으로 힘겨웠다. 당시 『중앙일보』 ○○ 지국장이 월급을 제대로 주지 않고 차일피일 미루다가 돈을 못 받은 것 하며, 신문사에서 나오는 장학금도 준다고 하고선 가로챈 것이…. 그땐 참 원망스러웠다.

또 하나의 에피소드는 새벽 신문을 돌리다 보면 갈증이 날 때가 있는데 물을 구할 수도 없는 시간이라 대문 앞에 내다 버린 음료수를 가끔 마시곤 했는데 한번은 과일주를 음료수인 줄 알고 마셨다가 술에 취해 해롱해롱하면서 신문을 돌렸던 기억이 나며, 어느 날은 목이 말라 신문 구독자 집 앞에 놓여 있는 병에 담긴 우유를 당시 순수하고 미안한 마음에 절반만 마시고 뚜껑을 닫아 놓고 내뛰었던 기억 등이 지금은 추억으로 남는다.

그해 어느 달인가 그날도 정성을 기울여 신당에 삼배(三拜)를 올렸는데 신전의 신이 체납되어 신을 모신 모친의 외숙모와 함께 5군데 절에 가서 목탁을 청수로 씻어 마시라고 했다. 신이 시키는 대로 정성을 기울여 대구 대성사를 시작으로 앞산에 있는 은적사까지(그 절 스님께 양해를 구한 뒤 행하였다. 가끔 어느 스님은 허락을 하면서도 웬 별 이상한 짓을 하느냐는 식으로 바라볼 때도 있었지만…) 목탁을 청수로 씻어 마시면서 법당에 있는 부처님께 지극한 마음으로, 비록 삼배였지만 정성을 다하여 올렸다.

바로 그날 밤, 새벽 3~4시경에 선명하고 또렷한 컬러 꿈으로 부처님을 현몽(現夢)하였다. 아마 그 꿈속의 절이 5번째 마지막 은적사에 계신 불상인 것으로 추정이 된다. 꿈속에서 법당 안은 뽀얀 안개 같은 것이 자욱하였고 그곳에 세모 네모 등의 도형들이 복잡다단하고 변화무쌍하게 내 전방의 허공 가운데에서 급속하게 돌면서 마치 시간을 역주행하는 것 같은 느낌으로 변형되어 보였는데, 도형들이 사라짐과 동시에 뽀얀 안개가 양옆으로 갈라지면서 세 분의 불상이 드러나 모습을 보였다.

그때 불상의 중앙에 있는 부처님의 입술이 살아 움직이면서 우렁찬 음성으로 나에게 "큰 절에 가서 철학 공부를 하여라."라고 말했다. 그러자 꿈속의 내 옆에 있던 스님이 "다른 길은 없습니까?"라고 여쭈었으나 아무런 대답을 안 하셨는데, 이후 곧 꿈속에서 깨어난 나는 참 기이하고 이상하다고 생각했고 꿈이 너무나 생생하게 기억되어 지금까지도 잊을 수가 없다.

큰 절에 가서 철학 공부를 하라는 선몽(先夢)을 가슴에 안은 채, 21세에는 앞산(대덕산)의 왕건이 머물렀다고 대구시장 푯말까지 있는 왕굴을 시작으로, 24세 초반까지 전국의 명산에 기도를 다니면서 많은 체험을 하였으며 기인들도 만날 수 있었다.

처음으로 산에서 기도를 할 적에는 어찌나 눈물이 많이 나오던지, 어린 나이에 산 기도를 한다고 주로 주변에 있던 무속인들이 나를 안쓰럽게 여기셨다. 정성을 들이기 위해 얼음물에 때로는 눈으로 목욕재계하고….

당시는 지금처럼 가로등이 없던 시기여서 야간에 전등을 들고 새벽까지 아무도 없는 정상에 올라 펄펄 내리는 눈보라 속에서 갓바위 부처님께 홀로 앉아 약사여래불을 찾으며 절을 올렸는데, 겨울의 식사는 현미 쌀가루에 뜨거운 물을 붓고 흑설탕을 넣어 마시는 것이었다.

그리고 그 시절 산 기도를 할 때는 무엇인지도 제대로 모르고 무조건 산왕대신을 불렀고 밤이면 하늘의 별빛 아래 북두대성칠원성군을 죽으라고 찾았다. 그때의 산 기도 체험들을 상기해 보면, '오늘 몇 명쯤 산에 기도하러 올라올 것이다.'라는 생각이 떠오르면 그대로 맞아 들어가곤 했다.

어느 날은 대낮이었는데 발가벗은 처녀 귀신이 발은 안 보이는 가운데 긴 머리를 내려뜨린 채 왕굴의 동굴 안으로 스윽 들어가는 모습을 생생하게 보았다. 나이는 23~25세쯤으로 맨살의 몸은 살이 통통했고 얼굴은 둥근 편에 복스러웠다. 아마 죽을 때 그런 모습으로 죽었으리라 짐작되던 차에 곧이어 동굴 안에선 통곡 소리가 들렸는데 아까 들어가서 기도하고 있던 어느 노보살님이었다. 추정하건대, 죽은 딸의 원혼이 몸에 들어와 슬피 우는 것이라는 생각이 들었다.

어떤 때는 사람의 얼굴이 다른 사람의 얼굴로 겹쳐 보일 때도 있었는데, 아마 그의 조상 영령인 듯했다. 23세쯤으로 생각되는데, 전주 덕진공원 근처에 있을 때 구도자들을 만나 얘기를 나눈 적이 있었다. 그런데 나보다 몇 살 아래쯤으로 보이는 어느 청년과 대화를 하려고 그 앞에 마주 앉은 순간 내 눈에서 미세한 진동과 동시에 레이저 광선처럼 가늘게 약 60~80cm의 광선이 나가면서 그 빛줄기의 끝부분이 지름 약 1cm 정도의 둥근 섬광체로 빛이 응집된 채 보이는 것이 아닌가.

이런 현상은 30대 중반까지 강하게 지속되었는데, 그때는 수시로 내 눈의 섬광(閃光)이 뻗어 나갔었다. 주변 도반들에게 신기한 듯 말했지만 나만 감지할 뿐 그들 눈에는 보이지 않았으므로 난 더 이상 말하지 않았고 나만 느끼며 지내 왔는데 이날은 평소와는 달리 너무나 놀랄 정도로 크고 밝게 빛이 뻗쳐 뭉쳐져 나가는 것이 아닌가.

광채는 굉장히 강렬하고 밝으면서 선명함이 특별한 것으로, 지금도 그 젊은 청년의 모습이 어렴풋이 생각난다. 그 청년은 이목구비가 매우 뚜렷했으며 눈은 총기가 넘쳐흘렀고 군자의 기풍이 당당하게 서려 있었는데, 아마도 후일 큰사람이 되었으리라 생각된다(당시에 눈에서 나가는 빛줄기는 미세하게 수시로 나갔으며, 비록 미세했지만 푸른색 빛이었는데 빛이 보석보다 빛났으며 또렷하고 선명했음).

이 당시 또한 도인을 만났는데 나를 보더니만 나의 고향 산천이 눈에 펼쳐 보인다고 하며 그는 영상 속의 그림을 보듯 눈을 뜨고 생각에 잠겼다. 사실인 듯했지만 내가 확인할 수 없었기에 그런가 보다 생각했는데, 연이은 그의 말은 나를 매우 놀라게 했다. 내가 태어난 고향의 본적지 주소를 신기하게도 정확히 말했던 것이다. 한 자도 안 틀리고 경남 창녕군 이방면 현창리 28번지,

번지까지 정확하게 말했다(혹 번지까지 말한 부분을 의심할 수 있겠지만 이는 진실임).

그의 표정은 뭐 대단한 것도 아닌데 놀라느냐는 식의 무덤덤한 모습으로 "맞지요."라는 말로 나에게 물어보지도 않았다. 그리고 현재 내 신상이 서열 2위라는 것도 말해 주었는데, 정확히 맞았다. 그 도인은 난생처음 보는 사람이며 난 대구 사람으로 전주 시내 지리도 제대로 모를 뿐 아니라 이날도 내가 볼일이 있어 거리를 헤매다 우연히 만난 것으로 나에 대해 전혀 알 수 없는 사이라서 참 신기했다.

어느 해 21~22세쯤 내 방에서 『반야심경』, 『천수경』을 읽고는 큰방에 가서 그냥 아무 생각 없이 앉아 있던 적이 있다. 창문 위의 작은 여닫이문이 열려 있었는데 갑자기 순식간에 그 문 사이로 빛 덩어리가 찰나의 느낌을 주며 아주 밝은 섬광을 내뿜으며 들어와선 천장에 있는 형광등 옆에 섰다(밤에 봤다면 도깨비불이라 말할 것인데 꿈도 아니고 대낮에 본 것임).

그 빛은 아주 힘차게 섬광을 내뿜으면서 제자리에 서 있었다. 마치 아크릴 용접봉에서 뿜어 나오는 강렬한 파란빛의 광채와 엇비슷하다고 말할 수 있을 것인데, 그러한 강한 빛의 섬광을 내뿜으며 광채를 내비쳤는데도 눈은 전혀 부시지 않았다. 잠시 약 1~3분 정도 얼마간 멈춰 있다가 나갔는데 들어오고 나감이 내 눈에 감지는 되었지만 얼마나 빠른지 도저히 그 속도를 알 수가 없었다.

한 가지 특이한 것은 그 빛이 들어와 멈출 때도 가속도에 의해 약간 앞으로 가다 멈춘 것이 아니라 그냥 딱! 말 그대로 딱! 눈으로 들어옴을 감지하는 순간 딱 정지했으며 나갈 때도 순식간에 눈으로 감지만 할 정도였지 초의 백만분의 일도 계산할 수 없을 정도로 빨리 나갔다(지금 생각해 보니 그때 그 빛을 본 이후로 내 눈에서 빛이 나갔나 하는 생각이 듦).

22세쯤에는 강원도 홍천에서 도반들과 함께 수행 정진을 하던 중(노동과 수행을 병행)에 너무 힘든 나머지 나는 몸이 쇠약해졌고 어느 날 너무 피곤하여 잠깐 누웠는데 나의 영체가 육신을 벗어나는 유체 이탈을 경험하였다.

영체와 육이 분리될 때의 느낌은 묘한 진동을 일으켰으며, 그 느낌은 아주 기분이 좋지 않았다. 후일 책을 통해 알았지만 유체 이탈이 될 때의 느낌이 내가 경험한 느낌과 거의 같았다. 그리고 영체는 육체 위로 고무풍선처럼 서서히 떠올랐는데, 어느 정도 떠오르는가 싶더니 영체는 잠시 정지하는 듯 느껴짐이 잠시, 그 후 바로 난 깨어났다.

24세, 이해는 정말 내 평생 잊지 못하고 지금 책을 집필하는 이 순간에도 당시의 생각은 너무나 선명하게 각인되어 지워지지 않는데 장엄하고도 영광스러운 현몽(現夢)을 받았다. 앞서 산에서 무속적인 기도를 시작했지만 마음 한구석엔 뭔가 올곧지 않은 것에서 무속적인 그들과 어울리지 않았다.

전국의 명산 기도를 다닐 때도 늘 나의 마음은 우주의 근원적인 자리에다 마음을 두고 기도를 했다. 이 종교에서 저 종교로 다수의 종교를 둘러보며 정도령, 『격암유록』, 진인 등을 마음에 두고 다닐 때도 내 마음은 언제나 변함없이 우주 실상의 근원에 마음을 심고 있었다.

이해는 성경의 요한계시록에 관심이 생겨 도반들과 함께 교회에 다니게 되었는데 얼마나 깊게 사무치게 하느님을 생각했는지…. 이제 와서 돌이켜

보면 육조 스님이 말씀하신 일상삼매(一相三昧) 일행삼매(一行三昧)에 그 당시엔 입한 듯, 칭명(稱名)으로 기도하고 부르지는 않았지만 마음으로는 잠시도 놓치지 않고 근원의 거룩한 실상자리 하느님을 행주좌와(行住坐臥)하며 관상(觀想)했었다.

추운 겨울 어느 날, 교회에서 계시록 강의를 듣고는 집으로 자전거를 타지 않고 끌고 걸어가면서도 내 마음속에는 하느님이라는 우주 근원의 본질로 마음이 가득 차 있었다. 그날 밤, 꿈을 꾸는데 배경은 들판 가운데 있는 시골 외갓집 바로 옆 도로 위에서 고개를 들어 하늘을 바라보니 별이라는 별은 다 나와 있는 듯 하늘에는 찬란하게 빛나는 별들로 온통 가득 차 있었고, 나는 하늘을 가득 메운 그 수많은 별을 감격스럽게 바라보고 있었다.

그때 하늘을 가득 메운 수많은 별이 내게로 가까이 다가오는 것이 아닌가. 가까이 다가올수록 별들은 집채만 한 크기로 비추며 다가오는데, 귀의 소리로 들린 것이 아니라 분명 마음으로 느낌이 전달되었다. 그 기기묘묘한 느낌은 말로는 도저히 형언할 수 없는 기묘하고 신묘한 소리를 전하며 내게 다가왔는데….

전달되어 오는 그 기쁨, 환희의 경이로운 소리는 도저히 인간이 생각할 수도, 상상으로 그릴 수도 없는 표현할 수 있는 범주의 느낌이 아니었다. 이후 생각해 본 것에서 열반의 기쁨, 열반의 환희, 열반의 즐거움이 아닌가 생각하는 것은 열반에서 얻어지는 경이로움이 아니고는 있을 수 없는 비조건의 불멸하는 근원의 낙(樂)이라는 느낌에서이다.

세상 사람들이 그 어떤 기쁨의 현몽을 꾸더라도 이보다 더 나은 희열의 꿈을 꿀 수 없다는 생각은 붓다 앞에서도 말씀드릴 수 있을 정도이며, 극락세계를 말한 『정토삼부경』을 볼 때 현몽(現夢)의 충만한 희열은 극락의 즐거운 기쁨도 이보다 더하지 못할 것이라고 감히 자신 있게 말할 수 있다.

이의 극락세계는 상대적 환경이 있음에서 균일한 기쁨이 아닌 위차(位次)의 조명이 있으며, 선남선녀가 아미타 부처님의 법문을 듣기 위해 가는 시간과 듣는 순간 그리고 듣고 돌아오는 시간들의 기쁨은 동일하지 않은 것으로 볼 때, 각각의 시공(時空)에서 생각이 개입되는 기쁨이라면 열반락(涅槃樂)은 그 어떤 생각도 틈도 열려 있지 않은 것으로 오직 환희만 존재하는 것이 되기 때문이다.

기쁨을 누군가에게 전해 주고 누군가와 기쁨의 대화를 한다는 것의 세계는 틈이 있는 세계로 완전무결의 열반계(涅槃界)와는 비교되는 것으로 열반의 환희는 그 무엇의 상념도 사고도 일 점의 틈도 열리지 않는 환희만이 충만한 세계이기 때문이다.

그리고는 어느 순간 나의 몸은 지구 밖에 나가 있었는데, 거대한 지구를 옆에 끼고 꿈속 허공에 있던 나는 이 우주의 장엄한 모습을 보게 되었는데, 지구 밖의 몸이라 했지만 육체적인 몸이 아닌 정신적 마음이었다. 이 또한 가히 말로 다 전할 수가 없는 극치의 아름다운 장관으로, 가까이는 토성, 명왕성 등 이름 모를 행성들과 광대한 우주에 펼쳐진 전경의 신비로움이 내 시야에 가득 들어왔다.

지금 집필을 하고 있는 중에 생각해도 가슴이 벅차오른다. 그리고 꿈에서 바로 깨어났는데 아, 꿈이었지만 너무나 황홀한 느낌을 만끽한 나는 지금

당장 거대한 불구덩이 용광로라도 그 느낌의 세계에 갈 수만 있다면 당시엔 뛰어들 수 있을 것 같다는 생각이 꿈을 깨는 동시 내 마음에서 순식간에 분출되어 일어났다.

나중에 알았지만 이 꿈의 환상적 느낌은 우주 법신의 기운체이며 바로 자성의 본래 면목 자리의 영광이 아닌가 생각했으며, 그리고 우주의 끝없이 펼쳐진 전경은 바로 법신체(法身體)이자 더없이 장엄한 마음의 그림자임을 깨닫게 되었다. 앞서 본 빛 덩어리는 당시는 몰랐지만 한참 후『능엄경』을 보고 각성 스님을 친견한 후 그것이 광명으로 존재하는 색계-사선천 중의 광명의 빛임을 알았다(색계 존재는 음양이 없으며, 인간의 형상을 가지지 않는다. 인간 형상의 천상은 욕계(欲界) 육욕천(六欲天)의 존재로 색계는 그 위의 존재).

우주의 광경을 본 신비로운 체험은 나 스스로 잠재의식이 본 것이 아니라 어떤 신성한 힘의 가피로 이끌어 느낌을 전해 보여 준 것이거나, 전생의 염원에서 이루어진 것이 아닌가도 생각해 본다. 그 후 30세쯤 대구 팔공산 북지장사의 고찰에서 100일 기도를 할 때인데(카페에 올려놓은 수염 사진이 당시임), 어느 날과 같이 자시 기도를 하러 법당에 들어가 기도를 하고 있던 중에 갑자기 나의 머리 위에서 이상한 기운체가 뱅뱅 회오리같이 강력한 느낌을 전하며 도는 것이 아닌가.

당시에 자시 기도는 100일 동안 나 혼자 했으며, 법당 문은 문고리를 달고 했다. 아니 이 느낌은 한 번도 느껴 보지 못한 것으로 나의 머리 위를 올려다봐도 아무것도 보이는 것은 없었다. 하지만 강하고 묵직한 어떤 기운체의 파워가 내 머리 위를 계속 뱅뱅 돌고 도니 당시 나는 매우 두려운 마음에 어쩔 줄 몰라 자리에서 일어나 연신 절을 했다.

지금이라면 "당신은 누구이며 이 한밤에 나에게 온 이유는 무엇인가?"라고 질문을 했을 것이지만, 당시는 두려운 마음에 그런 생각은 엄두도 내지 못하는 상황이었다.

그렇게 얼마나 지났을까. 그 기운체는 느낌의 흔적도 없이 사라졌는데 당시엔 생각하지도 못했으나 후일 『능엄경』을 접하고는 무색계(無色界)의 어떤 존재가 아닌가 추측해 보았다. 무색계(無色界)의 존재는 욕계(欲界), 색계(色界), 무색계(無色界)의 삼계(三界) 가운데 최상위 세계로 그 느낌을 이해하도록 돕는다면 금속 위에 자석이 있다고 가정할 때, 그 자석이 금속 위에서 뱅뱅 돈다면 쇠 이외의 사물은 그 느낌을 느끼지 못하겠지만 금속은 분명히 그 느낌을 알 수 있듯 경험자만이 아는 느낌이다.

20세에 큰 절에 가서 철학 공부를 하라는 선몽을 받은 후 틈틈이 동양 역학과 명리학을 공부하였다. 30세 초에는 복지 시설과 월급이 꽤 괜찮은 직장을 3년 몇 개월을 다니다 사표를 내고는 북지장사와 창녕 충효사에서 각각 100일 기도를 연달아 드리고 철학관을 오픈하게 되었는데 처음에는 손님이 많았다.

사주의 명리적 해석보다는 영적으로 맞추는 것이 대부분이었다. 사람을 보면 나이가 그냥 튀어나왔고 얼굴만 보아도 알 수 있었고, 이름 석 자를 보고 때로는 사진을 보고 기운체를 알 수 있었다. 대부분은 영감(靈感)으로 알았지만 이렇게도 알게 되었다. 만약 상대를 보고 성씨가 권씨면 ㄱ, ㅜ, ㅓ, ㄴ 글자가 각각 분리된 채 허공에서 뱅글뱅글 돌면서 넓게 퍼진 성씨가 사다리꼴로 내 머릿속에 마지막 순간 정립되어 '권!' 하고 쏙 들어왔다. 남다른 신기한 느낌이었다.

당시 비구니 스님을 만난 기억이 나는데, 천도재를 지냈다는 조계종 스님으로 등 뒤에 자기 어머니가 우측 어깨 위와 목 사이에 붙어 있었는데, 우측으로 쑥스러운 듯 얼굴을 내밀고 있었으며 그 모친의 영혼은 나와 눈이 마주쳤다. 난 정확한 인상착의를 보자마자 '모친이구나.' 하고 직감했다. 은테 안경에 머리는 깎았고, 그 비구니 스님과 아주 많이 닮았다.

비구니 스님은 모친께서 돌아가시기 전에 은테 안경을 착용하셨으며, 자신과도 무척이나 닮았다고 하였다. 부친은 군수였는데, 어떤 인연에서 스님이 되었다고 했다. 그의 속가(俗家) 언니와 남동생의 저녁 식사에 초대되어 간 적도 있었으며 이후 그 스님과 한때 친하게 지냈다.

이와 같이 초반에는 영적인 힘으로 잘나가는 듯했는데, 그만 이성을 접하고부터는 영적 직감력이 사라져 갔으며 명리학의 학문으로는 불확실하게 맞으니 내 성격상 손님을 받을 수가 없었다. 그런 고민을 하던 중에 명리(命理)보다 적중률이 뛰어나다는 기문둔갑(奇門遁甲)이라는 동양 학문이 있다는 사실을 접하고 수소문 끝에 전국에 이름난 선생을 만나 뵈었는데 내가 흡족할 만한 상태는 아니었다.

그러던 중 다양한 기문 서적과 영상을 구하여 보게 되었는데 명리에서 알 수 없는 부분의 공식을 접하다 보니 좀 신기했다. 하지만 그 책도 내용이 오류가 많아 판매가 중지된 책이었고, 영상도 내용의 모순이 많은 것이었다. 난 철학관 문을 닫고 팔공산 가산산성 너울지기 찻집 뒤편에 있는 별장을 지켜 주며, 일주일에 한 번씩 별장을 청소해 주는 조건으로 방을 얻어 거기에서 기문둔갑을 스승 없이 혼자서 1년여 동안 연구하였다.

이는 부처님의 선몽에 따른 내 팔자의 운명이라 생각했기 때문이다. 하지만 부처님의 선몽은 동양 역학의 철학이 아니라 부처님의 진리와 우주적 철학 공부를 하라는 계시인 줄, 그 당시에는 어리석게도 더 깊은 뜻의 선몽을 헤아리지 못하였다.

운곡이 기문학을 연구하다 보니, 나의 운명적 타고난 기문학의 괘상은 학문에 택화혁(澤火革)을 가지고 태어난 것에서 그런 것인지 기문명리의 새로운 해단법을 정립할 수 있었던 것이 아닌가 생각해 보는데, 당시에는 난 꼭! 기문 공부를 해야만 된다고 생각해서 그런지 정말 이해가 척척 되었으며 미친 듯이 공부가 잘될 때가 있었다. 나의 기문해단은 기존 기문에서는 전혀 언급되지 않은 것으로 독창적인 연구로 찾아낸 획기적 논리로 많은 오류를 수정하면서 작금에 특허청에 특허 등록을 하였으며, 지금의 기문술사분들과는 확연히 해단의 원리가 다름에서 기존 기문의 오류를 다 잡을 수 있었다.

그것은 오랜 실증 상담을 통한 임상과 오류를 찾는 과정에서의 이치를 통한 결과가 아닌가 한다. 그 무렵 이순신 장군이 구사했다는 점술학인 육효점을 유일하게 전수받기도 했었다.

다시 별장에서 공부할 때의 일이다. 내가 맡은 일은 일주일에 한 번 별장을 청소하는 것과 매일 지킴이 개에게 사료를 주고 배설물을 청소하는 것이 전부였다. 한 번씩 적적할 때면 산천을 쳐다보며 맥주잔에 소주를 부어 들이켜고는 했는데 그러면 세상을 얻은 듯 마음에 평온함을 얻었으며 이것이 조그마한 낙이었다.

하루는 사색을 하며 근처 산을 보고 있었는데 산이 번쩍번쩍 발광하는 것이 아닌가. 정말 신기했다. 대낮에 산이 번쩍번쩍 발광을 하다니. 저것이 무엇인가. 그때는 발광인지도 모르고 '이상하다. 저 산에 금맥이 묻혀 있나.' 라고 혼자 생각하고선 별장 주인이 이곳의 토박이라 여쭤본 일도 있었다.

32세 어느 날에는 누운 채로 책을 차분히 보고 있는데 뇌파가 아주 평온을 얻어서 그런지 책을 잡고 있는 나의 양손에서 뿜어져 나오는 오로라를 선명하게 내 두 눈으로 보았다. 연푸른색이 아주 곱게 평온하게 퍼지는 것이었다.

그리고 별장에서 공부하던 중에 하루는 여름이라 슬리퍼를 끌고 산책하러 마당을 나서는데 갑자기 큰 뱀이 내 발 바로 앞으로 지나가는 것이 아닌가. 자칫하면 물릴 뻔하여 얼마나 놀랐는지…. 난 뱀을 응시한 채 어디로 가는지 눈을 뗄 수가 없었다. 그런데 그 뱀은 집을 떠나가지 않고 집 옆 장작 사이에 들어가 버렸다.

얼마나 징그럽고 놀랐는지 그 뱀을 집 밖으로 몰아내고자 했지만 뱀은 요리조리 피하며 자리를 떠날 생각을 하지 않았다. 할 수 없이 나는 장작 위에 있는 큰 나무로 위에서 머리를 찍어 기절시켜 내버릴 요량을 했는데 나무의 무게 때문인지 뱀은 시간을 두고 죽어 버렸다.

그 사체를 도랑 계곡에 던져 버리고 잊어버렸다. 그런데 어느 날인가 잠을 자다 갑자기 나도 모르게 눈을 떴는데, 뱀이 내 방에 들어와 벽을 타고선 벽으로 들어갔다 나왔다 하면서 기어 다니는 것이 아닌가. 눈을 비벼 봐도 뱀의 원혼은 그대로 내 눈에 들어왔다. 며칠 동안 그러더니 사라졌다.

밤에 눈을 뜨고 투시해 본 것이 또 있는데, 어느 때는 눈을 감고 잠자는 사람을 볼 때면 눈꺼풀 안의 눈동자가 아주 빠르게 움직이고 있는 것을 본 것에서 후일 책을 통해 알았지만 사람의 눈은 잘 때 매우 분주히 영적으로 움직인다는 것을 읽고선 나의 체험이 어긋난 것이 아님을 알았다.

이와 같은 현상들은 누구에게나 일어나는 현상이지만 우리의 뇌파가 세타파로 안정이 될 때 꿈이나 현상적인 눈으로 볼 수 있음을 나중에 알게 되었다. 나의 체험 중 미꾸라지 원혼의 영체도 본 일이 있다. 그러니 살아 있는 것을 함부로 해하여서는 절대로 안 되며 특히 지능이 높거나 산의 증기를 흡기한 산짐승을 해치면 큰 액난이 닥쳐옴을 깨닫게 되었다.

40세 이 한 해도 다시 입산을 생각하게 하는 동기의 일들이 있었는데, 96년 병자년(丙子年)에 청화 스님에 대해 처음으로 알게 되었고 이후 2006년 병술년(丙戌年)에는 청화 스님의 카페를 알게 되면서 스님의 가르침을 접하게 되었다. 그 가르침은 내가 정립한 진리의 세계관과 일치하였는데 넓이와 깊이의 차원이 달랐으며 논리 정연하고 명확한 말씀에 내 두 눈이 번쩍 뜨였다.

이후로 카페에 있는 말씀을 모조리 복사해서 보았다. 그 글을 읽을 때는 스님께서 마치 나에게 직접 설법을 해 주시는 것처럼 들렸다. 너무나 가슴에 와닿는 말씀에 내 마음의 채널은 온통 청화 스님 말씀에 맞춰져 있었고, 하나하나의 뜻을 헤아려서 읽었다. 얼마나 내 마음에 다가왔는지 나도 모르게 말씀이 있는 책을 향해 큰절을 몇 번이나 올렸는지 모른다.

어느 날 스님께서 꿈속에 화현하셨다. 아무 말씀 안 하시고 두 가지의 메시지를 주셨는데, 하나는 꿈속에서 첩첩산중에 황금빛 거대한 부처님이 산

능선 위로 우뚝 솟아 몸을 내보이며 계셨는데 스님께서 고양이 쥐 잡을 듯한 눈과 같이 호리의 빈틈도 없이(꿈속에서 유난히 눈빛이 강조돼 보이셨다.) 부처님을 향하여 큰절을 올리시며 한 발자국, 한 발자국 다가가시며 일어설 땐 옆으로 몸을 굴리며 일어서셨다.

후일 왜 몸을 세우고 일어나지 않으시고 옆으로 땅에 몸을 굴리고 절하시며 나아가신지를….

이는 대지는 변하지 않는 진리의 몸체로 비유할 수 있음에서 진리에 대한 몸과 마음을 떠나지 않는 모습이 아닌가 한다. 또한 수행을 함에 있어 첩첩산중같이 많은 어려운 시련의 고비가 오더라도 한눈을 팔지 말고 오직 부처님을 향해서만 가라는 그런 메시지의 현몽이라 생각된다(꿈속에서 많은 사람이 스님 옆을 지나가면서 쳐다보았지만 스님은 전혀 그들을 개의치 않으시고 오직 부처님에게 향하는 모습을 보여 주시는 것에서 스님의 구도 정신의 투지를 느낄 수 있었고 나 또한 그러해야 하는 가르침으로 읽힘).

그리고 또 다른 장면이 보였는데, 음욕이 가득 찬 완전히 발기된 남성의 성기 밑부분을 뚝 손으로 떼어서는 바나나를 분질러 먹듯이 스님께서 입으로 삼켜 버렸다. 이 해몽의 뜻은 나에게 음욕을 떨쳐 버리는 것이 아니라 영원히 번뇌로 일어나지 않게 삼켜 버리라는 뜻으로 해석된다.

나는 다시 명상을 시작했다. 시간을 두고 일어난 체험들인데…. 명상 중에 아주 맑은 소리가 우측 귀에 3번 연속해서 들리는가 하면 어떤 날은 명상에서 일어나 책상에 앉는 순간 오른쪽 귀가 천이통이 열린 듯 갑자기 귀가 열리면서 거대한 파도가 밀려오는 소리가 엄청 크고 생생하게 들렸다. 소리의 크기로 느껴서는 귀가 찢어질 정도였다.

또 어느 날은 항상 마음속에 찜찜하게 화두로 가지고 있던 성경의 말씀들이 머리가 열리는 듯 해독이 되었다. 전날 밤 꿈에 한 번도 만나 보지 못한 지율 스님께서 말없이 와서는 잠자고 있는 내 옆에 눕더니만…. 이제야 어젯밤 꿈이 무슨 뜻인가를 알았다.

스님은 깨달음을 상징하는 것이었구나! 또 어느 날은 참 괴이한 체험을 했다. 명상 중에 귀로도 아니요, 머리의 생각으로도 아니요, 마음의 느낌으로도 아닌 왼쪽 심장에서 디지털 녹음기보다도 정말 깨끗하고 선명하게 실로 놀라운 뇌파적인 소리가 3번이나 연속으로 들리지 않는가!

믿지 못하겠지만 그것은 우주인의 텔레파시라는 것을 그냥 알았다(글로는 표현이 잘 되지 않지만 띠띠찌리찌리리..&#@..#$..E...). 실로 상상해 본 일이 없는 소리를 듣게 된 것이다.

그때를 생각해 보면 산에서 기도하고 있을 때, 머리와 수염이 덥수룩하게 길게 있으니 보는 이들이 나를 조금 특별한 사람으로 봤던 것 같다. 하루는 절에서 공부하던 학생들과 산에 등산 겸 올라가서는 다음에 추억이 된다고 사진을 찍었는데 그 사진 속에 접시 모양의 UFO로 추정되는 물체가 찍힌 것이 있기는 있었으니…. 그땐 뭐 '우연의 일치겠지.'라고 생각했다.

다른 한 장의 사진은 당시 같은 사진으로 밑이 아득한 낭떠러지 바위였는데 사진에 붉은빛이 하늘에서 뻗어 내려와 내 몸이 낭떠러지로 떨어짐을 받치듯 내 등 뒤에 비쳐 내리는 것이 사진에 담겨 있어서 확대해서 지금까지 가지고 있지만, 달리 신경을 쓰지 않고 있었다.

우주인의 과학은 우리 지구인이 현재로는 상상하기 어려운 문명을 가졌다고 보는데 어떤 원리에 의해 나에게 그런 텔레파시 소리가 들렸을까 나름 추측해 보았다. 나도 모르는 사이에 지구인의 일상생활 연구를 위한 어떤 초과학적인 방법으로 쓰였다가 일정한 시간이 지나면 소멸되는 칩이었는지 한참 후 병원에 가서 엑스레이를 찍어 봐도 별 이상한 것은 발견되지 않았다.

2007년 정해년(丁亥年)은 별다른 체험은 없지만 금년 초부터 본격적으로 아프기 시작한 왼쪽 팔과 종아리 근육 신경의 이상으로 양방과 한방을 전전했지만 차도가 없었고, 고통으로 잠을 이룰 수가 없었다. 수면제를 먹어도 잠을 못 이루었는데 신경과의 경험 많은 의사도 손을 들었다. 할 수 없이 마지막으로 직구뜸을 뜨면 효과를 본다는 말을 듣고 생살을 태우는 고통을 감수하곤 했지만 지금도 선명한 깊은 흉터만 남기고 고생만 하고 차도는 없었다.

이해, 뜸을 뜨기 전에 난 자비의 어머니 관세음보살님을 찾았다. 일심으로…. 20여 분 정도 잡생각 없이 일심(一心)으로 정념(正念)을 하고 그날 밤 꿈속에 죽은 김일성 수령이 아주 젊은 모습으로(꿈속의 마루에는 부모 형제가 있었는데 내 방에 들어오려면 마루를 거쳐 들어와야 했다) 옆에 젊은 스님을 대동해 와서는 "내가 여기 온 줄은 아무도 모를 것이다."라며 싱긋이 미소를 지었다.

꿈을 깨고 '아, 관세음보살님께서 오셨다 가셨구나. 이제 하면 되겠구나.' 생각하면서도 이런저런 일이 생기고 또 참지 못할 심각한 상황은 아닌지라 등한시하고 말았다. 그리고 뜸의 효험이 없자 난 다시 관음 기도를 하였다. 이날도 얼마나 했는지 일심으로 정신을 집중하여 찾았는데 이날 밤도 꿈속에 관음의 모습에서 이제는 선녀로 보였는데 많은 선녀 중에 유독 눈에 들어오는 선녀가 무리 중 저 안쪽에서 나에게 싱긋이 미소를 지어 보이셨다.

보자마자 '관세음보살님이시구나.' 하고 꿈속에서도 알아차렸다.

그 이후로 이제 기도만 하면 성취될 수 있겠다고 속으로 생각하고 있었다. 그런 와중에 G 스님의 염불법을 따라서 염불을 하는 스님을 알게 되었고, 그분과 이런저런 얘기를 나누고 출가 얘기도 하던 중 본인이 있는 절에 와서 기도하면 성취된다는 말씀을 하셨으며 또 아픈 것은 출가를 방해하는 마(魔)가 방해하는 것이라는 말씀도 해 주셨다.

당시 난 그 스님을 마음으로 신뢰하고 있었기에 하는 말을 다 믿었다. 나는 사무실을 제자에게 넘겨주고는 짐을 챙겨서 갔다. 거기서 행자 생활도 하고 기도도 할 요량이었는데 공양주가 없어서 가는 날부터 공양주 아닌 공양주가 되었다.

스님은 천도재를 권하셨고, 난 백수십만 원을 드리고 한 번의 재를 올렸다. 그렇지만 별다른 변화는 없었으며 아픈 몸으로 공양주 생활을 하고 기도도 병행해 갔다. 부족한 수면에다 공양주를 하면서 살은 쭉쭉 빠졌으며, 그전 천도재를 하기 전일에 스님은 외가 조상 영가들이 먼저 재를 지내 달라고 야단이니 먼저 외가를 지내고 친가를 지내자고 했다.

좀 이상했지만 가진 돈이 별로 없다는 힘없는 말끝에 스님은 "그럼 공양주로 보답하면 되겠네요." 하시며 두 번의 재를 말한 것이 미안한 듯 얼른 말을 이었다. 속으로 '왜 두 번으로 나눠서 지내지? 한 번에 지내면 되지.' 하는 미심쩍은 생각이 들기도 했었다.

그러한 생활을 이어 가던 중 난 이곳에 출가하여 행자 생활을 하는 정도로 알고 왔는데, 이 절이 조계종에 등록이 안 되어 있어서 행자 생활이 인정이 안 된다는 것을 알게 되었다. 이게 무슨 소리지? 이곳에 오기 전에 나의 뜻을 말씀드렸고 사정을 아는 스님이 왜 진작 말씀해 주지 않은 것인가? 난 더 이상 있을 이유가 없었기에 다시 아무런 몸의 변화도 없이 초라한 모습으로 내려왔다. 이 또한 교훈으로 삼고 공부라 생각하고 비가 오는 날 쓴 미소를 머금고 돌아왔다.

그전 2005년인가 2006년인가 어느 날 나는 예전에 대순진리교의 『증산도 도전』이라는 그쪽 책을 보고 '강증산이라는 인물의 말이 맞을 수도 있겠다.'라는 정도로 생각하고 있었다.

그런데 과연 거기서 말하는 태을주의 주문이 어떤 기운을 가지고 있는 것인가. 이 기운을 느껴 봐야겠다고 생각한 나는 온 정신을 집중하여 태을주를 한 시간가량 불렀다. 나는 마음먹고 정신을 집중하면 대체로 답을 얻는 편이었다. 십여 년 전에도 태을주를 외웠는데 특별한 주문이라고 생각해서 외운 것이라면 오늘은 하나의 정신도 흐트러짐 없이 '잡생각 안 하고 온 정신을 집중하리라.' 마음먹고 했는데 그날 밤 그 기운체가 나의 방에 찾아왔다. 꿈이지만 실상이었다.

아마 조금 전에 온 정신을 집중해 외울 때 감지하지 못하고 이미 기운체가 왔던 것을 의식의 파장이 고요한 밤에 잠을 잘 때 재현되었는지 모르겠지만 본 기운체의 느낌은 고양이 눈을 가진 기운체 덩어리로 한마디로 '영악'했다. 그리고 굉장히 무서웠다. 옛날 산 기도도 이러하진 않았는데…. 그 기운체는 내 방에 들어와선 잠자는 내 머리 근처에서 빠른 모습으로 움직였다. 나는 놀라 잠자다 벌떡 일어났고 사지는 떨렸으며 무서움에 온 방에 불을 다 켜곤 했다.

난 태을주의 진실된 모습을 사실 그대로 보았다. 어느 눈 밝은 도인이 있다면 "자네가 본 것이 진실이라네."라고 분명히 말씀했으리라 확신한다. 그래서 난 아, 모든 종교의 본질이 다 동일한 것은 아니구나. 무수히 많은 종교는 진리의 다양한 표현이라고 말한 것이, 삿된 기운을 가진 것도 있다는 사실을 알게 되었다.

2006년 병술년(丙戌年)의 체험은 스스로 생각해 봐도 '세상 복이 참으로 없구나.'라는 생각을 하게 한다. 잠잘 때 항상 이대로 죽었으면 하는 생각을 했다. 이날도 "아미타불!"을 연호하는 가운데 잠을 자려고 그냥 침대에 누웠다. 깊은 잠에 들기 전의 의식 단계에서 나의 영혼이라고 생각되는 나 자신이 하늘 위로 뻗어 있는 곧은 수직의 불빛 기둥 속에 있는 동시에 엄청난 속도로 빠르게 위를 향해 솟구쳐 올라갔다. 그때의 그 느낌은 속도가 너무나 빨라 눈을 뜰 수가 없는 것으로 빛이 좋은 날 기차나 차 안에서 눈을 감고 있을 때 밖의 물체들이 뭔가 스치며 지나가는 것들로 이해될지 모르겠지만 그러한 현상을 두 번 체험한 적이 있다.

당시는 『정토삼부경』에 대한 믿음이 확고한 것에서 아미타불에 대한 정념을 하고 있었던 시기라 아마 죽을 때 혼이 이렇게 빠르게 극락 또는 다른 세계에 전이되어 가는 것이라 생각되었는데, 몇 년 전에 제2의 부처라고 알려진 파드마 삼바바의 책에 수록된 내용을 접하고는 운곡이 체험한 것과 너무나 일치하는 내용이 기술되어 있어서 참으로 기뻤다. 이로써 진리에 대한 작은 의구심은 해결되었다.

석가세존의 초기 불교의 가르침이 깨달음을 통한 해탈만을 강조한 것이라면, 대승불교에서의 가르침이나 예수님의 가르침은 성스러운 존재인 아미타불이나 하느님을 믿음으로써 그 원력에 힘입어 피안의 해탈 세계로 갈 수 있음을 설한 동일한 가르침으로 용어만 다를 뿐이다.

뜸까지 떴던 팔다리의 고통은 여전한 가운데 전 불교 카페 모임 때 통도사 반야암의 법당에서 철야 참선을 하며 수행 시 불현듯 하나의 영감(靈感)이 스쳐 지나갔다. 초등학교 시절 곤충 채집으로 매미를 잡아서 알코올 주사로 마취시켰던 기억이 나는데 그 업장이 작금에 팔다리의 고통으로 응한 것이라는 느낌을 받았던 것이다.

난 그 영감(靈感)이 사실이라고 가정하고 매미의 입장에서 생각해 보았다. 온몸에 알코올이 들어와 신경을 마비시켜 죽음의 고통을 주었으니 인간이 자신을 손으로 잡을 때 얼마나 공포에 떨었으며 고통스럽게 죽어 갔겠는가?

그 매미들의 원한이 허공에 묻혀 있다가 지금에 찾아온 것이다. 난 그날 밤 참선을 하면서 진실로 매미에게 참회를 했다. 신기하게도 팔다리의 고통과 불편함으로 5분도 안 돼 팔다리를 만지곤 하였는데 그날 이후부터는 크게 완화되었다.

이미 열반하신 청화 스님께서는 가끔 꿈속에 오셔서 나에게 현몽을 주셨다. 2010년쯤에는 온통 텅 비어 있는 거창 신원면 안빈(밖에서 안 보인다고 해서 안빈 마을이라 함)이라는 마을에서 쉬면서 수행할 겸 그 마을에 기거하게 되었다. 그곳은 거창에 있는 지인의 소개로 알게 된 곳으로 거창 주변의 산속 토굴이나 빈집을 찾는다고 한동안 지인 집에 머물면서 거창에서 공무원으로 계시다가 퇴직하신 분과 함께 다니다가 찾은 곳이다.

이곳 산골에 한 남성분이 홀로 있었는데 같이 있어도 된다고 흔쾌히 허락하여 두 채의 집 가운데 자신이 아래층에 머물고 있으니 나에게는 위층의 집을 사용하라고 하였다. 그리고 지금은 겨울이니 한 방에 같이 있고 며칠 후 올라가라고 하여 한 방에 있는 동안 방 안에 있는 삽을 보여 주며 방에 삽을 두는 이유는 멧돼지 등 산짐승이 문 앞에서 서성일 때가 있는데 그때 자신을 보호하기 위한 것이라고 하였다. 그가 얼마 후 함양에서 며칠 머물다 온다며 외출하자 나는 낮에 대강 방 청소를 하고는 전기장판을 깔아 놓고 밤에 잠을 자려고 자리에 누웠다.

누워서 눈을 감은 아주 짧은 순간, 뭔가 매우 불쾌하고 소름 끼치는 전율의 느낌이 천장에서 전해져 와서 눈을 뜬 순간 천장에서 남자 귀신이 눈을 동그랗게 뜨고서 나를 쳐다보고 있지 않은가. 나도 모르게 엄청나게 놀란 모습으로 벌떡 일어나 밖으로 뛰쳐나왔다. 온통 암흑천지의 밤에 어느새 마당을 지나 언덕의 밭으로 피해 놀란 마음을 진정시키며 서 있었다.

깊은 산속 「전설의 고향」에서 나오는 마을처럼 아무도 없는 골짜기, 그것도 신원 양민 학살 사건이 이 마을에서 자행되어 시체가 나뒹굴었던 마을이라는 것을 나중에 알았다. 나는 40~50대로 느껴진 저 남자 귀신을 내쫓지 않으면 내가 살 수 없다는 생각에서 그를 내쫓기 위해 마음을 집중하여 마음의 불화살을 허공에서 만들어 그를 향해 수도 없이 많은 화살을 그가 감내하지 못할 정도로 쉬지 않고 집중적으로 날렸다.

그렇지만 그 귀신이 떠났는지 여부를 확인하기 위해 방문을 열고 들어갈 용기는 나지 않았다. 나는 확인을 위해서 자리에 누워야 했는데 그날 밤과 며칠 동안 다소 무서움을 느꼈으며 함양에서 그 산골 남성분이 올 때까지 아래층 집에 머물렀다. 산골 남성분은 그동안 한 집에서 그 귀신과 동거 아닌 동거를 한 것으로 보였다. 위층의 집은 구들이 내려앉아 있어 언제부터인가 사람이 기거하지 않았다는 것으로 봐서 그 귀신의 거처가 된 것이었다. 나로 인해 그 귀신이 방을 내어 준 것으로 며칠 후 그 방에 귀신이 없다는 것을 알고 잠을 잘 수 있었다.

그런데 그 귀신과 나와 전생에 악연이 있었는지 아니면 나의 객기인지 모르겠지만, 그곳에서 신원 막걸리를 두 병 마시고 취기에 오른 나는 그 귀신이 마을에서 떠나지 않고 어느 빈집의 방에 있다는 생각이 들어 손전등을 들고는 암흑천지의 마을 빈집을 일일이 다니며 확인한답시고 거미줄 쳐진 방문들을 열고 다녔다. 어느 집 방에 다다랐을 때 '여기에 있구나.' 하는 생각에서 어떤 행동으로 그 귀신을 괴롭힌 적도 있다. 왜 그렇게 했는지 그 귀신에게 미안한 마음도 있었다.

다시 돌아와 2010년 당시를 말하자면, 청화 스님께서 당시 나에게 현몽을 주신 내용은 마지막 현몽으로 그 이후는 한 번도 꿈에 나타나지 않으셨다. 그전까지 현몽은 말씀이 없이 행동의 모습으로 보여 주셨지만 마지막 현몽에서는 말씀을 통한 것으로, 꿈속에서 수많은 사람이 아닌 사람들에 호위된 스님께서 나에게 하시는 말씀이 "나는 이제 이 세상에 다시는 오지 않는다."라고 하시는 것에서 연이어 꿈속의 내 마음에서는 '나도 지금 스님을 따라 갔으면 좋겠다.'라는 생각이 일어났는데 동시에 '같이 갈 수가 없구나.' 하는 생각이 앞선 생각에 붙어 일어났다.

그것은 지금의 업장으로는 가고 싶다고 따라갈 수 없으며 마음이 청정함으로 닦여야 갈 수 있는 세계이기 때문이다. 그러시고는 "얼마 후 전쟁이 일어난다."라고 하셨는데 연평도 포격 사건으로 우리 군에서도 북을 향해 대포를 쏜 전쟁 아닌 전쟁이 얼마 후에 실제로 일어났다.

이후 청화 스님의 선몽을 안병규라는 도반한테 미리 전화로 말했는데, 연평도 사건이 보도된 직후 나에게 전화가 걸려 온 적이 있음에서 도반은 나를 대단하다고 하면서 대구에서 산골로 나를 찾아 먹을 것을 가지고 온 적도 있었다.

그리고 스님은 나를 기다린다고 하면서 아주 평온한 편안 휴(休) 자로 느껴지는 곳으로 들어가셨다. 그 전의 꿈속에서는 어느 가게로 나를 데리고 가서는 아주 잘 익은 한 박스의 귤을 나에게 안겨 주셨는데, 꿈속이지만 나는 받기가 죄송한 마음이었는데 안겨 주셨다. 그리고 서류가 가득 담긴 007 가방을 건네주셨는데 들고 보니 그 무게가 실로 묵직했었다.

이후 스님께서 내게 안겨 주신 잘 익은 귤과 묵직한 서류 가방은 어떤 의미일까를 생각해 본 것에서 잘 익은 귤은 결국, 마침내는 좋은 수행의 결과를 맺게 될 것임을 말한 것일까? 그렇게 되기를 바라는 마음에서의 마음의 선물일까? 아니면 당신의 복덕을 나에게 안겨 주신 재물의 풍족을 의미하는 것일까?

묵직한 서류 가방은 쉽게 이해가 되었는데, 내가 깨쳐야 하고 업보와 잘못된 습생을 녹여야 하는 등 공부하고 수행해야 하는 양의 무게감을 말한 것이라고 보인다.

이듬해는 진주에 계시는 보살님이 어떻게 소문을 듣고 나를 알고 산골짜기까지 찾아와서는 스님은 여기에 있으면 안 된다고 진주로 가자고 하여 따라갔다. 그곳에서 보살님은 골목골목의 깊은 곳에 월세방을 얻어 놓아 진주로 나온 나는 한 분씩 사람들을 데리고 온 손님들을 상담해 주며 그곳에서 1년을 보낸 적이 있었는데, 그곳에서 『안반수의경』에 나오는 호흡을 하던 중 들어 보지 못한 체험을 한 적이 있었다.

그것은 후일 우연히 인터넷 검색을 통해 알게 된 것으로 경안을 맛본 것의 체험이다.

이의 호흡은 들숨과 날숨을 인중에 집중한 것에서 마음의 평온이 이어져 어떤 경계에 닿으면 양발의 용천에서 머리의 정수리를 향해 불덩어리 같은 빛이 올라와서는 머리에 터지는 것으로 몸이 깃털처럼 가벼워진다는 것이었는데, 나의 체험은 턱 정도의 위치에서 올라온 두 개의 빛 덩어리가 터진 것으로 마치 머리 안에서 핵폭탄이 터지는 듯한 강렬한 느낌으로 자리에서 벌떡 일어난 적이 있다.

좀 더 상세히 묘사하면 밤하늘에 쏘아 올린 불꽃놀이로 비유할 수 있으며, 앞부분의 빛 덩어리는 남자의 정자 모양과 같은 것으로 빛 꼬리를 보이며 위로 쳐 올라가는 것으로 극도로 짧은 시간이었지만 그것의 모양은 뚜렷하게 각인된 것에서 기억을 지울 수가 없다.

하지만 나의 체험은 완전한 경안에서의 빛 체험은 아닌 것으로 부분 체험이 아닌가 한다.

머리가 터질 듯 강렬한 머리 안에서의 폭발이었지만 머리는 굉장히 맑았다. 그리고 당시는 이 체험이 뭔지 몰라 병원 의사에게 진료를 받으며 말했지만 그 의사는 알 리가 만무했다.

이후 나에게 나타난 증상은 잠이 오지 않았고 잠을 자려고 누워 잠이 드는가 싶으면 물속에서 기포가 올라와 수면 위에서 터지는 것처럼, 머리 안에서 그러한 맑은 기포 같은 것이 올라와 머리에서 터지는데 잠을 내쫓은 것으로 머리를 맑혔다.

이는 술을 먹어도 머리에 취하는 느낌이 전혀 없는 맹물을 마시는 것과 다르지 않을 정도로 알코올로 인한 장애가 없었지만 이러한 현상들이 1년이 지날 정도로 이어졌으며 서서히 그러한 증상은 사라졌다(이는 어느 날 『미주불교신문』 편집장이 나의 체험기를 읽고는 신문에 실어도 되는지 타진해 와 신문에 실린 적도 있음).

1~2년쯤 후 법주사에 출가한 경험이다.

행자반장인 나는 점심 공양에서 많은 스님 가운데 유독 한 스님의 뒷모습이 눈에 들어온 것에서 식사를 마치기를 기다리고 걸어오는 스님께 양해를 구하고 "죄송한데 혹 스님의 속가 이름이 유필연 씨 아니신가요?" 하니, 놀라는 듯 "저~ 유필연입니다."라고 반색을 하는 것에서 어떻게 제 이름을 아느냐고 신기해했다.

갑자기 스님의 뒷머리를 보는 순간 스님에 대해 번개처럼 생각이 났다. 스님은 대구 경구중학교 2학년 5반 ㅈㅅㅇ 담임 선생님의 같은 반 친구였다. 내가 스님이 앉았던 자리와 성적이 어느 정도였는지를 말하고, 연필로 늘 만화를 그리는 것들이 순식간에 생각났다고 얘기했더니 행자방까지 그 스님이 오셔서 같이 담소를 나눈 적도 있었다. 그 스님의 법명은 명오 스님으로 통도사 출신이셨다. 출가하신 지는 꽤 오래되었으며, 당시에도 흔한 휴대폰을 소지하지 않았던 주지를 마다한 선방 수행자였다.

한데, 그 스님과는 같은 반이었지만 친하지도 않았으며 특별히 기억할 추억도 없는 것에서 저 멀리서 식사하시는 뒷머리를 보는 순간 생각이 쏟아져 나온 것은 신기하였다. 또한 새벽 예불을 올린 전인지 후인지 생각이 잘 나지 않지만 마치 두루마리가 펼쳐지듯 진실에 대한 개념이 마음으로 전달되어 온 것에서 진실에서 진이 무엇이고 실이 무엇인지가 또렷하게 각인되어 온 기억도 생생하다.

이 시기에 마음 아픈 일이 있었는데, 모든 행자는 행자반장에게 무조건 복종해야 한다는 문구가 액자에 담겨 행자방에 걸려 있는 것으로 알 수 있듯 사회적 위치나 나이가 다른 행자들 간에 단체 생활에서 잡음을 없애는 권한을 행자 반장에게 준 것에서 행자 반장의 말에는 무조건 복종을 해야 했다.

한데, 나이가 제일 어린 어느 행자는 다들 청소하는 시간에도 혼자 가부좌를 하고는 명상을 하는 것에서 나는 그를 배려하여 모른 척을 해 주고 인연이 싹터 나에게 다가옴이 달랐는데, 어느 날 더 깊은 산으로 들어가 명상을 한다고 절을 나가 버렸다. 그것을 알게 된 그의 부친이 아들이 아무런 음식이나 의복 준비도 없이 그냥 깊은 산골짜기 물이 흐르는 바위에 앉아 명상하는 것을 달래 보기도 했지만 안 되어서 119를 불러 강제로 데리고 나갔는데 할 수 없이 산골 친척이 운영하는 비닐하우스 안에 지어 놓은 집에 혼자있다는 연락을 해 왔다.

이때쯤 나도 주지 스님의 개인 암자에 가 있게 된 것에서 종단 최고의 파워를 가지신 분의 친구인 주지 스님의 사생활과 그들의 면면을 엿들은 것에서 회의를 느끼고 있던 중 사미계를 받은 그의 제자가 옷을 벗고 나가 버리는 일들과 겹친 개인사로 나는 나이 어린 그가 있는 산골의 비닐하우스에 찾아갔다. 그의 양친 부모와 식사를 하며 이런저런 얘기를 나누면서 이 친구는 수행자의 길을 가야 하니, 아들이 하려는 대로 내버려 두라고 하였지만 위로 누나 한 명이 있으나 외동아들인 그를 그렇게 내버려 둘 수 없다고 하면서 대학이라도 졸업시키려 했다.

이후 그와 그의 부친과는 몇 번 통화를 하였고 나는 나대로 거창 주상면의 어느 산골에서 빈집을 얻어 수행을 함에 대부분 라면으로만 끼니를 때우니 몸의 컨디션도 예전과는 달랐다. 몇 개 안 되는 짐을 승용차에 싣고 가려고 대구에 있는 여동생을 불러 기다리던 중, 근처에 계시는 할머니가 내가 간다는 소리를 듣고는 물릴 대로 물린 라면을 끓여 온 것이 아닌가. 할머니의 성의에 라면을 맛있게 먹고는 할머니 건안하시라는 인사를 드리고 나는 여동생 집에 얼마간 머물렀다. 그리고 어느 날 새벽에 산골 비닐하우스에서 명상하는 그 친구의 꿈을 꾸었다.

어느 고층 아파트 화단의 뒤쪽에서 새까만 검은 기운들이 감싸고 있는 새파랗게 질려 식은땀을 흘리듯 두려움과 공포에 휩싸인 그 친구는 움츠린 채 부들부들 떨며 화단의 뒤편 음습한 자리에 쪼그리고 앉아 있는 모습이었다.

이후 아침 6시쯤 그의 부친으로부터 전화가 걸려 왔는데, 아들이 오늘 새벽에 아파트에서 투신하여 죽었다며 스님을 제일 잘 따르고 믿고 의지한 것에서 청주까지 와 달라는 것이었다. 생각해 보겠다며 위로의 말씀을 드리고는 꿈에서 본 장면에서 만약 내가 가면 그 영혼이 나에게 접신이 될 것 같은 생각에서 가지 않았던 일이 있었다. 이 사건은 아들이 부모가 바라는 대로 하지 않고 어긋난 행동을 지속함에서 그를 아파트에 감금한 것으로 일이 일어난 것으로 그 부모가 자신들의 욕망에서 아들을 죽인 것이 아닌가 한다.

이 시기 명상에서는 머리 후두에 아주 미세한 진동이 반복적으로 일어났는데 아날로그 같은 진동과 디지털 같은 미세한 진동이 여러 차례 일어난 것에서 그 원인은 알 수 없지만 수행 중 체험으로 뚜렷한 기억으로 남아 있다. 수년 전 어느 식당에 머물던 시기에 밤에 소변을 보기 위해 방문을 열고 화장실로 나가려는데 깡마른 남자 귀신이 그 복도에 검은 기운체로 서 있어서 까무러치게 놀란 적이 있었으며, 명상 중 졸음에서 갑자기 큰 울림의 자명종 소리가 나를 깨운 일 그리고 연예인 최진실의 자살 시점에 누가 내 머리를 막대기로 내리쳐 일어난 일 등 영적 체험에서 일깨워진 얻음도 적지 않음이다.

이러한 체험들은 특별한 것이 아니며 누구나 접할 수 있는 것으로 체험이 중요한 것이 아니라 이를 통한 자신의 성장과 세계의 지평 그리고 영혼의 각성이 되어야 하는 것은 존재의 목적이 이고득락(離苦得樂)이기 때문이다.

소금경

수행자들이여, 누군가 "업은 단지 작용하는 그대로 겪게 된다."라고 말한다면 성스러운 수행 생활도 필요 없고, 괴로움을 올바르게 그치게 할 수 있는 기회도 없어진다.

그러나 수행자들이여, 누군가 "업이 작용할 때 어떻게 대하는가에 따라 그 결과가 달라진다."라고 말한다면, 성스러운 수행 생활도 할 수 있고, 올바르게 괴로움을 그칠 수 있는 기회도 있다.

어떤 사람은 사소한 악업 때문에 지옥에 떨어지기도 하고, 또 어떤 사람은 비슷한 업을 경험하더라도 지금 현재 순간에 그 업을 겪을 뿐, 차후에는 그 과보가 나타나지 않는다.

그렇다면 그 차이는 무엇인가.

수행자들이여, 어떤 사람은 몸과 마음, 공덕, 통찰, 지혜 등을 닦지 않아 견해가 제한되고, 속 좁아져서 별것도 아닌 일에 신경 쓰고 불만족스러워한다. 이런 사람은 사소한 악업 때문에도 지옥에 떨어질 수 있다.

그러나 수행자들이여, 또 어떤 사람은 몸과 마음, 공덕, 통찰, 지혜 등을 잘 닦아 견해에 제한도 없고, 한없는 마음으로 머문다. 이런 사람은 사소한 악업을 경험하더라도 그것에 크게 개의치 않으며, 그 때문에 단지 지금 여기에서 그 업을 겪을 뿐, 차후에 그 과보가 나타나지 않는다.

수행자들이여, 예를 들어 어떤 사람이 물이 조금 담겨 있는 작은 잔에 소금을 넣는다고 하자. 어떻게 생각하는가. 그 물은 짜고 마실 수 없지 않겠는가. 그렇습니다, 세존이시여.

만약 어떤 사람이 갠지스강에다 소금을 조금 넣었다고 하자. 어떻게 생각하는가. 갠지스강은 짜고 마실 수 없겠는가. 그렇지 않습니다, 세존이시여.
수행자들이여, 이와 같이 몸과 마음, 공덕, 통찰, 지혜 등을 닦지 않아 작은 잔과 같이 견해가 제한되고, 속 좁아져서 별것 아닌 일에 신경 쓰고 불만족스러워하는 사람은 사소한 악업을 짓고도 지옥에 떨어질 수 있다.

그러나 몸과 마음, 공덕, 통찰, 지혜 등을 잘 닦아 마음이 큰 강과 같은 사람은 견해에 제한도 없고, 한없는 마음으로 머물기 때문에 업의 작용을 지금 여기에서 다 겪게 되고, 차후에는 그 과보가 나타나지 않는다.

수행자들이여, 어떤 사람은 동전 반 개 정도에도 감옥에 가고, 또 어떤 사람은 동전 한 개 그리고 또 어떤 사람은 동전 백 개 때문에 감옥에 간다. 그러나 어떤 사람은 동전 반 개 정도에 감옥에 가지 않고, 동전 한 개나 동전 백 개에도 감옥에 가지 않는다.

왜 그러한가.
어떤 사람은 가난하고 가진 것이 거의 없다. 이런 사람은 동전 반 개 정도에도 감옥에 가고, 동전 한 개나 동전 백 개 때문에 감옥에 간다.

그러나 부유하고 큰 재산을 가진 사람들이 있다. 이런 사람들은 동전 반
개 정도 혹은 한 개나 백 개 정도에도 감옥에 가지 않는다.

수행자들이여, 염소 장사가 염소를 훔친 어떤 사람에 대해서 묶고 때리고
죽이는 등 마음대로 할 수 있다. 그러나 어떤 사람에 대해서는 마음대로 할
수 없다.

왜 그러한가.
어떤 사람은 가난하고, 가진 것이 거의 없다. 이런 사람은 염소 장사가 마
음대로 할 수 있다.
그러나 부유하고 큰 재산을 가진 사람들에 대해서는 마음대로 할 수 없다.

수행자들이여, 이와 같이 어떤 사람은 사소한 악업에도 지옥에 떨어지기도
하고, 또 어떤 사람은 비슷한 업을 경험하지만 지금 여기에서 업의 작용을
겪을 뿐, 남아 있는 시간 동안에는 그 과보가 나타나지 않는다.

– 붓다

여기 소금경의 비유를 통한 붓다의 가르침의 의미는,
우리가 맞이하는 운명이라는 업의 작용은 어찌할 수 없다고 하더라도, 맞
이할 때 어떤 마음으로 맞이하고, 어떻게 대처하는가에 따라서 업을 겪는
그 가운데에서도 그 결과는 달라진다고 말씀하시고 계시는 것이다.

그리고 사소한 악업, 소금의 악업, 동전의 악업, 염소의 악업을 비유로 들

어 말씀하시는 것으로 교훈은 동일하지만 그 사람의 마음을 얼마나 탁하게 방치했는지 청정하게 관리했는지에 그 과보가 다름을 말씀하시는 것이다.

엇비슷한 악업을 짓더라도 '이 몸과 마음의 성찰과 공덕 지음, 모든 것을 꿰뚫은 연기적 지혜'가 쌓여 있고 없고 그것에 따라서 그 과보가 여기서 그침과 이어짐을 말씀하고 계시며, 소금을 악업으로 물에 비유한 것에서도 악업이라는 소금을 알게 모르게 마음에 지었다 하더라도 물은 마음의 비유에서 작은 물(작은 마음, 탁심)은 소금의 짠맛으로부터 벗어날 수 없는 것에서 괴로움이라는 것이며, 큰물(큰마음, 청심)에서는 소금의 짠맛이 길게 장애를 줄 수 없다는 것으로 소금물의 괴로움으로부터 벗어날 수 있음을 말씀하신 것이다.

그리고 동일한 조건으로 동전을 훔친 것으로 악업을 지었더라도 가난한 사람은 감옥에 가지만, 부유한 사람은 감옥에 가지 않음을 말씀하신 것은, 가난은 마음의 가난을 말함이며, 부유함은 마음의 부자를 말하는 것으로, 이는 마음공부를 하여 마음이 각성된 이에게는 그러한 죄가 비록 있더라도 죄가 그 마음에 붙어 있지 못함에서 마음이 어두운 세계(감옥)로 변하지 않음을 말씀하신 가르침이 된다.

또한 염소의 악행으로 가르침은, 염소를 훔친 사람이 가난하여 가진 것이 없는 사람에게는 마음대로 징벌할 수 있지만, 부유하여 큰 재산을 가진 사람에게는 마음대로 할 수 없다는 것은, 징벌의 주관자는 인과를 드러내는 연기법(이치), 업의 작용으로 가난한 사람에게는 어떤 다양한 방식으로 업이 그를 징벌할 수 있지만, 부유한 사람에게는 업이 그 징벌을 마음대로 할 수 없다는 것인데, 가난과 부자는 각성된 사람과 그렇지 않은 사람의 의식 단계를 말한다.

가난과 부자, 즉 이 몸과 마음의 성찰과 공덕 지음, 모든 것을 꿰뚫은 연기적 지혜가 없는 사람은, 가난한 사람으로 악처(惡處)에 이르고, 풍족한 사람은 부유한 사람으로 악처(惡處)에 가지 않음을 비유한 것인데, 이 가르침은 우리가 전생의 업으로 받게 될 운명의 굴레에서 과보를 받을지라도 일상에서 선업의 공덕을 짓고 마음공부를 잘하는 가운데 지혜롭게 대처한다면 과보를 그치게 할 수 있음의 가르침이다.

이처럼 마음공부의 중요성과 지혜로운 대처를 말씀하시는 것은, 우리는 우리를 움직이고 통제하는 자성(自性)이 없는 것에서 현상과 현실에 휩쓸릴 수 있기에 나를 바로잡아 바르게 나아갈 수 있게 하는 참된 이치인 진리(眞理)를 익힌다면 참된 가르침으로 나아갈 수 있게 되기 때문이다.

그러나 이를 방해하는 훼방꾼이 있음이니, 에고이다.
에고는 끊임없이 눈에 보이고, 귀에 들리며 코로 냄새와 혀의 맛, 몸의 촉감, 의식의 감정은 좋은 것이라고 마음에 속삭여 다가가게 하는 것으로 자신의 세상을 만든다.

이러한 에고는 인간이 참된 가치로 이상적인 세계로 나아가는 것의 힘겨움보다는 현실에서의 달콤한 세상의 욕망과 감각적인 쾌락을 좇는 것으로 안주하여 우리의 이성이 일으키는 본성을 향한 구도심의 의지를 줄기차게 꺾으려고 한다. 하지만 에고의 설 자리가 구도하는 그 마음자리를 통하여 욕망적 에고에서 벗어나 그 마음이 청정심으로 물들어 간다면 욕망의 먹잇감으로의 에고는 설 자리가 옅어지고 사라지게 될 것이다.

달리 보면, 욕망은 에고의 절대 양식이자 생명 줄이지만 이는 치명적인 약점도 될 수 있음인데, 그것은 끊임없이 좋은 것을 탐하려는 욕망이기 때문이다. 이를 이용한다면 진리 또한 그것이 좋은 것이며, 기쁜 것이며, 무엇과는 비할 수 없는 추구할 만한 가치가 있다는 것으로 생각이 들게 된다면 에고는 진리를 향하는 것으로 더한 즐거움의 욕망을 채우려 할 것이기에 에고는 어느덧 참나로 자신을 변모해 버리고 만다. 본래 참모습의 자화상을 찾게끔 이끌어 주는 것 또한 진리가 되므로 우리는 진리로 물들이는 마음공부를 해야만 한다. 모든 것은 인(因)에 깃든 마음 작용의 현상이기에 마음에 참된 가르침의 인(因)을 담는 것이 무엇보다 중요하다. 나 자신을 영원한 행복으로 인도하는 길은 붓다께서 제시한 팔정도(八正道)에 있다.

모든 존재 행복하기를
그러한 문으로 들어서기를
그러한 자리로 인도되기를

거룩한 부처님께 귀의합니다.
진실한 가르침에 귀의합니다.
위대한 스승님들께 귀의합니다.

— 임인년 5월 28일 운곡 윤기용

☯ 붓다의 마지막 유언

아난다여, 이제 나는 늙어서 노후하고 긴 세월을 보냈고, 노쇠하여 내 나이가 여든이 되었다.

마치 낡은 수레가 가죽끈에 묶여서 겨우 움직이는 것처럼, 나의 몸도 가죽끈에 묶여서 겨우 살아간다고 여겨진다.

그만하여라, 아난다여. 슬퍼하지 말라. 탄식하지 말라, 아난다여. 사랑스럽고 마음에 드는 모든 것과는 헤어지기 마련이고 없어지기 마련이고 달라지기 마련이라고 그처럼 말하지 않았던가.

아난다여, 태어났고 존재했고 형성된 것은 모두 부서지기 마련인 법이거늘 사라지지 않는다는 것은 있을 수 없는 일이다. 그런 것을 두고 "절대로 부서지지 마라."라고 한다면 그것은 있을 수 없는 일이다.

아난다여, 그런데 아마 그대들은 이렇게 생각할지도 모른다. 이제 스승은 계시지 않는다. 스승의 가르침은 이제 끝나 버렸다. 아난다여, 내가 가고 난 후에는 내가 그대들에게 가르치고 천명한 법과 율이 그대들의 스승이 될 것이다.

아난다여, 그대들은 자신을 섬(등불)으로 삼고 자신을 의지하여 머물고 남을 의지하여 머물지 말라.

진리를 섬으로 삼고 진리에 의지하여 머물고 다른 것에 의지하여 머물지 말라. 내가 설명한 것은 무엇인가. 이것은 괴로움이다. 이것은 괴로움의 원인이다. 이것은 괴로움의 소멸이다. 이것은 괴로움의 소멸에 이르는 방법이다.

참으로 이제 그대들에게 당부하노니 형성된 것들은 소멸하기 마련인 법이다(소멸하는 성질을 가지고 있음). 게으르지 말고 해야 할 바를 모두 성취하라. 이것이 여래의 마지막 유훈이다.

여기 붓다께서 형성된 일체의 모든 것은 무너지고 흩어지고 사라지는 것으로 항상 있지 않은 무상(無常)함을 강조하신 것에서 무상(無常)할 수밖에 없는 성질을 왜, 어떤 이유로 가지고 있는가이다.

그것은 일체 형상이 본래면목(本來面目)의 적멸(寂滅)한, 적정(寂淨)한 지혜광명(智慧光明)이기 때문이다.

이는 형상의 본질이 지극한 고요요, 지고한 맑음으로 정신적, 물질적 형태는 형상과 모양이 없는 것이지만 형상의 본성은 신령한 지혜로 인연을 따라서 모양과 형태를 드러내는 것으로 적정(寂淨)한 지혜광명(智慧光明)이기 때문이다.

인연에 기연되어 생성된 본성이 내비친 정신적, 물질적 형태는 형상과 모양이 없는 것이지만 그 속성이 지극히 고요하고 지고한 청정으로의 본질의 고향으로 귀향하는 것이기에 형성된 존재는 필연적 귀향으로 무상할 수밖에 없는 소멸의 성질을 내포하고 있는 것에서이다.

☯ 붓다의 마지막 무언(無言)의 가르침-열반상

필자는 세존께서 열반하신 당신의 마지막 입멸의 순간까지 우리 중생에게 진리에 입각된 모습의 표상을 보여 주신 것에서 여기 열반상에 녹아 있는 가르침을 새겨 보고자 한다.

12연기에서 무명(無明)을 시작으로 생로병사에서, 명색(名色)에서 육입(六入)이 나온다.

이 육입은 '안이비설신의'로 육근을 말함에서 이는 현상계는 음과 양의 상대적인 것으로 말미암아 다섯 가지 기운의 흐름이 생기고 이 음양오행의 이치에서 빚어진 세계가 우주이다.

육입은 이 음양오행이 인간 형상을 구성하는 것으로 모양이며 기능인 것에서, 안의 눈은 화기(火氣)의 인연에서, 이의 귀는 수기(水氣)의 인연에서, 비의 코는 금기(金氣)의 인연에서, 설의 혀는 목기(木氣)의 인연에서, 신의 몸은 토기(土氣)의 인연에서, 의(意)의 생각은 한량없는 허공(虛空)의 인연에서 생성된 것이다.

이 몸의 구성도 음양오행의 이치를 근간으로 세워진 것이며, 현상계와 그 가운데 모든 삼라의 법칙도 음양오행의 상생상극의 이치를 벗어나 존재하지 않으며, 생명 현상으로 변화무쌍함을 보이지 않는다.

세존의 열반상 또한 진리를 근간한 모습이며, 자의적인 의미가 서려져 있지 않은 진리와 계합된 당신의 마지막 모습인 것이다.

세존께서는 열반에 앞서 아난다 존자를 불러 말씀하신다.

"아난다여, 그대는 한 쌍의 사라쌍수 나무 사이에 '북쪽으로 머리'를 둔 침상을 만들어라."

그리고 머리를 북쪽으로 향하게 하시고는, 서쪽을 향해 오른쪽 옆구리를 땅에 대고는 등은 동쪽을 향해 세우신 것으로 양발을 포개신 세존은 마음을 챙기시고 알아차리시면서 누우셨다.

세존 열반의 자세를 오행에 비춰 그려 보면, 머리는 지혜가 흘러나오는 신체로 북쪽은 하루로 보면 밤의 고요한 적멸자리로 지혜가 흘러나오는 방향인 것에서 북쪽을 향해 머리를 두신 것이며, 동쪽으로 등을 세운 것의 상징은 동쪽은 오행으로는 목기의 어짊의 방향으로 자비심을 일으켜 세운 것으로 세존의 모습이 되며, 서쪽의 향하심은 오행의 금기로 곧을 정(正)을 말하는 것으로 늘 바름에 놓여 있는 곧은 지향심의 세존이심을 말한 것이다.

양발을 가지런히 포개시어 남쪽으로 보이심은, 발은 잠시도 가만히 있지 않는 신체로 하루에서 남쪽은 한낮으로 가장 활발하게 움직이는 시간대이며, 부지런함, 근면 성실을 말하는 것으로 방일하지 않는 당신인 동시에 수행자의 게으르지 않은 상징적 양발이 되는데. 양발의 가지런함은 절도와 계율, 단정함을 표하신 것이 된다.

그리고 몸을 땅에 기댄 것의 의미는 땅의 토기는 신념을 상징하는 믿음의 자리가 되는데, 이 믿음을 토대로 모든 것을 통솔할 수 있고, 바로 세울 수 있음에서이다.

세존은 당신 임종의 마지막 한 장면까지 그 모습을 통해 우리에게 일깨움을 주신 것으로 열반상은 큰 교훈적 가르침이 내재된 것으로 당신 일생의 가르침이 함축되어 녹아 있는 자세로, 이러한 당신의 마지막 모습을 통해 진리를 말씀하고 계신 것 아닌가 한다.

입멸 당시 동서남북에 각각 네 쌍의 사라쌍수 나무가 서 있었다고 하는데, 세존께서는 이들 나무 가운데 왜 하필이면 북쪽에 있는 사라쌍수 나무 사이에서 머리를 북쪽으로 향하게 침상을 꾸미라고 하신 것인가. 북향은 오행에서 水에 해당하는데, 水는 하루로 보면 밤으로 가장 고요한 적멸의 시간이며, 사람이 갖추어야 할 다섯 덕목 인의예지신(仁義禮智信) 가운데 지혜를 말하는 것으로, 북쪽은 지혜를 상징하는 방향이 되며 적멸한 청정의 깨어 있음을 말하는 것이다.

붓다는 깨어 있는 이를 말하는 것으로 그것은 진실(眞實)에 깨어 있음을 말한다. 진실은 사라지고 나눠지고 흩어지지 않는 참된 실상으로 적정(寂淨)한 적멸자리에서의 광명, 청정한 지혜광명으로 깨어 있는 이가 된다.

이에 붓다의 북향 언급은 매우 중요한 의미가 서려져 있음이 되는 것으로 바로 당신이 불생불멸의 한결같은 적멸자리에서 지혜광명으로 늘 함께하고 있음의 깨어 있음을 말함이 된다.

세존께서 입멸을 위해 열반상의 모습으로 누우신 것에서 갑자기 사라쌍수 나무는 때가 아닌데도 꽃들이 만개하여 여래께 예배를 올리기 위해 여래의 몸 위로 떨어지고 흩날리며 덮었고, 허공에서는 하늘나라의 만다라 꽃들과 전단향 가루가 떨어져 여래께 예배를 올리기 위해서 여래의 몸 위로 떨어지고 흩날리며 덮었으며, 하늘나라 음악과 하늘나라의 노래가 여래께 예배를 올리기 위해서 허공에서 연주되었고 울려 퍼졌다.

그러자 세존께서 아난다 존자를 불러 말씀하신다.

"사라쌍수 나무는 때가 아닌데도 꽃들이 만개하여 여래께 예배를 올리기 위해 여래의 몸 위로 떨어지고 흩날리며 덮이는구나. 허공에서는 하늘나라의 만다라 꽃들과 전단향 가루가 떨어져 여래께 예배를 올리기 위해서 여래의 몸 위로 떨어지고 흩날리며 덮이는구나. 하늘나라 음악과 하늘나라의 노래가 여래께 예배를 올리기 위해서 허공에서 연주되었고 울려 퍼지는구나."

"그러나 아난다여, 이러한 것으로 여래를 존경하고 존중하며 숭상하고 예배하는 것은 아니다." 하시며, 여래가 바라는 것으로 여래를 존경하고 존중하며 숭상하고 예배하는 것의 참된 모습은, 출세간의 법에 이르는 공부를 짓고, 가르침에 맞게 길을 가야 하며, 가르침을 따라 행하고 머무는 것으로 모습을 보이는 것이 나 여래를 진정으로 애경하고 숭상하며 존경하는 모습이라 말씀하신 것으로 가르침의 핵심은 사성제 팔정도의 가르침을 바르게 알고 인식하고 나아가라는 것이다.

필자가 오래전에 붓다에 대한 정의를 정립한 적이 있다.

붓다는 지혜(광명)를 몸으로
이치(緣起)에 머물고 계시며
식(識)으로 계신다(모든 마음 작용에 머물고 계신다).

온 우주의 모든 물질적, 정신적 형상과 형태는 스스로 지극히 맑고 밝음으로 깨어 있는 '지혜광명'이 인연을 따라서 피어난 것으로, 이들은 또 다른 다양한 심연(心緣)을 따라서 온갖 것으로 나아감에서 곧음의 이치를 벗어나지 않으며, 스스로 모든 마음 작용에 함께하고 있음이다.

붓다는 말씀하셨다.
"고통이 너를 붙잡고 있는 것이 아니라 네가 그 고통을 붙잡고 있는 것이다.

그리고 누구도 우리를 구원하지 못한다.

하늘 위나 하늘 아래의 그 어떤 존재도 구원할 수 없고, 하지도 못한다.

우리는 우리(마음) 스스로 그 길로 나아가야만 한다.

인간이 사악한 길로 빠져들게 되는 것은

적이나 원수가 아니라 스스로 자신의 마음이다."

우리는 성자가 아니고 붓다가 아니기에 실수할 수 있고 잘못을 범할 수 있지만, 붓다는 저급하고 저열한 행동을 반복하지 않는 것이 중요하며 인품이 하천한 이들과 어울리지 않는 것이 중요하다고 했다.

또한 건강은 최고의 선물이며,

만족은 최고의 부자이며,

믿음은 최고의 관계라고 붓다는 말씀하셨다.

운명은 어떤 존재로 인해서나 그저 우연에서 타고난 것이 아닌,

스스로 과거 마음의 업(행위)이 지어낸 것에서 자신이 맞이해야 하는 것.

선행이든 악행이든 자신에게 일어나는 고락(苦樂)은 자신의 마음이 태워야 하는 것.

그것은 마음의 본래 청정심에서는 상으로의 티끌이기 때문이다.

선행은 즐거움을 통해 지워야 하고, 악행은 괴로움을 통해 지워야 하는 것.

그것의 양극단의 세계, 천상과 지옥은 어떤 존재가 설계해 놓은 곳이 아닌 스스로 마음이 상 없음을 지우는 정화 작용의 마음 공간인 것이다.

본래로 두 문이 있어 가는 것이 아니기에,

마음의 상이 두 문 사이의 네 개의 문, 육도의 문을 여는 것이기에,

　운명을 통해 지금 우리는 마음에 미안한 행동을 멈추어야 하고,

　온갖 선행을 받들어 행하라는 모든 붓다의 가르침처럼 스스로 악인의 길을 벗어나야 하는 것에서,

　내일의 내 운명은 현재의 내가 짓는 것으로부터 지어지는 것임을 알아 그것이 스스로를 보호하는 길이며,

　스스로 행복의 문을 여는 키가 된다.

지금 내 마음의 지극한 평온은 천지의 지극한 평온과 하나이다.

☯ 착하면서 정직하고 성실한 사람이 잘되는 세상을 바라며

정치인과 권력자들의 권한은 자신들의 이해를 벗어나 오직 국민을 위해서 행사해야 하고

　언론인들은 한결같이 진실만을 보도하되 편중되지 않아야 하며

　법조인들은 양심에 부끄럽지 않은 자신이 되어야 하고

　노사는 화합하되 서로 간 배려심으로 활력을 찾아야 하며

　종교인들은 믿음에 순결해야 하고 진리에 놓여 있어야 하며

　일반인들은 선인락과(善因樂果) 악인고과(惡因苦果)를 알아

　선은 일으키고 악은 멈추되 도덕적이고 윤리적인 삶을 지향해야 한다.

공정과 정의, 진실과 상식을 말하면서 정작 자신은 온갖 모순을 자아낸다면

　그는 짧디짧은 이 세상의 복력이 다해 다음 세상을 맞이할 때

　온갖 괴로움의 고통을 감내해야 하는 것에서 현생에서의 즐거움은 물거품

과 같고 아지랑이처럼 잠깐이라.

그를 기다리는 세상은
그의 온갖 더러운 마음의 때를 고통스럽게 지워야 하는 비참한 세계를 마주해야 하리.

모든 성자의 한결같은 말씀은
내가 당해서 싫은 것 남에게 하지 말라는 것.

하늘의 음양오행 상생상극의 이치는 말하고 있네.
도우면 도움을 받게 하고(상생)
해하면 해악을 받게 하네(상극).
당겨 주는(생으로 이끄는) 귀인이 되면
당겨 주는(생으로 이끌리는) 귀인을 만나게 하고
남의 것을 빼앗으면
빼앗기는 아픔을 당하게 하리니
이것이 오고 감이 없는 상을 남기지 않는 본래 청정의 더함 없는 마음자리라네.

❸ 운곡기문둔갑 프로그램의 특징

- 원명국의 홍국수에 나이와 달, 하루 일진을 표시하여 간단히 나이와 달, 하루 일진의 운세를 빠르게 파악할 수 있게 하였다(원국비기).
- 사지(四支)와 사간(四干), 중궁지반, 홍국수를 천반 올림과 암장수 대입으로 다양한 해단에서 정확성을 기하였다.
- 도화살, 망신살, 겁살, 역마살 등을 궁에 대입하여 도궁, 망궁, 겁궁, 마궁 등을 붙여 명정함을 더했다.
- 홍국수에 암장수를 대입하여 명쾌한 해단이 되게 하였다.
- 父의 정인과 편인, 財의 정재와 편재, 孫의 식신과 상관을 구별할 수 있게 밑줄 표시를 했다.
- 소운의 나이 수를 표하여 응용하게 하였다.
- 공망 여부의 표시를 일간과 태왕에서는 미표시하여 해단의 삼합 여부를 빠르게 간파하게 하였다.
- 일가친척의 홍국수를 표시하여 나와 길흉 관계를 알 수 있게 한 것에서 몇 번째 삼촌이(외삼촌, 이모, 고모) 평생과 신수에서 나와의 길흉 관계인지 알 수 있게 하였다.

※ 향후, 가능하다면 지속적으로 다양한 콘텐츠를 무료로 업그레이드할 것이다.

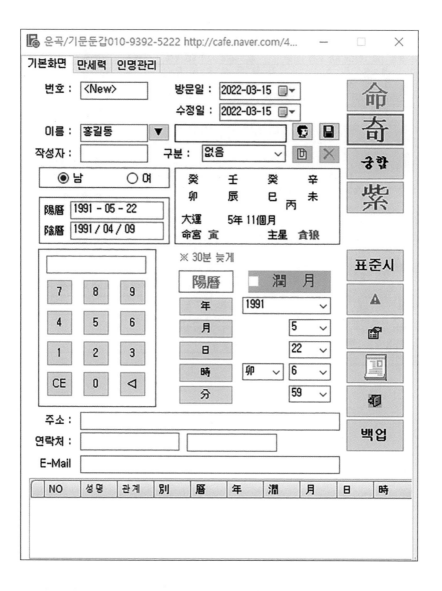

운곡기문둔갑 사주 프로그램

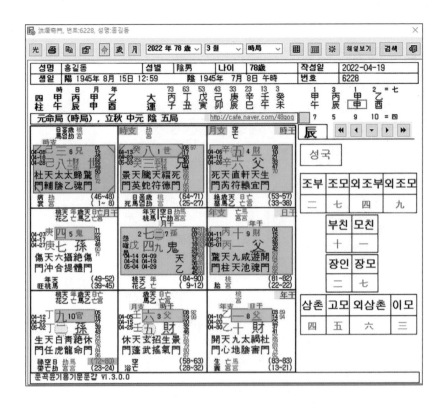

원명국: 원국비기

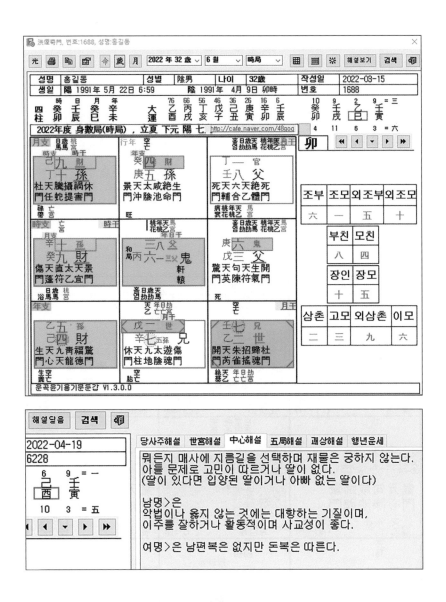

신수국: 신비

☯ 운명 해단에 있어 절대 중요한 '암장수'

아래 두 원명국은 수십 년 알고 지낸 지인의 두 따님에서, 각각 고등학교 때 줄곧 전교 1등을 놓치지 않았던 것에서 기존 기문에서는 절대 그 요인을 설명할 수 없는 것으로 운곡기문의 암장수를 통해서만이 명료한 해단이 가능한 것으로, 필자도 오랫동안 가슴에 묻어 두었던 명국으로 혹 시가 틀린 것인가 의심도 해 보았지만 결코 그렇지 않다는 것을 다른 여러 정황을 통해 확인하였기에 암장수를 통한 해단 풀이를 보자.

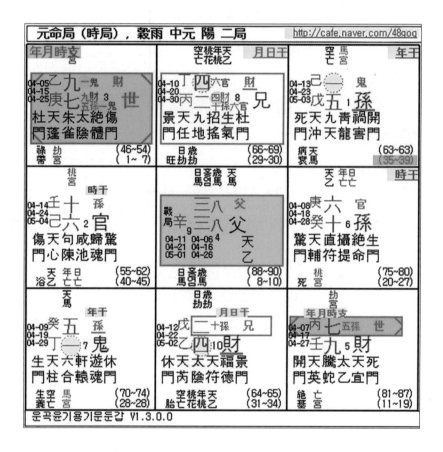

위 원명국은 월령은 토기로 세기칠화가 약함에서 곤궁의 오토손을 진용하면 삼합세기로 약세를 조함에서 의사가 된다. 의문의 대운은 11~19세의 시기에 늘 전교 1등을 하였으며, 대학에서도 대운 20~27세의 시기에 늘 장학금을 받은 우수한 성적을 가진 것에서 대운 11세는 구금의 재성에서 학생에게 절대 중요한 용신인 삼목문서를 삼형살의 충극함으로 학마운의 재성이라 공부가 잘될 수 없는 것에서 심하면 공부에 손을 놓는 운이다.

하지만 실제는 정반대의 해단이 되는데, 생성된 구금은 삼살육수가 되는 것으로 삼살구금은 일간암장의 육수를 생하고, 일간암장의 육수는 중궁의 삼팔목의 문서를 수생목으로 합생하여 팔목은 정인으로 세생하고, 삼목은 삼합칠화에서 세기가 됨에서 전교 1등이라는 우수한 성적의 학생이 된다(세기칠화가 암장과 삼살육수로 일간암장의 육수를 생함에서 돌아도 동일함).

대운 20세도 동일한데, 육수와 삼합팔목의 중궁정인이 되어 세생함에서 전학년 동안 장학금을 받는다(십토의 육합에서도 오미합화로 세기칠화는 일간육수 관을 생하고 육수는 중궁의 삼팔목을 생하여 팔목정인은 세생하고, 삼목은 세기칠화와 삼합으로 세기가 되어 길함).

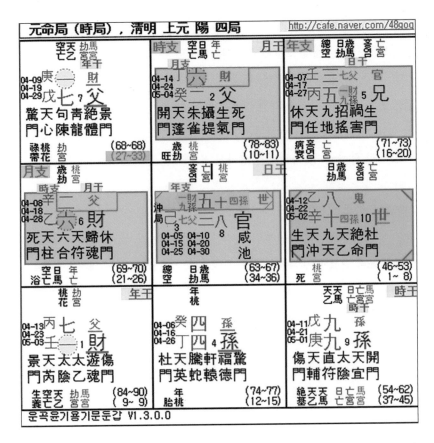

위 원명국은 앞선 원국과 자매로 동생인데, 이도 대운 16~20세 전교 1등을 놓치지 않는 수재로 대학 생활 대운 21~26세에서도 전 학년 장학금을 받았으며, 행정고시에 합격하여 공무원이 되었다. 이는 세기가 약한 것에서 칠화인성을 진용으로 하면 삼합칠화 정인으로 약세를 생함에서이다.

대운 16세의 오토는 삼목과 암장칠화와 더불어 삼합칠화 정인이 되어 세기의 십토를 생함에서 약세에서는 더없이 길한 인성에서 전교 1등을 놓치지 않았으며, 대운 21세도 육수가 일간삼목에 합생되어 일간삼목이 암장칠화 정인으로 삼합칠화가 되어 약세 십토를 생함에서 전 학년 대학에서 장학금을 받는다.

특허증
CERTIFICATE OF PATENT

특 허 Patent Number   제 10-2306827 호

출원번호 Application Number   제 10-2020-0184115 호

출원일 Filing Date   2020년 12월 28일

등록일 Registration Date   2021년 09월 23일

발명의 명칭 Title of the Invention
기문둔갑을 기반으로 하는 사주 분석시스템

특허권자 Patentee
윤기용(660926-*******)
대구광역시 동구 해동로8길 58(불로동)

발명자 Inventor
윤기용(660926-*******)
대구광역시 동구 해동로8길 58(불로동)

위의 발명은 「특허법」에 따라 특허원부에 등록되었음을 증명합니다.
This is to certify that, in accordance with the Patent Act, a patent for the
invention has been registered at the Korean Intellectual Property Office.

2021년 09월 23일

QR코드로 현재기준
등록사항을 확인하세요

특허청장
COMMISSIONER,
KOREAN INTELLECTUAL PROPERTY OFFICE
김 응래

특허청
Korean Intellectual
Property Office

※ 운곡기문학에서 등록된 '모든 원리와 운곡 프로그램'은 특허와 저작권에 이미 등록되어 있고 법적 권한은 저작권자에게 있으므로 이를 무단으로 유포하거나 책이나 강의 교재로 사용할 수 없음을 알려 드리며 이의 무단 도용은 민사적 배상과 형사적 책임이 뒤따름을 알려 드립니다.

☯ 연기(緣起)가 생명

필자가 살아오면서 하나 깨친 것이 있다면
그것은 연기(緣起)가 곧 나 자신의 생명(生命)이라는 것이다.

마음을 어떻게 연기(緣起)하는가에 따라서 그 생명(生命)의 모습도 달라지는 것, 그 연출된 것으로 인해 마주하는 내 인생의 현실이 다르다는 것을 알게 되었다.

그래서 나는 "연기(緣起)가 곧 그 마음의 생명(生命)이자 모습이다."라고 말하고 싶다.

마음을 어떻게 연기(緣起)하는가에 따라서 지금과 내 생의 나의 모습과 세계와 환경을 연기(緣起)된 마음이 도예가가 온갖 모양의 도자기를 빚어내고, 화가가 온갖 그림을 그려 내듯이 마음은 온갖 현실을 빚어내기 때문이다.

운명(運命)은 과거심의 투현으로 누구나 마주해야 하는 업보(業報)이기에 연기(緣起)는 현생에서 마주하는 그 과보(果報)를 보다 지혜롭게 다스려 나가고, 현실을 다듬어 나가는 자신을 드러내는 데 이익이 있음이다.

연기(緣起)는 모든 법(有漏法) 위의 자리로 만법(萬法)이 여기서 나왔으며,
인연(緣起)의 소멸과 이완과 화합에 능(能)함이니,
그 주(主)는 마음(心)이며, 그 창조의 신(神)도 신령스러운 이 마음(心)이다.

지금 이 마음(心)을 어디에 둘 것인가.

어디를 향하게 할 것인가.

청정(淸淨)과 오탁(五濁)은 우리 자신 마음(心)의 몫이다.

» 자신을 이롭게 하는 '불교의 오계(五戒)'

① 살생하지 말라(살아 있는 모든 생명체를 죽이지 말라).

② 도둑질하지 말라(남의 것을 훔치고 빼앗지 말라).

③ 거짓말하지 말라(없는 말을 지어내어 속이지 말라).

④ 사음하지 말라(음탕한 언행을 하지 말라).

⑤ 술 마시지 말라(술이나 마약 등 정신을 흐리게 하는 것을 취하지 말라).

※ 제보: 연담 스님을 찾습니다.

운곡이 지호라는 법명을 가지고 있을 시, 2011~2012년경에 밀양에서 만난 인연으로 몇 차례 통화를 한 것으로 참된 수행자이신 연담 스님은 설악산 토굴에서 정진하시는 것으로 알고 있음에서 혹, 스님 아시는 분이 계시면 연락 주시면 감사드리겠습니다(운곡 010-9392-5222).

좋은 참다운 도반을 만나기 쉽지 않은 것에서 참된 수행자는 수행 공부에 전부가 될 수 있는 것에서, 그러한 법답게 나아가시는 올곧은 수행자를 아시는 분이나 그러한 분이 계시다면 연령과 남녀 불문 서로 간 법연이 되어 법을 나누는 도반으로 수행에 서로 간 힘이 되지 않을까 하는 것에서 이 책의 지면을 빌려 올려 봅니다.

雲谷奇門遁甲
운 곡 기 문 둔 갑

1판 1쇄 발행 2022년 7월 8일

지은이 윤기용

교정 주현강   편집 유별리
마케팅 박가영   총괄 신선미

펴낸곳 하움출판사   펴낸이 문현광

이메일 haum1000@naver.com   홈페이지 haum.kr
블로그 blog.naver.com/haum1007   인스타 @haum1007

ISBN 979-11-6440-998-3(13180)

좋은 책을 만들겠습니다.
하움출판사는 독자 여러분의 의견에 항상 귀 기울이고 있습니다.
파본은 구입처에서 교환해 드립니다.